CB082020

Fisiologia e Prescrição de Exercícios para Grupos Especiais

Fisiologia e Prescrição de Exercícios para *Grupos Especiais*

Roberto Simão

4ª edição

Phorte editora
São Paulo, 2014

Rua Treze de Maio, 596
Bela Vista – São Paulo – SP
CEP: 01327-000
Tel./fax: (11) 3141-1033
Site: www.phorte.com.br
E-mail: phorte@phorte.com.br

CIP-BRASIL. CATALOGAÇÃO NA PUBLICAÇÃO
SINDICATO NACIONAL DOS EDITORES DE LIVROS, RJ

S596f
4. ed.

Simão, Roberto, 1967-
Fisiologia e prescrição de exercícios para grupos especiais / Roberto Simão. - 4. ed. - São Paulo : Phorte, 2014.
200 p. : il. ; 24 cm.

Inclui bibliografia
ISBN 978-85-7655-510-0

1. Exercícios físicos - Aspectos fisiológicos. 2. Exercícios físicos - Prescrição. 3. Exercícios terapêuticos. I. Título.
14-14272 CDD: 613.7
CDU: 613.72

ph1897.4

Este livro foi avaliado e aprovado pelo Conselho Editorial da Phorte Editora.
(www.phorte.com.br/conselho_editorial.php)

Impresso no Brasil
Printed in Brazil

Apresentação

A prescrição de exercícios resistidos (ERs) tem uma trajetória histórica, iniciando-se na década de 1950, visando à reabilitação e à *performance* desportiva, e na década de 1960, quando se iniciou de modo mais objetivo a aplicação em adultos saudáveis. Depois da Segunda Guerra Mundial, inicia-se um processo de ERs para veteranos de guerra, objetivando a reabilitação e o aumento de massa muscular, sendo incorporado o treinamento progressivo com cargas intensas e poucas repetições. Para aumento da capacidade de resistência, priorizou-se um número alto de repetições com cargas relativamente baixas. Os resultados foram benéficos de acordo com seus objetivos, sendo, portanto, reconhecidos pela comunidade médica.

Até a década de 1980, a prescrição dos ERs era pouco aceita pela comunidade científica. Porém, em 1990, quando o American College of Sports Medicine (ACSM)[1] expôs sua posição, os ERs tornaram-se parte integrante na prescrição de exercícios, objetivando a saúde. Os ERs, que incluem o uso regular de pesos livres, máquinas, peso corporal e outras formas de equipamento para melhorar a força, a potência e a resistência muscular, tornaram-se uma forma crescentemente popular de atividade física. Recentes recomendações têm sido feitas em relação à prática desse tipo de treinamento em populações sadias e em populações ditas especiais, como pacientes em reabilitação cardíaca, diabéticos e idosos. Aceita-se, geralmente, que os ERs causem aumento de massa magra, ganho de força e potência muscular, além de serem úteis no incremento do desempenho físico. Os benefícios dos ERs são fortemente influenciados pelo grande número de variáveis que podem ser manipuladas em um programa. As variações em carga (peso), volume, intensidade, massa muscular ativa, tipo de contração muscular, tipo de trabalho muscular, intervalo de recuperação entre as séries e sessões, manipulação na ordem dos exercícios, tempo de tensão, equipamento, técnica, nível inicial de condicionamento, situação do treinamento e tipo de programa podem influenciar a magnitude e a duração das respostas aos ERs e, finalmente, suas adaptações. Levando todos esses fatores em consideração, há uma base acumulativa de evidências sugerindo que um número de benefícios relativos à saúde pode ser derivado da participação em um programa de ERs bem elaborado. O ACSM[2] recomenda a prescrição dos ERs 2 a 3 vezes por semana, por no mínimo 30 minutos por sessão, de 1 a 3 séries com 8 a 12 repetições, iniciando dos maiores grupamentos para os menores. Por meio de uma revisão na literatura, esses padrões de prescrição podem variar sensivelmente, de acordo com as diferenças individuais e os objetivos, o que determinou mudanças importantes nos paradigmas existentes de prescrição nesse tipo de treinamento na comunidade científica.

O número crescente de academias, escolas e universidades com recursos para promover os ERs para o fortalecimento muscular confirma a popularidade dessa forma de condicionamento físico. As pessoas que participam dos ERs esperam que o programa produza alguns benefícios, como o aumento de massa muscular e de força, melhor desempenho desportivo e diminuição da gordura corporal. Um treinamento de força bem planejado e executado de forma consistente e racional pode produzir todos esses benefícios.

Levando em consideração esse embasamento teórico, este livro tem como objetivo considerar algumas fundamentações fisiológicas, bem como abordar a prescrição e a manipulação dos ERs em indivíduos que buscam saúde na qualidade de vida.

Referências

1. American College of Sports Medicine. Position stand on the recommended quantity and quality of exercise for developing and maintaining cardio respiratory and muscular fitness in healthy adults. Med Sci Sports Exerc. 1990;22:265-74.

2. American College of Sports Medicine. Position stand: progression models in resistance training for healthy adults. Med Sci Sports Exerc. 2002;34:364-80.

Sumário

Capítulo 1

Conhecendo a fisiologia para a prescrição de exercícios

Este capítulo resume a anatomia e a fisiologia cardiovascular e respiratória, ambas em condições de repouso e em resposta ao exercício (formas agudas e crônicas), de tal modo que programas de exercícios aeróbios e de força possam ser planejados com segurança. Um claro entendimento de anatomia e de fisiologia cardiovascular e respiratória é fundamental para fornecer informações apropriadas à elaboração de programas de condicionamento cardiovascular. A função dos sistemas cardiovascular e respiratório é fornecer e manter um ambiente ótimo para a função celular. Neste capítulo, há descrições anatômicas e fisiológicas do coração, dos vasos sanguíneos e dos pulmões. Além disso, são identificadas as respostas agudas e as adaptações crônicas dos sistemas cardiovascular e respiratório para os exercícios de força e aeróbios. Depois de encerrar este capítulo, o leitor deverá ser capaz de reconhecer e entender o impacto do exercício de força e do aeróbio nos sistemas cardiovascular e respiratório.

1.1 Anatomia e fisiologia cardiovasculares

Os papéis primários do sistema cardiovascular são transportar nutrientes e remover metabólitos, bem como auxiliar a manter o ambiente para todas as funções do corpo. O sistema cardiovascular desempenha papel-chave na regulagem do sistema ácido-base do corpo, dos fluidos e da temperatura, além de em uma variedade de outras funções fisiológicas.

1.1.1 O coração

O coração é um órgão muscular que, na realidade, é interconectado duas vezes, mas com bombas separadas: o lado direito bombeia o sangue para os pulmões e o lado esquerdo, para o resto do corpo. Cada bomba tem duas câmaras: um átrio e um ventrículo (Figura 1.1). Os átrios funcionam primariamente como reservatórios de sangue, entregando sangue aos ventrículos. Os ventrículos, ao se contraírem, fornecem a força principal para mover o sangue através das circulações pulmonar e periférica, respectivamente.[1,2]

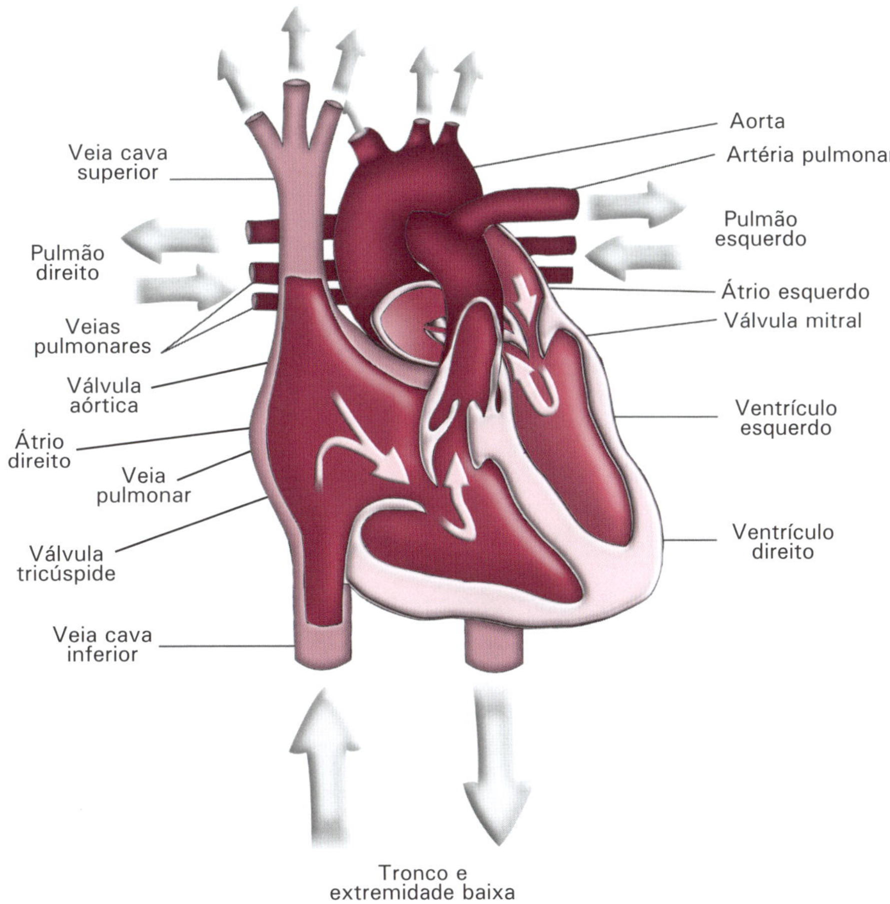

FIGURA 1.1 – Átrios e ventrículos do coração.

1.1.1.1 Válvulas

A válvula tricúspide e a válvula mitral (bicúspide) (coletivamente chamadas válvulas atrioventriculares

– AV) impedem que o fluxo de sangue dos ventrículos volte aos átrios durante a contração ventricular (sístole). As válvulas aórtica e pulmonar (coletivamente, as válvulas semilunares) impedem a volta do fluxo das artérias aorta e pulmonar aos ventrículos durante o relaxamento ventricular (diástole). Cada válvula se abre e fecha passivamente; isto é, cada uma destas se fecha quando um gradiente de pressão impulsiona o sangue a voltar contra ela, abrindo quando um gradiente de pressão adiante força o sangue na direção avançada. As AV quase não requerem um refluxo para se fechar, visto que as válvulas semilunares, muito mais grossas, requerem um refluxo mais forte.[1,2]

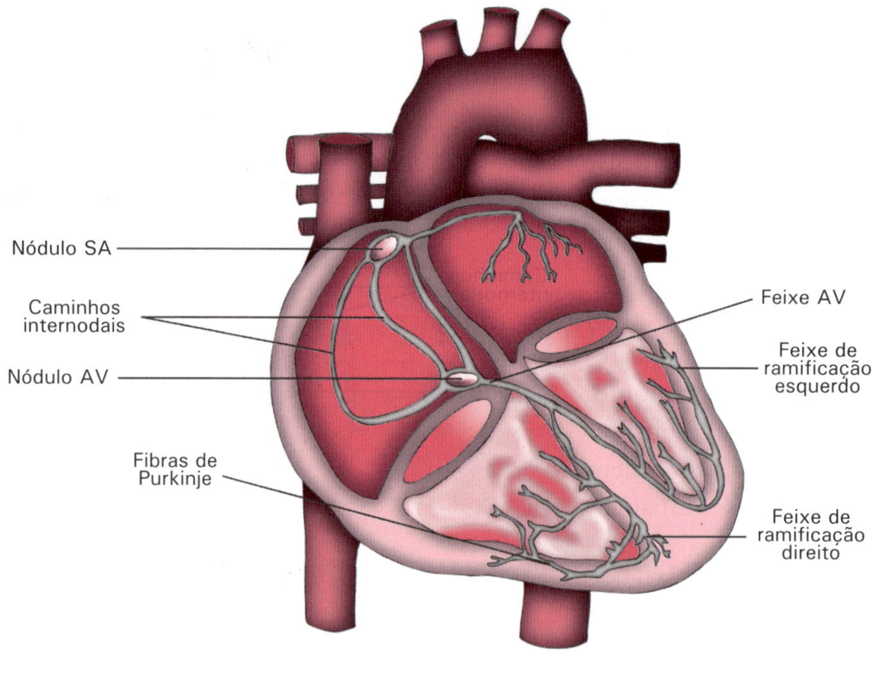

FIGURA 1.2 – Sistema de condução elétrica.

1.1.2 Sistema de condução

Um sistema de condução elétrica especializada (Figura 1.2) controla a contração mecânica do coração. O sistema de condução compreende:

- o nódulo sinoatrial (SA) – iniciador da contração –, no qual os impulsos elétricos são normalmente iniciados;
- os atalhos internodulares, que conduzem o impulso do nódulo SA para o nódulo atrioventricular (AV);
- o nódulo AV, no qual o impulso é levemente atrasado antes de passar nos ventrículos;
- o feixe atrioventricular (AV), que conduz o impulso para os ventrículos;
- os ramos dos feixes esquerdo e direito, que mais adiante se dividem nas fibras de Purkinje e conduzem impulsos a todas as partes dos ventrículos.

Primeiro, os nódulos AV e suas fibras condutoras associadas retardam cada impulso, entrando nos ventrículos. O nódulo AV está localizado na parede septal posterior do átrio direito.[1,2]

Os ramos dos feixes esquerdo e direito conduzem o feixe AV nos ventrículos. Exceto por sua porção inicial, onde penetraram a barreira AV, essas fibras de condução têm características funcionais bem opostas àquelas das fibras nodais AV. Elas são grandes e transmitem impulsos a uma velocidade muito mais alta que as fibras nodais AV. Como essas fibras permitem a passagem das fibras de Purkinje, que penetram mais completamente nos ventrículos, o impulso trafega rapidamente por todo o sistema ventricular e causa a contração de ambos os ventrículos aproximadamente ao mesmo tempo.[1,2]

O nódulo SA normalmente controla o coração ritmicamente por sua taxa de descarga ser consideravelmente maior (60-80 vezes/min) que a do nódulo AV (40-60 vezes/min) ou a das fibras ventriculares (15-40 vezes/min). Cada vez que o nódulo SA descarrega, seu impulso é conduzido ao nódulo AV e às fibras ventriculares, despolarizando suas membranas excitáveis. Assim, esses tecidos potencialmente autoexcitáveis são descarregados antes que a autoexcitação possa realmente ocorrer.[3]

O ritmo inerente e as propriedades de condução do miocárdio (músculo do coração) são influenciados pelo centro cardiovascular do bulbo, que transmite sinais ao coração por meio dos sistemas nervosos simpático e parassimpático, que compõem o sistema nervoso autônomo. Os átrios são supridos por um grande número de neurônios simpáticos e parassimpáticos, visto que os ventrículos recebem quase exclusivamente fibras simpáticas. O estímulo dos nervos simpáticos acelera a despolarização do nódulo SA (o efeito cronotrópico), que faz o coração bater mais rapidamente. O estímulo do sistema nervoso parassimpático reduz a taxa de descarga do nódulo SA, reduzindo a frequência cardíaca a 100 batidas/min; mais baixa que 60 batidas/min é chamada de bradicardia; mais alta que 100 batidas/min, de taquicardia.

O nódulo SA é uma área pequena de tecido muscular especializado, localizada na parede lateral superior do átrio direito. As fibras do nódulo são contínuas às fibras musculares do átrio; como resultado, cada impulso elétrico que começa no nódulo SA em geral se estende imediatamente aos átrios. O sistema condutor é organizado de tal modo que o impulso não trafega nos ventrículos tão rapidamente, dando tempo para os átrios se contraírem e esvaziarem o sangue nos ventrículos antes que a contração ventricular comece (Figura 1.3).

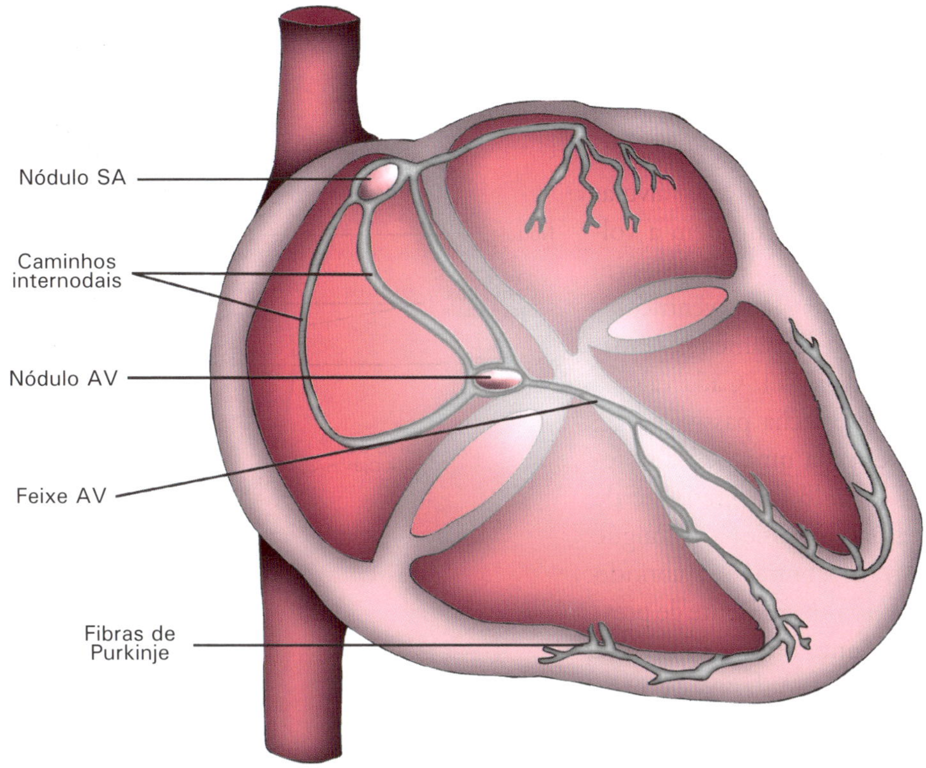

FIGURA 1.3 – Funcionamento do sistema condutor.

1.1.2.1 Eletrocardiograma

A atividade elétrica do coração pode ser gravada na superfície do corpo; a representação gráfica dessa atividade é chamada de eletrocardiograma (ECG). Um eletrocardiograma normal, visto na Figura 1.4, é composto por uma onda P, um complexo QRS (composto frequentemente por três ondas separadas: uma onda Q, uma onda R, uma onda S) e uma onda T. A onda P e o complexo QRS são gravações da despolarização elétrica, isto é, o estímulo elétrico que conduz à contração mecânica. A despolarização é o reverso do potencial elétrico da membrana, por onde o potencial negativo, normalmente dentro da membrana, torna-se levemente positivo; e o exterior à membrana, levemente negativo. A onda P é gerada pelas mudanças no potencial elétrico das células musculares cardíacas que despolarizam os átrios, resultando em contração atrial. O complexo QRS é gerado pelo potencial elétrico, que despolariza os ventrículos e resulta na contração ventricular. Em contraste, a onda T é causada pelo potencial elétrico gerado quando os ventrículos se restabelecem do estado de despolarização; esse processo, chamado repolarização, ocorre no músculo ventricular pouco depois da despolarização. Embora a repolarização atrial ocorra tão bem, a formação de sua onda normalmente ocorre durante o tempo da despolarização ventricular e é, então, ocultada pelo complexo QRS.[1,3,4]

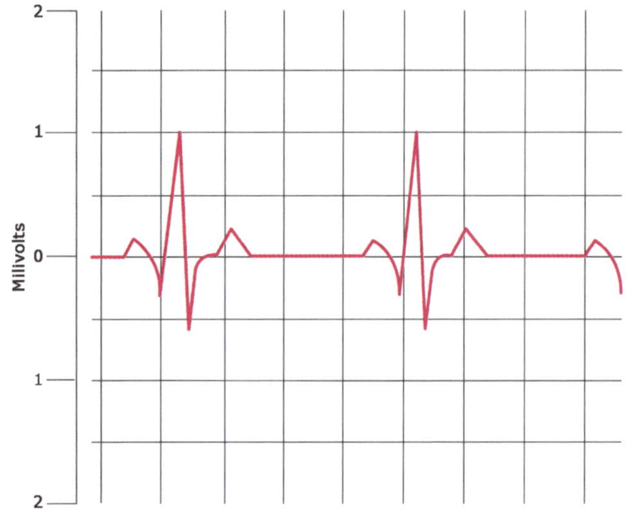

FIGURA 1.4 – Representação gráfica de um eletrocardiograma.

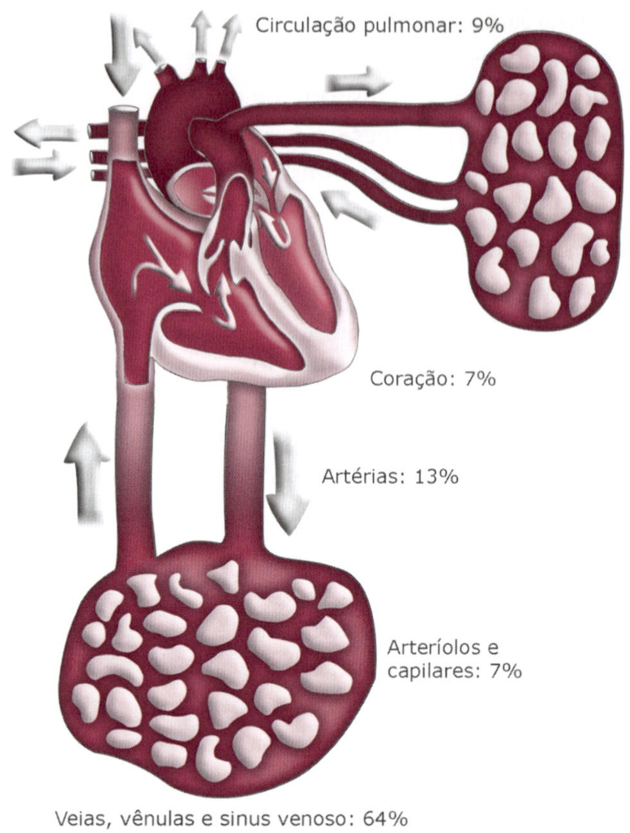

FIGURA 1.5 – Vasos sanguíneos de cada sistema.

1.1.2.2 Vasos sanguíneos

As circulações central e periférica formam um circuito fechado simples com dois componentes: um sistema arterial, que carrega o sangue do coração; e um sistema venoso, que bombeia o sangue em direção ao coração. Os vasos sanguíneos de cada sistema são identificados na Figura 1.5.

1.1.2.3 Artérias

A função das artérias é transportar rapidamente o sangue bombeado do coração. Por causa da pressão relativamente alta do sangue bombeado do coração, as artérias têm paredes musculares fortes. Pequenos ramos de artérias agem como vasos de controle através dos quais o sangue entra nos capilares. A arteríola desempenha um papel maior na regulagem do fluxo de sangue para os capilares; ela tem paredes musculares fortes, que são capazes de fechá-la completamente ou permitir que seja dilatada num envoltório separado, alterando vastamente o fluxo de sangue para os capilares em resposta às necessidades dos tecidos.[1,2,3]

1.1.2.4 Capilares

A função dos capilares é trocar oxigênio, fluido, nutrientes, eletrólitos, hormônios e outras substâncias entre o sangue e o fluido intersticial nos vários tecidos do corpo. As paredes capilares são muito finas e permeáveis a essas substâncias.[1]

1.1.2.5 Veias

As vênulas coletam sangue dos capilares e gradualmente convergem para veias progressivamente maiores, que transportam o sangue de volta ao coração. Em razão de a pressão no sistema venoso ser muito baixa, as paredes venosas são finas, embora musculares. Isso lhes permite se contraírem ou dilatarem em um grau maior e, em consequência, agir como um reservatório para o sangue, em pequenas ou grandes quantidades.[1-3] Além disso, algumas veias, como as das pernas, contêm válvulas de uma via que ajudam a manter o retorno venoso, evitando o fluxo de sangue com retardo.

1.1.2.6 Sangue

As duas maiores funções do sangue são o transporte de oxigênio dos pulmões aos tecidos para uso no metabolismo celular e a remoção de dióxido de carbono, o mais abundante subproduto do metabolismo dos tecidos. O transporte de oxigênio é acompanhado pela hemoglobina, molécula de proteína e ferro carregada pelas células vermelhas de sangue. A hemoglobina tem também um papel adicional importante: funciona como um "tampão" ácido-base, um regulador de concentração de íon de hidrogênio, crucial às taxas de reações químicas em células. As células vermelhas são o maior componente do sangue e têm outras funções importantes; por exemplo, contêm grande quantidade de anidrase carbônica, que catalisa a reação entre o dióxido de carbono e a água para facilitar a remoção de dióxido de carbono.[3]

1.2 Anatomia e fisiologia respiratória

A função primária do sistema respiratório é a troca básica de oxigênio e dióxido de carbono. A anatomia e a fisiologia dos pulmões, bem como o controle da respiração, são discutidos nesta seção.

1.2.1 Os pulmões

A anatomia do sistema respiratório humano é identificada na Figura 1.6. Como o ar passa através do nariz, as cavidades nasais desempenham três funções distintas: aquecimento, umidificação e purificação do ar.[1] O ar é distribuído aos pulmões por meio da traqueia, dos brônquios e dos bronquíolos. A traqueia é chamada de passagem respiratória de primeira geração, e os brônquios principais esquerdo e direito são as passagens de segunda geração; cada divisão posterior é uma geração adicional (bronquíolos). Há aproximadamente 23 gerações antes que o ar finalmente alcance os alvéolos, onde os gases são trocados na respiração.

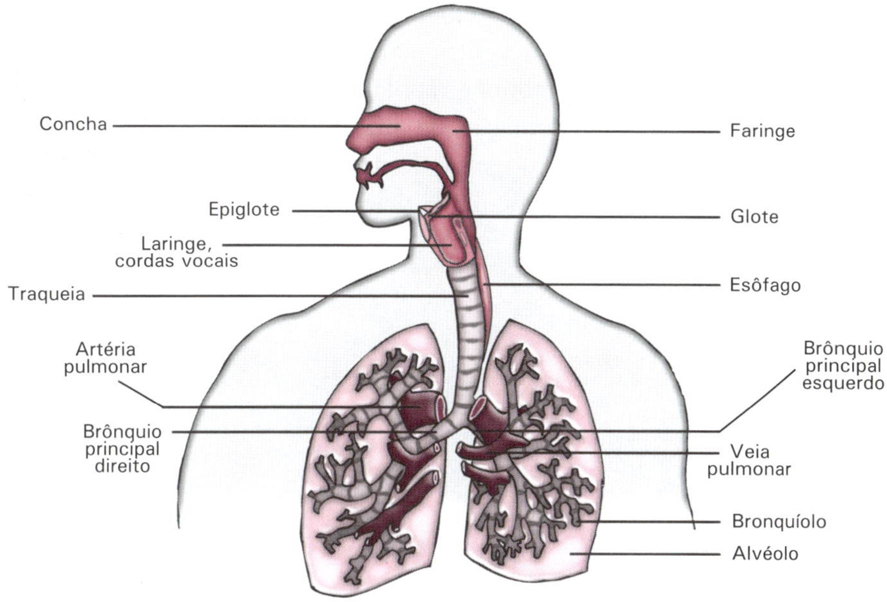

FIGURA 1.6 – Anatomia respiratória.

1.2.1.1 Troca de ar

A quantidade e o movimento de ar e gases expirados dentro e fora dos pulmões são controlados por expansão e contração dos pulmões. Os pulmões não se expandem e se contraem ativamente, mas, ao contrário, agem de duas maneiras: (1) pelo movimento de descida e subida do diafragma, para estender e encurtar a cavidade torácica; e (2) por elevação e depressão da estrutura costal, para aumentar e diminuir o diâmetro da cavidade torácica (Figura 1.7).

A respiração normal e em repouso é acompanhada quase inteiramente pelo movimento do diafragma. Durante a inspiração, a contração do diafragma cria uma pressão negativa (vácuo) na cavidade torácica e o ar é impulsionado nos pulmões. Na expiração, o diafragma simplesmente relaxa; o recuo elástico dos pulmões, a parede do tórax e as estruturas abdominais comprimem os pulmões e o ar é expelido. Durante a respiração intensa, as forças elásticas sozinhas não são potentes o bastante para fornecer a resposta respiratória necessária. A força extra requerida é obtida, sobretudo, pela contração dos músculos abdominais, que empurram o abdômen para cima, contra o fundo do diafragma.[1,3]

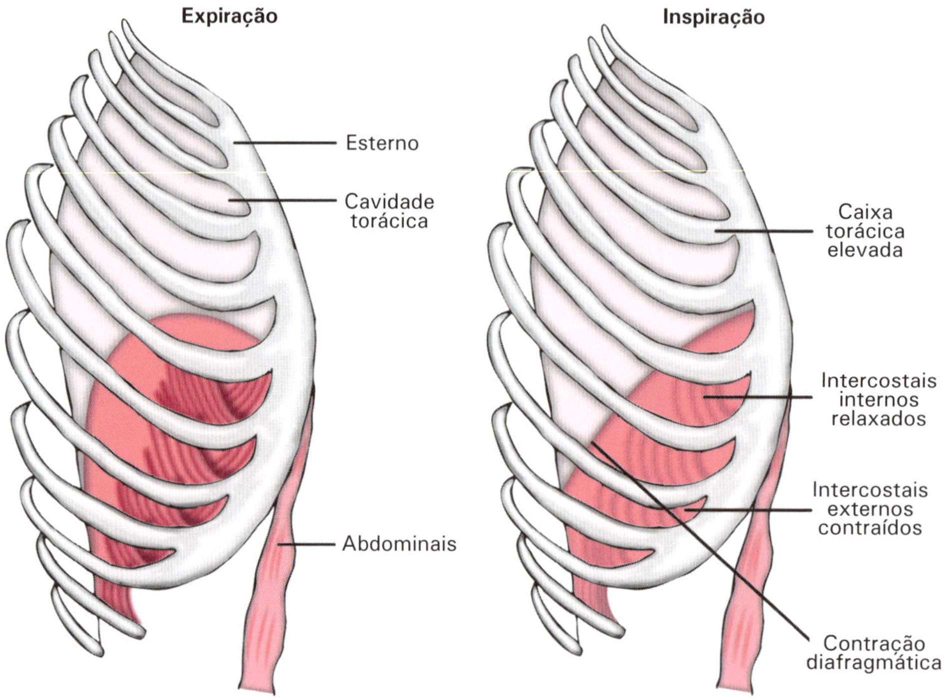

FIGURA 1.7 – Movimento respiratório.

pressão dentro dos alvéolos quando a glote está aberta e não há ar fluindo dentro ou fora dos pulmões. De fato, nessa instância, a pressão em todas as partes da árvore respiratória é a mesma de qualquer maneira para os alvéolos e é igual à pressão atmosférica. Para causar fluxo interior de ar durante a inspiração, a pressão nos alvéolos deve cair a um valor ligeiramente abaixo da pressão atmosférica. Na expiração, a pressão alveolar deve se manter acima da pressão atmosférica.[1,3]

Na respiração normal em repouso, somente 3% a 5% da energia total consumida pelo corpo é requerida para a ventilação pulmonar. Durante o exercício muito pesado, entretanto, a quantidade de energia requerida pode aumentar para mais de 8% do total de consumo de energia do corpo, especialmente se a pessoa tem algum grau de resistência aérea aumentada, como ocorre na asma induzida pelo exercício. Precauções, incluindo avaliação física do atleta, são frequentemente recomendadas, dependendo do nível potencial do enfraquecimento.[1,3,6]

O segundo método para expandir os pulmões é levantar o envoltório da costela. Em virtude de a cavidade torácica ser pequena e as costelas serem inclinadas para baixo, enquanto estão na posição de repouso, elevar o envoltório da costela permite que os pulmões se projetem quase diretamente à frente, de tal modo que o externo possa mover-se para a frente. Os músculos que elevam o envoltório da costela são chamados músculos de inspiração e incluem os intercostais externos, os esternoclidomastóideos, os serráteos anteriores e os escalenos. Os músculos que comprimem o tórax são músculos de expiração e incluem os músculos abdominais (reto abdominal, oblíquos externos e internos e transverso abdominal) e os intercostais internos.[1,5]

A pressão pleural é a pressão no espaço estreito entre a pleura do pulmão e a pleura da parede do tórax; essa pressão normalmente é levemente negativa. Em razão de o pulmão ser uma estrutura elástica, durante a inspiração normal, a expansão do envoltório do tórax é capaz de puxar a superfície dos pulmões e criar uma pressão mais negativa, e, então, incrementar a inspiração. Durante a expiração, os eventos são essencialmente revertidos.[1] A pressão alveolar é a

1.2.1.2 Troca de gases respiratórios

Com a ventilação, o oxigênio se difunde dos alvéolos para o sangue pulmonar, e o dióxido de carbono se difunde do sangue para os alvéolos. O processo de difusão é um movimento aleatório simples de moléculas se deslocando em direções opostas através da membrana alveolar capilar. A energia para a difusão é providenciada pelo movimento cinético das próprias moléculas. A difusão líquida do gás ocorre da região de alta concentração para a de baixa concentração. As taxas de difusão dos dois gases depende de suas concentrações nos capilares e nos alvéolos, bem como da pressão parcial de cada gás.[1,5]

No repouso, a pressão parcial do oxigênio nos alvéolos é aproximadamente 60 mmHg maior que nos capilares pulmonares; então, o oxigênio se difunde no sangue capilar pulmonar. Similarmente, o dióxido de carbono se difunde na direção oposta. Esse processo de troca de gás é tão rápido que se julga ser instantâneo.[1,6]

1.2.1.3 Controle de respiração

O sistema nervoso controla a taxa de ventilação, ajustando a taxa e a profundidade de respiração de maneira a atender às demandas do corpo. Assim, a concentração de oxigênio do sangue arterial e a do dióxido de carbono dificilmente são alteradas, até mesmo durante o exercício de resistência.[1]

1.2.1.4 Centro respiratório

O centro respiratório do corpo é composto por vários grupos dispersos de neurônios localizados na porção mais baixa do talo do cérebro (as fibras nervosas e a medula oblonga). É dividido em três coleções maiores de neurônios (Figura 1.8):[1]

- Grupo respiratório dorsal desempenha papel fundamental na iniciação da respiração. É também o gerador primário do ritmo da respiração, servindo para manter a regularidade da frequência respiratória.
- Grupo respiratório ventral de neurônios tem várias funções importantes: primeiro, os sinais respiratórios desses neurônios contribuem na direção da respiração para a ventilação pulmonar aumentada; segundo, o estímulo de alguns dos neurônios no grupo ventral causa a inspiração ou a expiração, dependendo de onde o estímulo está localizado, e esses neurônios são especialmente importantes por fornecer os sinais de expiração para os músculos abdominais poderosos durante a expiração mais vigorosa.
- Centro pneumotorácico controla a frequência e o modelo de respiração. O efeito primário desse centro é controlar a duração do ciclo de preenchimento dos pulmões, fator limitador no volume da inspiração. Esse efeito aumenta a frequência de respiração, porque limita a inspiração e encurta a expiração e o ciclo inteiro de respiração.

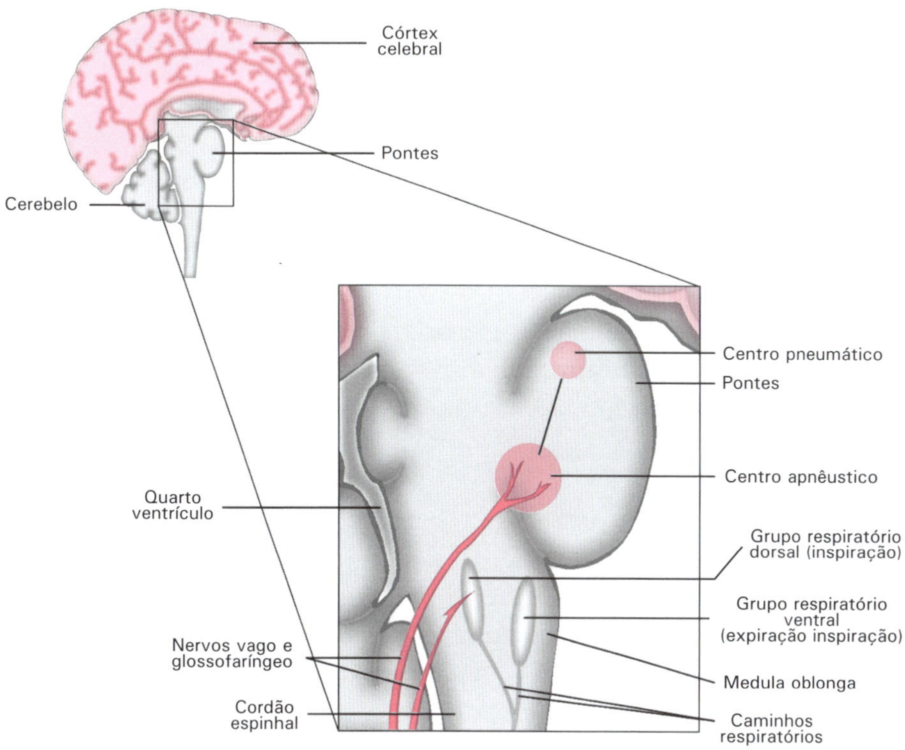

FIGURA 1.8 – Centro respiratório pneumotorácico e grupos respiratórios: dorsal e ventral.

1.3 Respostas agudas cardiovasculares e respiratórias ao exercício

Os efeitos, tanto agudos quanto crônicos, do exercício nas funções cardiovasculares e respiratórias influenciam significativamente os parâmetros anatômicos e fisiológicos descritos. Um conhecimento básico de tais respostas é essencial. Essas respostas são discutidas aqui, de início com as respostas agudas e depois com os efeitos crônicos do treinamento.

1.3.1 Respostas cardiovasculares

A função primária do sistema cardiovascular durante o exercício aeróbio e alguns tipos de exercício de força de resistência (maiores repetições com cargas mais leves) é fornecer oxigênio e outros nutrientes aos músculos. Esta seção descreve mecanismos sistemáticos dessas respostas agudas.

1.3.1.1 Débito cardíaco

A quantidade de sangue bombeado pelo coração em um minuto é chamada débito cardíaco (DC) e é determinada pela quantidade de sangue ejetado em cada batimento (fração de ejeção – FE) multiplicado pela frequência cardíaca (FC):

$$DC = FE \times FC$$

A FE é medida em milímetros de sangue por batida, e a medida da FC é o número de batimentos por minuto. O DC é normalmente expresso como o volume de sangue, em litros ou mililitros, ejetado por minuto.[1,6]

1.3.1.2 Exercício aeróbio

Ao progredir do repouso para o exercício aeróbio em estado constante, o DC aumenta rapidamente no começo e alcança um platô. Com o exercício máximo, o DC pode aumentar quatro vezes o nível de repouso de aproximadamente 5 L/min a um máximo de 20 a 22 L/min. A FE começa a aumentar ao avanço do exercício e continua a subir até que o consumo de oxigênio do indivíduo atinja aproximadamente 50% a 60% da captação máxima de oxigênio. Nesse ponto, o aumento na FE começa a alcançar um platô. Homens em idade universitária têm FE máximos alcançando uma média entre 100 e 115 ml de sangue por batimento; FE para mulheres em idade universitária são aproximadamente 25% menores.[3]

1.3.1.3 Exercício de força

O exercício de força está associado ao fato de não haver mudança comparativa ou apenas poucos aumentos no DC; o que é observado é, primeiramente, o aumento da FC. Com uma carga reduzida e repetições elevadas sobre um período de exercício mais longo, o DC pode responder mais similarmente àquela observada com o exercício aeróbio, embora geralmente em um grau bem menor.[6,7,8]

1.3.2 Fração de ejeção

Dois mecanismos fisiológicos são responsáveis pela regulação da FE. O primeiro é uma consequência do volume da extremidade diastólica, ou volume de sangue disponível para ser bombeado pelo ventrículo esquerdo no fim da fase de enchimento, ou diástole. O segundo é que, pela ação da adrenalina e da noradrenalina, hormônios do sistema nervoso simpático (catecolaminas), são produzidos uma contração mais vigorosa e um maior esvaziamento sistólico do coração.

1.3.2.1 Exercício aeróbio

Com o exercício aeróbio, o retorno venoso (quantidade de sangue que retorna para o coração) é aumentado, e, assim, o volume da extremidade diastólica é significativamente aumentado. Com o volume aumentado, as fibras do miocárdio tornam-se mais estendidas que no repouso, o que resulta em uma contração mais vigorosa, isto é, aumento na força de ejeção sistólica e maior esvaziamento cardíaco. Esse fenômeno, o mecanismo Frank-Starling, significa que quanto maior for a diástole final, maior será a capacidade de contração do coração. Ademais, esse aumento no esvaziamento cardíaco é caracterizado por um aumento na fração de ejeção.[1,9] Além disso, e também no avanço do exercício (ou até mesmo com a antecipação do exercício), o estímulo simpático aumenta a contração do miocárdio e, consequentemente, a FE.[6,8]

1.3.2.2 Exercício de força

Como acontece no DC, a intensidade do esforço do trabalho de força é importante para a resposta aguda, mas o trabalho de força intenso é associado à não existência de mudanças na FE ou até mesmo a um decréscimo nesse valor, particularmente quando pressões intra-abdominais e intratorácicas muito altas se desenvolvem durante a contração, limitando o retorno venoso e, assim, reduzindo o volume diastólico final. Em contraposição, há maior tempo de diástole, causando maior perfusão sanguínea (irrigação do coração). A superimposição da manobra de Valsalva (esforço expiratório contra uma glote fechada) pode elevar mais essas pressões e limitar mais o retorno venoso. Com a carga reduzida, a resposta novamente pode se tornar mais similar àquela do exercício aeróbio.[9]

1.3.3 Frequência cardíaca

No desenvolvimento do exercício (tanto aeróbio quanto de força), um estímulo de reflexo do sistema nervoso simpático resulta num aumento na FC.

1.3.3.1 Exercício aeróbio

A FC aumenta num modo linear quando a carga de trabalho aumenta durante a atividade aeróbia. A taxa de aumento na FC depende de certas características individuais do sistema humano, incluindo tanto a forma física e a idade quanto a carga de trabalho no exercício.[8]

1.3.3.2 Exercício de força

A FC aumenta em proporção direta ao aumento da intensidade do exercício; reflete a quantidade de trabalho que o coração deve fazer para abastecer o aumento da demanda do corpo quando iniciada a atividade física.

Segundo Fleck e Kraemer,[10] a FC aumenta substancialmente durante os ERs. O aumento da FC pode ser grande, chegando a níveis de 170 bpm. Esse resultado foi obtido em exercícios de *leg press*, com as duas pernas simultaneamente em 95% de 1 RM durante uma série, até a falha concêntrica voluntária na qual foi executada uma manobra de Valsalva. Ainda assim, as respostas da FC são substanciais, mesmo quando é feita uma tentativa para limitar a execução de uma manobra de Valsalva.

As respostas de pico de FC normalmente ocorrem durante as últimas repetições de uma série e são mais altas durante as séries com cargas submáximas até a falha voluntária, por causa de seu alto volume associado à intensidade em contraposição a séries curtas e intensas que promovem menor elevação da FC.

Conforme Fleck e Kraemer,[10] atletas altamente treinados em força têm FC de repouso média ou abaixo desta. Estudos longitudinais demonstram decréscimos significativos de 5% a 12% na FC de repouso. Outros estudos demonstram não haver diferenças na FC de repouso em indivíduos treinados em força; embora em alguns deles a FC de repouso tenha diminuído pouco, é importante notar que diminuiu. A FC diminuída é normalmente atribuída a uma combinação de tom parassimpático aumentado e simpático diminuído.

1.4 Captação de oxigênio

A captação de oxigênio é a quantidade de oxigênio consumida pelos tecidos do corpo.

1.4.1 Exercício aeróbio

A demanda de oxigênio dos músculos exercitados aumenta durante o exercício aeróbio e está diretamente relacionada à sua massa, ao seu rendimento metabólico e ao seu nível de trabalho. O exercício aeróbio, envolvendo maior massa de músculo ou maior nível de trabalho, é provavelmente associado a uma captação total de oxigênio mais alta. O rendimento metabólico aumentado permite um aumento na captação de oxigênio, especialmente ao exercício máximo. A captação máxima de oxigênio é descrita como a maior quantidade de oxigênio que pode ser usada ao nível celular para o corpo inteiro, correlacionada ao grau de condicionamento físico e reconhecida como a medida mais vastamente aceita da capacidade cardiopulmonar.

A capacidade de usar oxigênio está relacionada primeiramente à capacidade do coração e do sistema circulatório de transporte de oxigênio, bem como à habilidade dos tecidos do corpo de usá-lo. A captação de oxigênio restante é estimada em 3,5 ml de oxigênio por quilograma de peso do corpo por minuto ($ml/kg/min^{-1}$); esse valor é definido como 1 equivalente metabólico (MET). Os valores da captação máxima de oxigênio em indivíduos normais e saudáveis geralmente vão de 25 a 80 $ml/kg/min^{-1}$, ou 7,1 a 22,9 METs, e dependem de uma variedade de parâmetros fisiológicos, incluindo idade e nível de condicionamento.[7]

A captação de oxigênio pode ser calculada como segue:

$$VO_2máx = DC \times a\text{-}vO_2$$

em que DC é o débito cardíaco em milímetros por minuto e a-vO_2 é a diferença de oxigênio arteriovenoso (diferença no conteúdo de oxigênio entre o sangue arterial e o venoso) em milímetros de oxigênio por 100 ml de sangue. Por exemplo:

VO_2máx = FC x FE x Diferença a-vO_2

VO_2máx = 72 batidas/min x 65 ml de sangue por batimento x 6 ml O_2/100 ml de sangue = 281 ml O_2 min

Para conseguir as unidades usuais da captação de oxigênio (isto é, ml/kg/min^{-1}), o resultado deve ser dividido pelo peso da pessoa em quilogramas.

A equação de Fick expressa a relação do DC, da captação de oxigênio e da diferença do oxigênio arteriovenoso:

DC = (VO_2máx + diferença a-vO_2) x 100

Por exemplo:

DC = (281 ml O_2/min + 6 ml O_2/100 ml de sangue) x 100 = 4.683 ml de sangue/min
= 4,683 l de sangue/min

A equação é útil no entendimento da relação de cada parâmetro de controle e no desenvolvimento de um quadro claro de como o exercício pode afetar cada um deles.

1.4.2 Exercício de força

O treinamento de força intenso não está associado a um aumento agudo na captação de oxigênio, embora, como mencionado, a resposta aguda de captação de oxigênio possa aumentar quando a resistência decresce substancialmente.

1.5 Pressão arterial

A pressão sistólica é usada para estimar a pressão exercida contra as paredes arteriais, quando o sangue é ejetado forçosamente durante a contração ventricular (sístole) e quando multiplicada pela FC, que pode ser usada para descrever o trabalho do miocárdio. Essa estimativa do trabalho do coração é referida como o duplo produto (DP) e obtida de acordo com a seguinte equação:

DP = FC x PAS

Reciprocamente, a pressão arterial diastólica é usada para estimar a pressão exercida contra as paredes arteriais quando o sangue não está sendo forçosamente ejetado por meio dos vasos (diástole). Isso fornece uma indicação da resistência periférica e pode decair um pouco com o exercício aeróbio, por causa da vasodilatação, ou pode realmente aumentar significativamente com o exercício de força intensa por causa da vasoconstrição.

Na circulação sistêmica, a pressão é mais alta na aorta e nas artérias e rapidamente cai na circulação venosa (Figura 1.9). Além disso, por causa do bombeamento pelo coração, a pressão arterial flutua entre um nível sistólico de 120 mmHg e um nível diastólico de 80 mmHg (valores aproximados). Como o fluxo de sangue continua por meio da circulação sistêmica, sua pressão cai progressivamente, até ficar próxima a 0 mmHg (pressão venosa), pelo tempo que ela alcança a extremidade da veia cava no átrio direito. A pressão arterial média é a média da pressão sanguínea por meio do ciclo cardíaco, entretanto não é a média das pressões sistólica e diastólica. Além disso, pelo fato de a pressão arterial normalmente permanecer mais próxima do nível diastólico que do sistólico durante uma porção maior do ciclo cardíaco, a pressão arterial média é normalmente menor que a média das pressões sistólica e diastólica.

Pressão sanguínea arterial média = [(pressão arterial sistólica – pressão arterial diastólica) + 3] + pressão arterial diastólica.

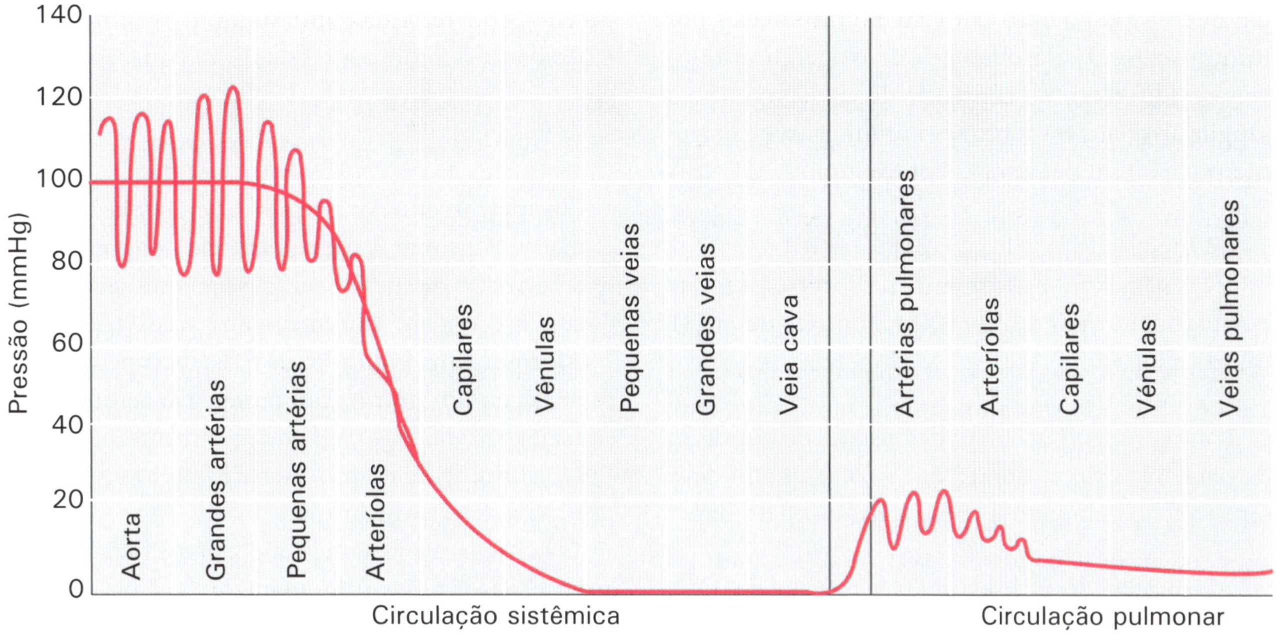

FIGURA 1.9 – Circulação sistêmica.

A pressão arterial é expressa por dois valores: a pressão sistólica e a diastólica, que variam diferentemente quando comparados o trabalho de força e o aeróbio. Na atividade aeróbia, que envolve uma massa muscular grande, a pressão arterial sistólica aumenta em proporção direta ao aumento da intensidade do exercício. Uma pressão sistólica que começa com 120 mmHg em repouso pode ultrapassar os 200 mmHg na exaustão. Em indivíduos altamente treinados, normais e saudáveis, são relatadas pressões sistólicas de 240 a 250 mmHg. A pressão diastólica pouco se altera ou reduz-se muito pouco, independentemente de sua intensidade.

Segundo Fleck e Kraemer,[10] a maioria dos relatos mostra atletas de força altamente treinados para terem pressões sistólicas ou diastólicas em repouso, médias ou abaixo delas. Além disso, estudos longitudinais de curta duração (6-20 semanas) mostram que não há mudanças ou decréscimos nas pressões sistólicas e diastólicas de repouso. Apesar dessa evidência, é uma noção errada comum de que o treinamento de força causa hipertensão. As explicações mais apropriadas para a hipertensão, quando observadas em atletas de força altamente treinados, são hipertensão essencial, excesso de treinamento crônico, uso de andrógenos ou grandes ganhos de massa muscular. Explicações possíveis para o decréscimo da pressão arterial de repouso, quando isso ocorre em razão do treinamento, incluem gordura corporal diminuída, sal no organismo diminuído e alterações da estrutura simpatoadrenal.

As pressões sistólica e diastólica aumentam substancialmente durante o desempenho dos ERs. Em um estudo conduzido por MacDougall et al.[7] de modo invasivo durante o desempenho de um exercício de *leg press* de forma bilateral, observou-se que a execução do exercício a 95% de 1 repetição máxima (RM), no qual a manobra de Valsalva foi permitida, foram registradas pressões de 320/250 mmHg e frequência cardíaca de 170 bpm. Esse estudo demonstra que, quanto maiores as massas musculares envolvidas no treinamento de força, maiores serão as respostas cardiovasculares, como pressão arterial e frequência cardíaca. Outra questão interessante são as respostas de pressão e frequência de acordo com o número de repetições e a forma de execução. A maior frequência e pressão arterial normalmente ocorrem durante as últimas repetições. Pressões arteriais maiores ocorrem mais durante a fase concêntrica que na excêntrica; no entanto, hoje já se verifica que o maior aumento da pressão arterial e da FC ocorre no ponto de maior dificuldade de execução do exercício (maior desvantagem mecânica).

1.6 Controle da circulação local

O fluxo de sangue é uma função dependente da resistência periférica: quando a resistência é reduzida, o fluxo de sangue é aumentado; e quando a resistência aumenta, o fluxo de sangue é reduzido.

A quantidade de resistência ao fluxo de sangue é primeiro uma função do diâmetro dos vasos sistêmicos. A resistência da circulação sistêmica inteira é chamada resistência periférica total. Quando os vasos sanguíneos por todo o corpo se contraem, a resistência periférica total aumenta; com a dilatação, a resistência periférica diminui.[1]

A resistência ao fluxo de sangue também é afetada pela viscosidade do sangue (primariamente o resultado do arraste de fricção das células sanguíneas vermelhas suspensas) e pelo comprimento do vaso; entretanto, esses fatores permanecem relativamente constantes na maioria das circunstâncias. Assim, a contração e a dilatação dos vasos sanguíneos (chamadas, respectivamente, vasoconstrição e vasodilatação) são os mecanismos primários para regular o fluxo sanguíneo regional.

1.6.1 Exercício aeróbio

Durante o exercício aeróbio, o fluxo de sangue para os músculos ativos é consideravelmente aumentado pela dilatação das arteríolas locais e, ao mesmo tempo, o fluxo de sangue para outros sistemas de órgãos é reduzido pela contração das arteríolas. No repouso, 15% a 20% do débito cardíaco é distribuído ao músculo esquelético, visto que, com exercício vigoroso, esse valor pode subir para 90%.[6,8]

1.6.2 Exercício de força

O grau para o qual o fluxo de sangue é aumentado nos músculos ativos durante o treinamento de força depende da intensidade do treinamento, do comprimento ou do tempo de esforço, bem como do tamanho da massa muscular. Cargas mais baixas sobre uma duração maior produzem respostas relativamente similares às do trabalho tipo aeróbio; entretanto, o exercício de força intenso aumenta a resistência ao fluxo de sangue do músculo ativo.

1.7 A manobra de Valsalva

Batizada por Antonio Valsalva, físico do século XVIII, essa manobra, que pode ser usada na avaliação do sistema cardiovascular, embora seja mais frequentemente observada durante o exercício de força, é descrita como um esforço por via aérea durante uma expiração forçada, tentada contra a glote fechada. O resultado, que depende da duração e da intensidade da manobra, é uma pressão intratorácica aumentada, levando a retorno venoso diminuído e DC reduzido. As respostas a esses efeitos são: (a) aumento na FC para manter o DC; e (b) vasoconstrição para manter a PA, o que pode, de outro modo, cair como resultado do DC diminuído. Novamente, dependendo da extensão da manobra, atletas podem se tornar delirantes ou, até mesmo, sincopais como resultado do DC reduzido. Depois do esforço, o retorno venoso é drasticamente aumentado e, em consequência, também o DC, que, aumentado e movendo-se através de um sistema arterial um pouco contraído, pode resultar em aumentos maiores na PA, podendo levar algum tempo (minutos) para se normalizar.[3]

1.7.1 Respostas respiratórias

O exercício aeróbio fornece maior impacto na captação de oxigênio e na produção de dióxido de carbono. Aumentos significativos no oxigênio entregue ao tecido, dióxido de carbono que retorna aos pulmões e ventilação minuto (o volume de ar respirado por minuto) fornecem os níveis apropriados de concentração de gás alveolar durante o exercício aeróbio.[6]

Com o exercício aeróbio, a ventilação minuto aumentada ocorre como resultado de aumentos na profundidade de respiração, em sua frequência ou em ambas. Durante o exercício extenuante, a frequência de respiração de adultos saudáveis e jovens normalmente aumenta de 12 a 15 respirações/min, no repouso, para 35 a 45 respirações/min, ao passo que o volume periódico (VP) (a quantidade de ar inalado e exalado em cada respiração) aumenta de valores de repouso de 0,4 a 1 L para mais de 3 L. Consequentemente, a ventilação minuto pode aumentar de 15 a 25 vezes o valor de repouso ou a valores de 90 a 150 L de ar por minuto.[1]

Durante o exercício aeróbio leve, há aumento na ventilação, que está diretamente associado à captação de oxigênio e à produção de dióxido de carbono. Nessa instância, o aumento na ventilação é primeiro resultado do VP aumentado. A relação da ventilação minuto com a captação de oxigênio é denominada equivalente ventilatório e varia entre 20 e 25 L de ar por litro de oxigênio consumido. No exercício mais intenso (geralmente acima de 45% a 65% da captação máxima de oxigênio em indivíduos sem treinamento e 70% a 90% em atletas

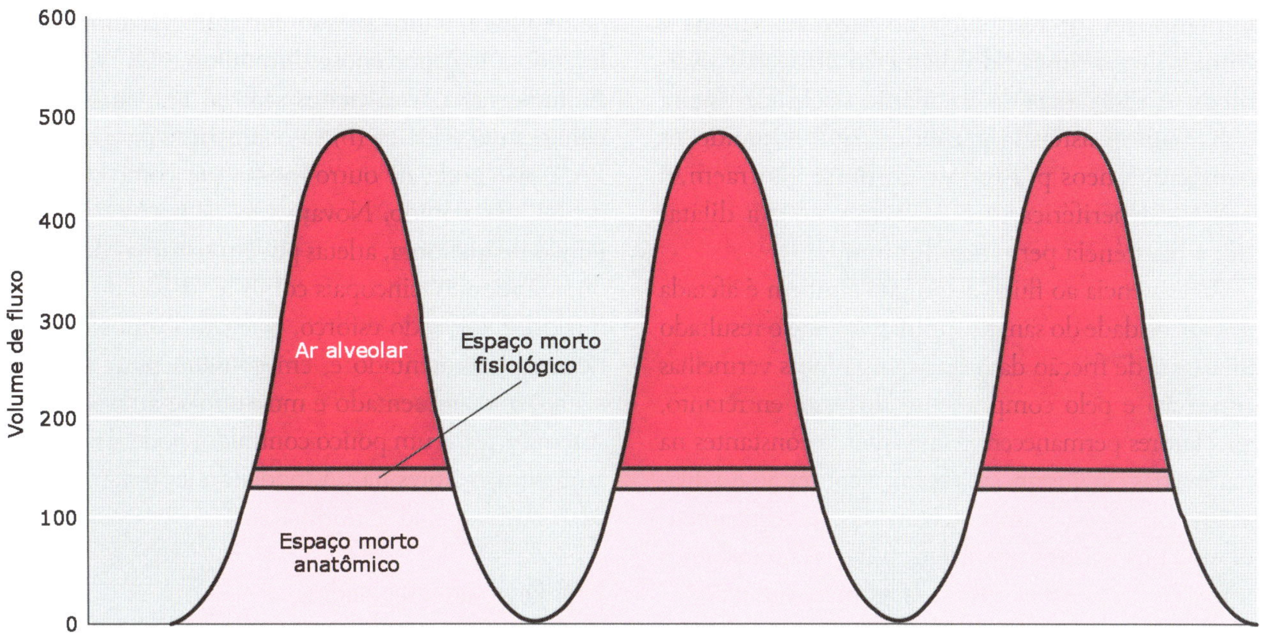

FIGURA 1.10 – Respostas respiratórias.

treinados), a frequência respiratória acontece num ritmo maior. Nesses níveis, a ventilação minuto se eleva desproporcionalmente aos aumentos na captação de oxigênio e começa a ficar paralela à elevação abrupta do lactato sanguíneo. A esse ponto, o equivalente respiratório pode aumentar de 35 a 40 L de ar por litro de oxigênio consumido com essa atividade de alta intensidade.[6,8]

Com a inspiração, o ar entra na área da troca de gás (os alvéolos); entretanto, com a inspiração, o ar também ocupa áreas de passagens respiratórias: nariz, boca, traqueia, brônquios e bronquíolos. Essa área como um todo não é útil para a troca de gás, e é chamada espaço morto anatômico. O volume normal desse espaço de ar é de aproximadamente 150 ml em adultos jovens e aumenta com a idade. Como as passagens respiratórias se estendem com a respiração profunda, deve-se reconhecer que o espaço morto anatômico aumenta quando o VP aumenta (Figura 1.10). Contudo, o VP aumenta relativamente mais que o espaço morto anatômico, resultando em uma porcentagem menor de VP como um componente do espaço morto anatômico. Assim, o VP aumentado (respiração mais profunda) fornece ventilação mais eficiente que simplesmente aumentar a frequência da respiração sozinha.[1,6] O espaço morto fisiológico se refere aos alvéolos, onde há fluxo de sangue impuro, ventilação pobre ou outros problemas com a superfície alveolar, prejudicando a troca de gás.

O espaço morto fisiológico nos pulmões de pessoas saudáveis é normalmente desprezível, porque todos os alvéolos ou suas proximidades são funcionais. Certos tipos de doenças pulmonares (por exemplo, doença pulmonar obstrutiva crônica, pneumonia), entretanto, podem reduzir significativamente a função alveolar, aumentando o espaço morto fisiológico em mais de dez vezes o volume do espaço morto anatômico.[1,6]

1.7.2 Respostas dos gases

O movimento de oxigênio e de dióxido de carbono por meio de uma membrana celular (difusão) é uma função da concentração de cada gás e da pressão parcial resultante exercida pelo movimento molecular de cada gás. A difusão resulta do movimento de gás de alta para baixa concentração, ao nível do tecido, onde o oxigênio é usado no metabolismo e o dióxido de carbono é produzido; em algumas instâncias, as pressões parciais desses gases diferem consideravelmente daquelas no sangue arterial (Figura 1.11). No repouso, a pressão parcial de oxigênio no fluido imediatamente fora de uma célula muscular rapidamente cai de 100 mmHg, no sangue arterial, para algo em torno de 40 mmHg, enquanto a pressão parcial de dióxido de carbono é elevada acima da pressão do sangue arterial para aproximadamente 46 mmHg. Durante o exercício aeróbio intenso, a pressão parcial desses gases pode atingir aproximadamente 3 mmHg para o oxigênio e 90 mmHg para o dióxido de carbono. Consequentemente, esses gradientes de pressão causam o movimento de gases por meio das membranas celulares. Além disso, as capacidades difusoras de oxigênio e, em particular, de dióxido de carbono aumentam drasticamente com o exercício, facilitando suas trocas.[1,6]

no sangue e de outros fluidos do corpo, desempenhando um papel nos mecanismos que regulam a respiração e a difusão de oxigênio no sangue alveolar e nas células dos tecidos do corpo.[1,6]

Dada a capacidade limitada de o plasma carregar oxigênio, a maior parte deste no sangue é carregada pela hemoglobina. Os homens têm cerca de 15 a 16 g de hemoglobina por 100 ml de sangue, e as mulheres, cerca de 14 g de hemoglobina por 100 ml de sangue. Um grama de hemoglobina pode carregar 1,34 ml de oxigênio, e a capacidade de oxigênio de

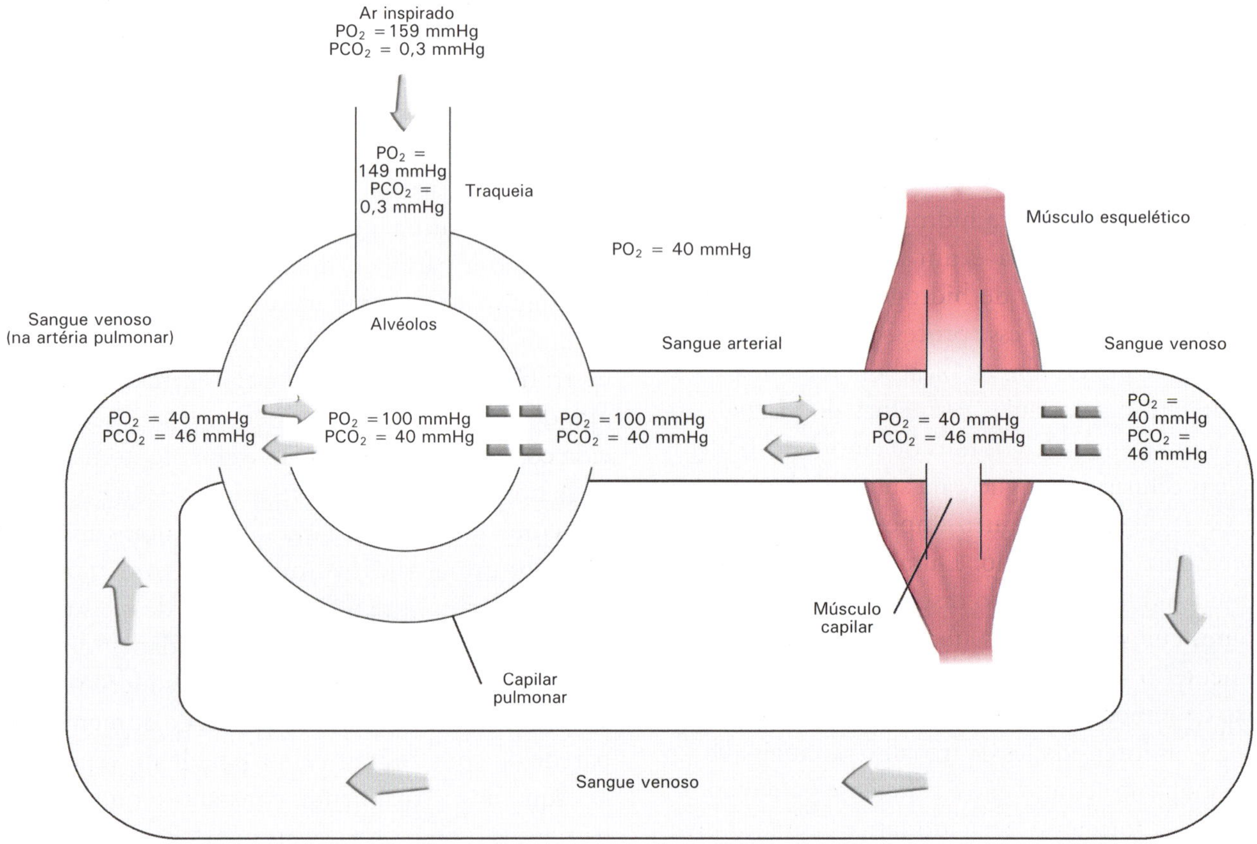

FIGURA 1.11 – Respostas de gases.

100 ml de sangue é de cerca de 20 ml de oxigênio nos homens e um pouco menos nas mulheres.[6]

O modo pelo qual o dióxido de carbono é removido do sistema tem algumas similaridades com o transporte de oxigênio, mas a vasta quantidade de dióxido de carbono é removida por um processo mais complexo. Depois que o dióxido de carbono é formado na célula, é transportado da célula por difusão e, subsequentemente, transportado para os pulmões. Como o oxigênio, apenas uma quantidade limitada de dióxido de carbono, cerca de 5% daquela produzida durante o metabolismo, é carregada no

1.8 Transporte sanguíneo de gases e metabólitos por subprodutos

O oxigênio é carregado no sangue, dissolvido no plasma ou combinado com hemoglobina. Entretanto, como o oxigênio não é prontamente solúvel em fluidos, apenas cerca de 3 ml de oxigênio pode ser carregado por litro de plasma. Contudo, essa quantidade limitada de oxigênio, transportada no plasma, contribui para a pressão parcial de oxigênio plasma; similar ao oxigênio, essa quantidade limitada também contribui para estabelecer a pressão parcial de dióxido de carbono no sangue. Algum dióxido de carbono é transportado também via hemoglobina, mas em pequena quantidade.[6]

Embora os processos mencionados sejam importantes, a maior quantidade de remoção de dióxido de carbono (aproximadamente 70%) resulta de um processo envolvendo sua combinação com a água e sua entrega aos pulmões na forma de bicarbonato (HCO_3). O passo inicial nessa reação reversível é a combinação de dióxido de carbono em solução com água nas células vermelhas de sangue para formar o ácido carbônico. A reação seria normalmente lenta, exceto pelo impacto da enzima anidrase carbônica, que agiliza significativamente esse processo. Uma vez que o ácido carbônico é formado, é quebrado nos íons de hidrogênio e bicarbonato. Como a hemoglobina é um anteparo ácido-base significativo, os íons de hidrogênio se combinam com a hemoglobina; esse processo ajuda a manter o pH do sangue. Os íons de bicarbonato, por sua vez, difundem-se das células vermelhas do sangue fora do plasma, enquanto os íons de clorido difundem-se nas células do sangue para substituí-las.[6]

O ácido lático é outro importante subproduto metabólico do exercício. Durante o exercício leve a moderado, há oxigênio disponível suficiente para os músculos envolvidos no trabalho. Consequentemente, o ácido lático não se acumula, porque a taxa de remoção é maior ou igual à taxa de produção. Se as intensidades de trabalho são mais altas, o metabolismo aeróbio não é suficiente para manter-se com a formação de ácido lático, então o nível de ácido lático no sangue começa a aumentar. O nível de exercício aeróbio, no qual o ácido lático (nesse ponto, convertido para lactato no sangue) começa a mostrar um aumento é denominado princípio de acumulação de lactato no sangue. No caso de atividade de alta intensidade, como exercício de força intensa em particular, um dos mecanismos para fornecer energia é a diminuição de glicogênio, formando ácido lático. Quando o exercício cessa, a maior parte do ácido lático é reconvertida em glicose no fígado, enquanto uma pequena porção é convertida em ácido pirúvico e metabolizada oxidantemente.[6]

1.8.1 Respostas cardiovasculares e respiratórias ao treinamento de exercício de força e aeróbio

Os efeitos do treinamento do exercício de força e aeróbio nos sistemas cardiovascular e respiratório são essenciais para entender o desempenho físico ou atlético e propor programas de treinamento. Esta seção discute os efeitos do treinamento em áreas específicas: coração, circulação, ventilação, extração oxigênio e ácido lático.

1.8.1.1 O coração

Em resposta ao aumento da demanda de trabalho, o peso e o volume do coração, bem como, consequentemente, a espessura da parede e o tamanho da câmara do ventrículo esquerdo aumentam em decorrência do treinamento aeróbio. O músculo cardíaco sofre adaptações como qualquer outra musculatura; portanto, ocorre hipertrofia do miocárdio a partir do momento em que há uma solicitação dessa musculatura, dependendo do volume e da intensidade. Por muito tempo, a hipertrofia cardíaca induzida pelo exercício causou grande preocupação; atualmente, essa é reconhecida como uma adaptação ao treinamento físico.

A porção do coração (ventrículo esquerdo) no treinamento aeróbio é a que sofre maiores adaptações por causa da carga imposta ao músculo cardíaco. Acreditava-se que o trabalho de resistência aeróbia causaria aumento nas cavidades do coração (especialmente o ventrículo esquerdo), e o treinamento de força só estimularia o aumento da parede do coração (também a parede no ventrículo esquerdo). Atualmente, constata-se que o treinamento aeróbio provoca aumento nas cavidades; além disso, confirma-se que também há aumento da parede do coração.

1.8.1.2 Treinamento aeróbio

Para o ótimo desempenho do exercício aeróbio, o aumento da captação máxima de oxigênio é de suma importância. Um dos mecanismos primários para isso é o incremento da função cardiovascular central (DC). Embora a taxa de descarga normal do nódulo SA varie de 60 a 80 vezes por minuto, o treinamento pode resultar em uma descarga significativamente mais lenta. Supõe-se que o treinamento físico crie um desequilíbrio entre a atividade do sistema simpático e parassimpático em favor do domínio parassimpático. O volume de ejeção (VE) aumentado também afeta a FC no repouso, isto é, como mais sangue é bombeado por contração, o coração tende a, frequentemente, contrair-se menos. O treinamento aeróbio pode aumentar a capacidade do coração em bombear sangue por contração no repouso e, portanto, pode-se considerar alguma bradicardia (FC mais lenta) significativa observada em atletas de resistência altamente condicionados, com FC comumente atingindo de 40 a 60 batidas/min.[1,6]

A mudança mais marcante na função cardiovascular central com o treinamento de exercício aeróbio de longa duração (6 a 12 meses) é o aumento no DC máximo (FC x FE), resultando primeiro na FE aumentada. Uma FC marcantemente mais baixa depois do treinamento aeróbio que antes dele, em resposta a um nível submáximo padronizado de trabalho, é também um contraste do treinamento aeróbio. Além disso, a FC aumenta de modo mais lento em atletas treinados que em pessoas sedentárias para uma mesma carga de trabalho. Em virtude de a FC máxima de fato diminuir levemente com o treinamento prolongado, talvez como resultado da atividade parassimpática aumentada, o tamanho do ventrículo esquerdo (volume da câmara) e a força de contração são fundamentais para aumentar a FE tanto em exercício submáximo quanto em exercício máximo.[6]

1.8.1.3 Treinamento de força

Segundo Fleck e Kraemer,[7] as dimensões ou os volumes internos ventriculares esquerdos sistólicos e diastólicos aumentados são considerados indicadores de uma sobrecarga do volume no coração, como encontrado em atletas de resistência. O tamanho aumentado da câmara ventricular esquerda é resultado de uma sobrecarga de volume no coração. Portanto, deve-se levar em conta que o treinamento feito por fisiculturistas teria maior potencial para aumentar o tamanho da câmara que o treinamento tipo olímpico ou de levantamento de peso. Essa afirmação é apoiada por um estudo relatando fisiculturistas, mas não levantadores de peso, para ter um volume final diastólico e sistólico absoluto maior que um grupo-controle. As diferenças entre os fisiculturistas e o grupo-controle, entretanto, não foram identificadas se avaliadas relativamente à superfície ou à massa magra do corpo. Os fisiculturistas, mas não os levantadores de peso, também tinham maior dimensão interna ventricular direita em termos absolutos, relativa à área da superfície e à massa magra do corpo, quando comparados a indivíduos de controle. Essa descoberta é corroborada por um relatório mostrando que não há mudanças nas dimensões ventriculares direitas em um grupo olímpico júnior de elite de levantadores de peso. Tanto fisiculturistas quanto levantadores de peso têm uma dimensão interna do átrio esquerdo final sistólico maior em termos absolutos, relativa à área da superfície e à massa magra do corpo, que indivíduos de controle. Os fisiculturistas também têm a dimensão interna do átrio significativamente maior que os levantadores de peso.

Supõe-se que a maioria dos programas de treinamento de força não causa aumento no tamanho da câmara cardíaca. Entretanto, programas como de fisiculturistas, ou seja, com altos volumes de treinamento, podem causá-lo. O espessamento da parede ventricular decorre da adaptação do treinamento às elevadas pressões sanguíneas encontradas durante o exercício de treinamento de força.

Estudos longitudinais de curto tempo (10-20 semanas), com jovens adultos masculinos, apoiam o conceito de que o treinamento de força pode aumentar a espessura da parede ventricular esquerda, mas isso não é uma consequência necessária do treinamento. Essa discrepância é em razão, provavelmente, de diferenças nos exercícios desempenhados (massa muscular grande *versus* pequena), intensidade e volume de treinamento.

A quantidade de espessamento da parede ventricular esquerda aparece relacionada à intensidade do treinamento. Portanto, pode-se especular que esse espessamento seria diferente entre fisiculturistas, que treinam predominantemente com 6-12 RMs, e levantadores de peso, que gastam grande parte do treinamento usando de 1 a 3 RMs.

A espessura da parede ventricular direita tem recebido menos atenção que a esquerda. Estudo usando ressonância magnética não encontrou diferença na espessura da parede ventricular direita sistólica e diastólica entre levantadores de peso masculinos de elite juniores olímpicos e em um grupo-controle. Isso sugere que o ventrículo direito não é exposto a pressões elevadas suficientes para causar hipertrofia das paredes ventriculares durante o exercício de treinamento de força.

As conclusões dos presentes dados são que o treinamento de força pode causar aumento nas espessuras da parede ventricular esquerda, mas que não é uma consequência necessária de todos os programas de treinamento de força. A espessura da parede ventricular direita não ocorre. O aumento da espessura da parede é causado pelas pressões sanguíneas intermitentes encontradas durante o treinamento e está relacionado ao calibre do atleta, à intensidade e ao volume do treinamento de força.

1.8.1.4 Suprimento capilar

Além da entrega de oxigênio, nutrientes e hormônios, a circulação capilar fornece os meios para remover calor e subprodutos metabólicos. A capilarização incrementada parece estar associada ao volume e à intensidade da atividade, sem se considerar que isso resulta dos treinamentos de força ou aeróbio. Ela tem sido observada em resposta à densidade aumentada do músculo associado ao treinamento aeróbio. Esse aumento na densidade capilar diminui a distância de difusão para o oxigênio e os substratos metabólicos.[14]

Com o treinamento de força, a resposta parece estar relacionada às contribuições relativas de intensidade e volume de exercício. A alta intensidade e o baixo volume vistos na elevação da potência estão associados à constância ou à diminuição na densidade capilar, por causa dos efeitos da diluição da hipertrofia da fibra muscular.[2] Reciprocamente, o treinamento de baixa intensidade com alto volume, como o praticado por fisiculturistas, pode realmente aumentar a capilarização.

São necessárias mais pesquisas para esclarecer o impacto do treinamento de força na densidade capilar e estabelecer o papel fisiológico preciso dessas adaptações.[6]

1.8.1.5 Ventilação

A ventilação geralmente não limita os regimes de exercício aeróbio ou de força e não é afetada, ou só o é moderadamente pelo treinamento.[15] Além disso, as adaptações de ventilação observadas parecem ser altamente específicas para atividades que envolvem o tipo de exercício usado no treinamento. As adaptações ao treinamento incluem volume periódico aumentado e frequência respiratória com o exercício máximo. Com a atividade submáxima, entretanto, a frequência respiratória é constantemente reduzida enquanto o volume periódico é aumentado.

Parece que tais adaptações de ventilação resultam de adaptações locais, neurais ou químicas nos músculos específicos treinados mediante o exercício.[3] Além disso, o rendimento incrementado da ventilação, como o caracterizado por ventilação reduzida equivalente para o oxigênio (a razão de ar ventilado para o oxigênio usado pelos tecidos, Ve/VO_2), tem sido observado em indivíduos treinados *versus* indivíduos não treinados.[6]

1.8.1.6 Potência aeróbia máxima

O VO_2máx é definido como a maior taxa de consumo de oxigênio possível de ser atingida durante o exercício máximo ou exaustivo. No treinamento aeróbio, mais oxigênio pode ser liberado e consumido que no estado de não treinamento. Indivíduos previamente não treinados apresentaram aumentos médios do VO_2máx de 20% ou mais depois de um treinamento de seis meses. Em geral, considera-se que o treinamento de força com altas cargas não tenha um impacto sobre o VO_2máx; entretanto, o VO_2máx de fisiculturistas competitivos e levantadores de peso olímpicos atinge de 41 a 55 $ml/kg/min^{-1}$, que são valores médios para o VO_2máx. Isso poderia significar que o treinamento de força pode causar aumento no VO_2máx em alguns, mas não em todos os programas de força; a última explicação é mais plausível. Fatores como volume de treinamento total, períodos de descanso entre as séries e os exercícios envolvendo grandes massas musculares *versus* pequenas musculaturas poderiam levar em conta diferenças no VO_2máx entre atletas de treinamento de força de elite.

Em conclusão, ao se pensar em melhorar a captação de oxigênio, o treinamento aeróbio é fundamental, mas o treinamento de força pode participar como coadjuvante.

1.8.1.7 Lactato no sangue

O treinamento de resistência aeróbia melhora a capacidade oxidante do músculo esquelético e, portanto, retarda o avanço da contribuição anaeróbia, significativa ao exercício do metabolismo. O lactato no sangue é, também, mais baixo a cargas de trabalho padrão para indivíduos treinados que para indivíduos sem treinamento. Consequentemente, ocorre a uma porcentagem mais alta (acima de 80%-90%) da capacidade aeróbia do atleta treinado. Essa resposta vantajosa pode ser causada pelo tipo de fibra muscular do atleta de resistência, por adaptações locais específicas, resultando no treinamento de resistência, que reduz a produção do ácido lático, por mudanças na liberação de hormônio (particularmente catecolaminas no exercício de alta intensidade) e por uma taxa mais rápida de remoção de ácido lático. Em contraste, atletas que têm suportado treinamento anaeróbio específico de alta intensidade demonstram habilidade aumentada para gerar um nível alto de ácido lático durante o exercício máximo, refletindo possível adaptação fisiológica, mas talvez também sugerindo um nível mais alto de motivação de atletas treinados.[6]

1.9 Influências externas na resposta cardiorrespiratória

Uma variedade de influências externas pode afetar a resposta aguda e a adaptação crônica do sistema cardiorrespiratório ao exercício. Os efeitos potenciais de altitude, respiração hiperóxica, tabagismo e *doping* no sangue são descritos aqui.

1.9.1 Altitude

A alturas superiores a 1.200 m, os ajustes fisiológicos ocorrem para compensar a pressão parcial reduzida de oxigênio na atmosfera. Esses ajustes parecem afetar o exercício aeróbio mais que o exercício de força, em que a força e a resistência musculares mostram pouco decréscimo quando em exposição aguda à altitude.

Dois ajustes iniciais que ocorrem no processo de aclimatação são particularmente importantes. Primeiro, há um grande aumento na ventilação pulmonar (hiperventilação) no repouso e durante o exercício, resultado do volume periódico aumentado, com permanências maiores na alta elevação; entretanto, a frequência respiratória aumentada também contribui para a ventilação aumentada; a estabilização da ventilação depende do nível de altitude. Segundo, nos estágios iniciais da exposição à altitude, há um aumento no DC no repouso e durante o exercício submáximo.[6] A FC e o DC submáximos podem aumentar de 30% a 50% acima de valores ao nível do mar, visto que o VE é constante ou levemente reduzido. O DC submáximo aumentado reflete a necessidade do fluxo aumentado de sangue quando o conteúdo do oxigênio do sangue arterial é reduzido. Dentro de 2 semanas, a uma dada altitude, a FC e o DC começam a voltar a valores normais, por causa da resposta da aclimatação de longo tempo da produção de célula vermelha no sangue. Portanto, com exposição aguda à altitude, a hiperventilação e o DC submáximo são aumentados rapidamente, e, relativamente, obtêm-se efetivas respostas para balancear as demandas da pressão parcial de oxigênio reduzida. Entretanto, apesar desses ajustes, a saturação de oxigênio arterial decresce, resultando em diminuições na captação máxima de oxigênio e desempenho aeróbio; as mudanças revertem em aproximadamente um mês depois da volta ao nível do mar. Outras adaptações fisiológicas e metabólicas de ação mais lenta que ocorrem durante uma exposição prolongada à altitude incluem:

- formação aumentada de hemoglobina (geralmente 5%-15%, embora valores mais altos tenham sido registrados) e células vermelhas de sangue (30%-50%);
- capacidade de difusão de oxigênio aumentada através das membranas pulmonares;
- manutenção do balanço ácido-base de fluidos do corpo por excreção renal de HCO_3 e por meio da hiperventilação, bem como capilarização aumentada.

Todas essas adaptações geralmente melhoram a tolerância à hipóxia relativa a altitudes médias e elevadas,[1,6] e podem resultar em capacidades de exercício próximas ao nível do mar com aclimatação adequada, isto é, um mínimo de 3 a 6 semanas é necessário para a adaptação em uma altitude moderada. Entretanto, espera-se desempenho reduzido quando da exposição à altitude, frequentemente sem levar em conta o período de aclimatação. Embora a força muscular pareça imutável por uma exposição de longo tempo à altitude, efeitos neurofisiológicos sutis (talvez associados à doença da altitude aguda suave) podem afetar a força muscular.[16] Profissionais de força e condicionamento são encorajados a lembrar os atletas das respostas agudas e das adaptações crônicas à altitude, de modo que estes possam manter regimes de treinamento apropriados e uma atitude mental positiva ao impacto da altitude.

1.9.2 Respiração hiperóxica

Respirar misturas de oxigênio enriquecido (respiração hiperóxica) durante períodos de repouso, ou pós-exercício, pode afetar positivamente alguns aspectos do desempenho do exercício, embora os mecanismos para esses resultados não sejam bem entendidos e o procedimento permaneça controverso.

Sugere-se que a respiração hiperóxica aumente a quantidade de oxigênio levada pelo sangue e, portanto, aumente o fornecimento de oxigênio para os músculos trabalhados. Infelizmente, a respiração do ar ambiente ao nível do mar, por pessoas saudáveis, resulta em saturação do oxigênio arterial da hemoglobina de 95% a 98%. Portanto, a respiração hiperóxica durante períodos de repouso ou pós-exercício tem pouco potencial para aumentar esse valor.[6] Entretanto, vantagens psicológicas ou fisiológicas ainda não descritas podem ser consideradas pelos registros não frequentes de efeitos positivo.

1.9.3 Tabagismo

Relativamente, pouca pesquisa em relação ao tabagismo e ao desempenho do exercício está disponível, primeiro porque a maioria das pessoas regularmente ativas e dos atletas evita fumar por medo de prejudicar o desempenho ou aumentar o risco de doenças. Fumantes experimentam danos na função pulmonar e têm maior risco de doenças pulmonares obstrutivas. Entretanto, essas descobertas são vistas, geralmente, muito mais tarde na vida. Jovens atletas raramente exibem feitos marcantes no desempenho físico. Em teoria, certos efeitos agudos do tabagismo poderiam prejudicar o desempenho do exercício, em particular quando a ventilação e a capacidade aeróbia são fatores críticos nesse desempenho. Esses efeitos incluem:

- resistência da via aérea aumentada em virtude da constrição do bronquíolo relacionada à nicotina ou à secreção e à inflamação do fluido aumentadas na árvore bronquial, em razão da irritação causada pela fumaça;
- a paralisia nas superfícies do espaço respiratório por nicotina, o que limita a habilidade de remover os fluidos excessivos e as partículas exteriores, causando acumulação de despojos nas vias de passagem respiratórias e adicionando a dificuldade de respirar.

Portanto, até mesmo o fumante menos frequente pode sentir esforço respiratório durante o exercício e redução no nível de desempenho.[1,6]

Por fim, o monóxido de carbono, um componente da fumaça do cigarro, também pode ser associado à resposta hemodinâmica prejudicada ao exercício e à liberação aumentada de catecolaminas. O monóxido de carbono se combina mais rapidamente com a hemoglobina do que com o oxigênio. A carboxi-hemoglobina resultante reduz a quantidade de oxigênio que pode ser carregada pela hemoglobina e, então, reduz o oxigênio, que pode ser fornecido para os músculos exercitados. Em consequência, a capacidade máxima de exercício pode ser diminuída, e as respostas cardiovasculares submáximas podem ser aumentadas em uma tentativa de fornecer sangue oxigenado adequado para os músculos. Além disso, a liberação aumentada de catecolamina aumenta a FC e a pressão arterial.

1.9.4 *Doping* sanguíneo

A prática de aumentar artificialmente a massa das células vermelhas do sangue (*doping* no sangue) como meio de melhorar o desempenho atlético tem sido criticada por ser antiética e causar sérios riscos à saúde do atleta. Contudo, pesquisas têm sugerido que essa prática pode melhorar a resposta ao exercício aeróbio e incrementar a tolerância a certas condições ambientais. Não há vantagens conhecidas do *doping* no sangue com o exercício de força.[17]

O aumento artificial da massa das células vermelhas do sangue pode ser acompanhado de infusão de células vermelhas do sangue do próprio indivíduo ou de infusão de eritropoietina (EPO), que estimula a produção de células vermelhas do sangue. A infusão dessas células rapidamente aumenta a massa das células vermelhas do sangue, mas isso só se mantém por poucas semanas, visto que os efeitos da droga EPO produzem mudanças em semanas, enquanto continuar sendo administrada. Em outro caso, teoriza-se que aumentar a massa das células vermelhas do sangue aumentaria a habilidade do sangue em carregar oxigênio e, então, aumentaria a disponibilidade de oxigênio para os músculos. A captação máxima de oxigênio aumentou mais de 10% com infusão de células vermelhas do sangue ou administração de EPO a cargas de trabalho submáximas padronizadas; o *doping* no sangue está associado à FC e ao lactato no sangue diminuídos, tanto quanto a valores mais altos de pH. Os efeitos positivos no desempenho atlético também foram substanciais.[17]

Os efeitos do *doping* no sangue sugerem o potencial para diminuir o impacto de várias condições ambientais. Os efeitos da altitude parecem ser diminuídos com o *doping* no sangue, embora, quando a altitude aumenta a influência positiva do *doping*, o sangue seja reduzido. Fatores ambientais agressivos, como exposição ao calor e ao frio, também podem ser afetados por *doping* no sangue. Durante a exposição ao calor, a redução na resposta fisiológica ao trabalho submáximo e o volume aumentado de sangue associado à massa celular vermelha do sangue podem ser incrementados. Entretanto, o *doping* no sangue parece fornecer esses benefícios primeiro a indivíduos que já se aclimataram ao calor e fornece pouquíssima ajuda na resposta ao calor daqueles que não estão aclimatados. A aclimatação ao calor parece mais importante no último grupo. Muito pouco se sabe sobre o *doping* no sangue em relação à fadiga pelo frio, e, embora algum benefício teórico tenha sido sugerido, essa prática poderia supostamente aumentar os riscos à saúde.[17]

Os riscos à saúde associados ao *doping* no sangue acirram mais a controvérsia acerca dessa prática. Teoricamente, altos níveis de hematócritos podem aumentar os riscos de eventos de embolia, como derrame, infarto do miocárdio, trombose profunda da veia ou embolia pulmonar. A pressão do sangue arterial aumentada, sintomas de gripe e níveis de plasma de potássio aumentados podem apresentar-se com uso de EPO. Finalmente, há risco associado com a infusão ou a transfusão, embora, na maioria dos casos, o risco seja relativamente pequeno.[17]

Referências

1. Guyton AC, Hall JE. Textbook of Medical Physiology. Philadelphia: Saunders; 1991.
2. Murray TD, Murray JM. Cardiovascular Anatomy. In: American College of Sports Medicine Resource Manual for Guidelines for Exercise and Prescription. 3. ed. J. L Roitman. Baltimore: Williams & Wilkins; 1998.
3. Baechle TR, Earle RW. Essentials of Strength Training and Conditioning. Champaign: Human Kinetics; 2000.
4. Larry JA, Schaal SF. American College of Sports Medicine Resource Manual for Guidelines for Exercise Testing and Prescription. Baltimore: Williams & Wilkins; 1998.
5. Mahler DA. Respiratory Anatomy. In: American College of Sports Medicine Resource Manual for Guidelines for Exercise and Prescription. 3. ed. Baltimore: Williams & Wilkins; 1998.
6. McArdle WD, Katch FI, Katch VL. Exercise Physiology. Philadelphia: Lea & Febiger; 1994.
7. Fleck SJ, Kraemer WJ. Resistance Training: Physiological Responses and Adaptations. Phys Sports Med. 1988;16(4):108-24.
8. Franklin BA. Normal Cardiorespiratory Responses to Acute Exercise. Baltimore: Williams & Wilkins; 1998.
9. Fleck SJ. Cardiovascular Adaptations to Resistance Training. Med Sci Sports Exerc. 1988;20:146-51.

10. Fleck SJ, Kraemer WJ. Resistance Training: Physiological Responses and Adaptations. Phys Sports Med. 1988;16(4):63-73.
11. Simão R. Fundamentos fisiológicos para o treinamento de força e potência. São Paulo: Phorte; 2003.
12. Robergs RA, Robert SO. Princípios fundamentais de fisiologia do exercício para aptidão física, desempenho e saúde. São Paulo: Phorte; 2002.
13. Kraemer WJ, Bush JA. Factors Affecting the Acute Neuromuscular Responses to Resistance Exercise. In: American College of Sports Medicine Resource Manual for Guidelines for Exercise and Prescription. 3. ed. Baltimore: Williams & Wilkins; 1998.
14. Kraemer WJ, Volek JS, Fleck SJ. Chronic Musculoskeletal Adaptations to Resistance Training. In: American College of Sports Medicine Resource Manual for Guidelines for Exercise and Prescription. Baltimore: Williams & Wilkins; 1998.
15. Durstine JL, Davis PG. Specificity of Exercise Training and Testing. Baltimore: Williams & Wilkins; 1998.
16. Havenith G, Holewijn M. Environmental Considerations: Altitude and Air Pollution. Baltimore: Williams & Wilkins; 1998.
17. Sawka MN, Joyner MJ, Miles DS, Robertson RJ, Spriet LL, Young AJ. American College of Sports Medicine Position Stand. Med Sci Sports Exerc. 1996;28(6):1-8.

Capítulo 2

Adaptações do osso, do músculo e do tecido conjuntivo à atividade física

Os três maiores componentes do sistema musculoesquelético são os ossos, os músculos e o tecido conjuntivo; cada componente contribui para a função global do sistema. O osso provê o suporte estrutural para o sistema, o músculo contém as unidades contráteis e converte a energia química armazenada em energia mecânica necessária para produzir movimento, e o tecido conjuntivo age como uma estrutura por meio da qual as forças geradas pela contração muscular possam ser transmitidas às alavancas ósseas para realizar o movimento desejado. Os três componentes são funcionalmente inseparáveis em seu papel no desempenho atlético. Os músculos não podem suportar uma contração isométrica sem usar o osso e o tecido conjuntivo para estabilização.

As habilidades de criar, transmitir e sustentar as forças requeridas para ter sucesso com o movimento dependem de um equilíbrio predeterminado de capacidades funcionais entre osso, músculo e tecido conjuntivo. Essa relação íntima sugere que, quando o sistema está fatigado, em intensa atividade física, osso, músculo e tecido conjuntivo devem se adaptar de modo coordenado para reservar a força e a integridade de todo o sistema gerador de força. Quando um atleta desgasta repetidamente o sistema musculoesquelético, além de seu nível normal de funcionamento, é comum para as adaptações do osso ou do tecido conjuntivo retardar o desenvolvimento do músculo que está sendo exercitado. Esse fenômeno precisa ser reconhecido pelo profissional para que a lesão seja evitada e o desempenho atlético, maximizado. Entender como os componentes individuais do sistema musculoesquelético se adaptam à atividade física fornece uma base de conhecimento por meio da qual o profissional pode prever o desenvolvimento de um programa de treinamento específico.

Este capítulo descreve as adaptações que ocorrem no osso, no músculo e no tecido conjuntivo em resposta aos vários programas de exercício. A experiência da informação com respeito às características estruturais essenciais do osso e de outros tecidos é incluída neste capítulo para ajudar o leitor a entender as adaptações específicas que ocorrem nesses tecidos.

2.1 Adaptação do osso ao exercício

O osso é classificado como um tecido conjuntivo, único, que se torna mineralizado e, desse modo, fornece uma estrutura rígida de sustentação. Interessantemente, essa rígida estrutura é realmente um tecido muito ativo, sensível a mudanças na força que ele experimenta e com capacidade de crescimento e regeneração. O exercício cria forças mecânicas que causam deformação de regiões específicas do esqueleto. Essas forças podem ser de curvatura, compressivas ou criadas por contrações musculares na inserção tendinosa de um músculo no osso.

As seções que se seguem discutem a estrutura e a formação do osso, os tipos de força que melhor estimulam sua nova formação, como o osso responde às forças mecânicas e à atividade física.[1]

2.1.1 A biologia da formação do osso

Em resposta à carga mecânica, as células ósseas chamadas osteoblastos migram para a superfície do osso, que está experimentando o esforço, e começam o processo de modelagem óssea (Figura 2.1). Os osteoblastos fabricam e secretam proteínas, primariamente moléculas de colágeno, que são depositadas nos espaços entre as células ósseas que aumentam a força do osso nessa área. Essas proteínas formam uma malha, chamada matriz óssea, entre as células ósseas. As proteínas adicionadas à matriz, eventualmente, tornam-se mineralizadas como cristais de fosfato de cálcio, precipitam do fluido extracelular e ligam-se à matriz da proteína. É a mineralização da matriz que dá ao osso sua rigidez característica.[1]

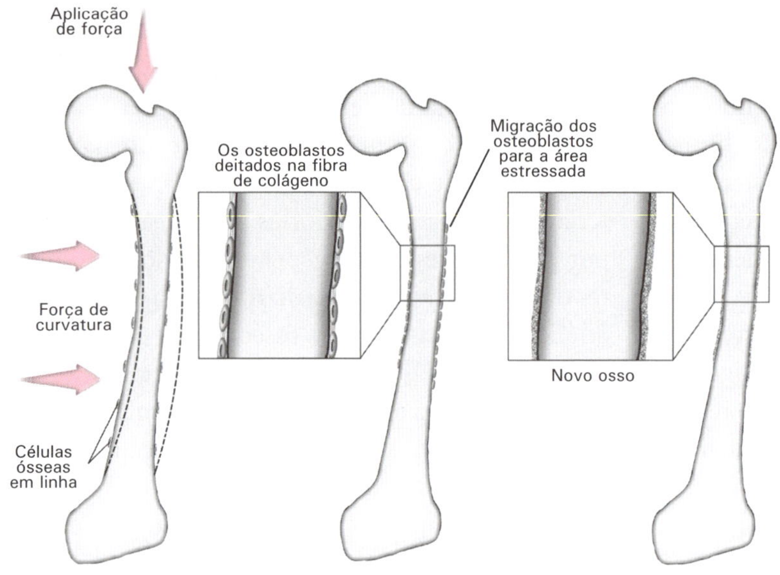

FIGURA 2.1 – Formação do osso.

A nova formação do osso ocorre predominantemente em sua superfície exterior, chamada periósteo. Repousar a nova formação óssea na periferia para aumentar o diâmetro do osso é o modo mais efetivo de aumentar a força óssea sem comprometer as exigências de espaço para a cavidade altamente vascular da medula óssea no centro do osso.[1] Dessa maneira, o crescimento do osso é análogo ao crescimento do músculo esquelético em resposta ao exercício. Durante o processo de hipertrofia muscular, novos miofilamentos são adicionados à periferia da miofibrila existente. Os miofilamentos são repousados no exterior da miofibrila existente mais do que dentro dela, para evitar alteração do arranjo geométrico dos miofilamentos nos sarcômeros existentes da miofibrila.

A adaptação do osso à carga mecânica ocorre a diferentes taxas no esqueleto axial e no esqueleto apendicular, por causa de diferentes quantidades de osso trabecular (poroso) e cortical (compacto). O esqueleto axial consiste do cérebro/crânio, da coluna vertebral, das costelas e do esterno. O esqueleto apendicular inclui o cinturão do ombro (escápula, clavícula e úmero), a pelve e os ossos longos das extremidades superior e inferior.[1] O osso cortical é denso e forma uma concha exterior compacta, que é atravessada pelas placas estreitas e delicadas do osso trabecular. Os espaços entre as placas trabeculares são ocupados pela medula óssea, que consiste de tecido adiposo e produtos do sangue. Os vasos sanguíneos da cavidade medular se estendem no osso cortical denso, por meio de uma rede de canais horizontais e verticais (Figura 2.2). O osso trabecular é capaz de responder mais rapidamente aos estímulos que o osso cortical. Os ossos da coluna vertebral contêm cerca de 70% do osso trabecular por volume, visto que o osso trabecular é achado apenas nas cavidades medulares e nas extremidades dos ossos longos.[2] A deposição de novas fibras de colágeno no osso vertebral pode ser esperada depois de 8 a 12 semanas de carga mecânica. A subsequente mineralização da matriz do osso novo, para lhe dar plena força, requer tempo adicional e pode levar de várias semanas a meses para se completar.[2]

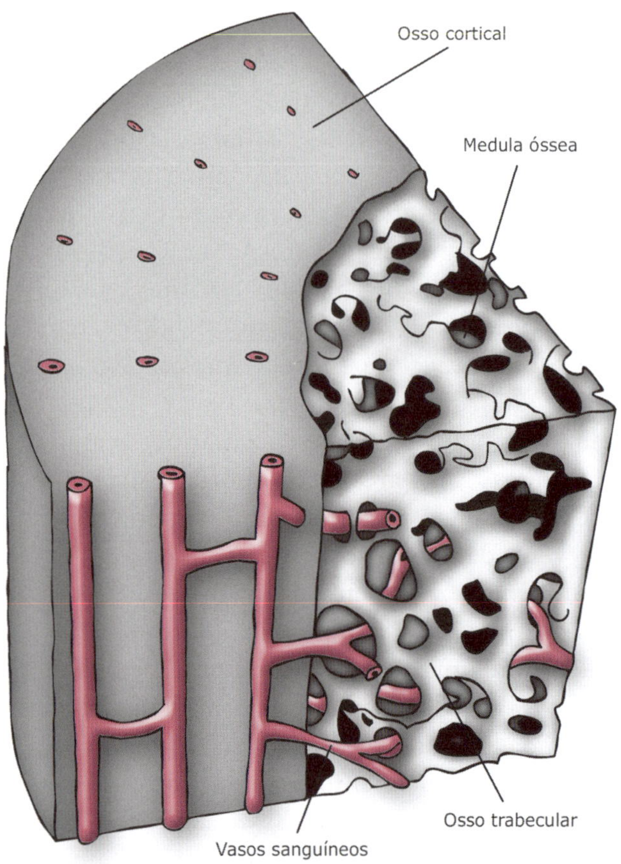

FIGURA 2.2 – Osso cortical e vasos sanguíneos.

2.1.2 O estímulo para a formação do osso

O termo esforço essencial mínimo (EEM) refere-se ao estímulo que inicia a formação do osso novo. Uma força que atinge ou excede esse limiar e é repetida frequentemente indicará aos osteoblastos para migrarem àquela região do osso e repousar as proteínas matrizes (colágeno) para aumentar a força do osso naquela área. Forças que caem abaixo do EEM não apresentam um estímulo para a formação do osso novo. Atividades físicas que geram forças, excedendo o EEM, são aquelas que representam aumento na intensidade relativa às atividades diárias normais. Por exemplo, em indivíduos idosos e sedentários, a caminhada ligeira pode exceder o EEM; ao passo que em pessoas mais jovens e ativas, as atividades podem ser de uma intensidade mais alta – como corrida, salto e exercício de força intenso – para exceder o EEM.[3] Com relação à população e à sua história de carga, é natural que as atividades escolhidas devam ser de carregamento de peso – o que é ter a fadiga adicional do peso do corpo envolvida – para fornecer o estímulo mais efetivo para a formação do osso.

As células ósseas regulam a quantidade do osso em cada área para que as forças experimentadas em uma base regular não excedam o EEM. A regulagem da massa do osso estabelece uma margem de segurança no osso contra fratura. O esforço registrado pelo osso é uma função da força por unidade de área do osso. O EEM é considerado um nível de esforço, aproximadamente um décimo da força requerida para fraturar o osso. Se uma força grande é regularmente aplicada a um osso, sua área para suportar a carga precisa ser grande o bastante para dissipar as forças e prevenir danos consequentes à carga.[1]

Aumentar o diâmetro do osso, repousando o osso novo no periósteo, permite à força ser distribuída sobre uma grande área de superfície. Dessa forma, há um decréscimo na quantidade de força por unidade de área mediante a superfície do osso. Depois desse crescimento, a mesma força que previamente havia excedido o EEM estará agora abaixo do limiar do EEM e não apresentará ameaça ao osso.[1]

2.1.3 Efeitos da atividade física e imobilidade no osso

A perda de peso e a imobilização podem causar profunda perda da densidade e da massa ósseas. A imobilização causa um aumento marcante na excreção urinária de cálcio, o que reflete a perda de material ósseo. Ossos mais fortes podem ser benéficos por várias razões e protegem contra lesões resultantes das tarefas de trabalho diárias ou da competição atlética. A perda de tecido ósseo ocorre com os processos ao longo do tempo; se a densidade óssea e a força tensora máxima podem ser aumentadas antes do processo de perda óssea, então as complicações futuras podem ser minimizadas.

O nível de aptidão do indivíduo e o tipo de atividade física podem, também, influenciar a densidade óssea. Comparações da seção transversal de homens e mulheres fisicamente ativos em geral sugerem que há uma relação positiva entre o nível de atividade física e a densidade e a massa ósseas.

A massa total de um músculo reflete a força que este é capaz de exercer nos ossos aos quais está ligado. As capacidades da força de músculos maiores e mais treinados são maiores; consequentemente, as regiões relacionadas ao tecido conjuntivo e ao osso devem aumentar sua massa e sua força para fornecer uma estrutura de suporte suficiente para os músculos hipertrofiados.[4] Para generalizar, aumento ou diminuição na força ou na massa muscular por meio de treinamento ou de períodos de atividade reduzida resulta em aumento ou decréscimo correspondente ao tecido conjuntivo e ao osso.[3,5]

A perda da matriz e da densidade mineral ósseas (quantidade de mineral depositada numa área dada do osso) seguindo um período de carga reduzida ou de imobilidade parece ocorrer a uma taxa muito mais rápida que a formação e a mineralização do osso novo. A rápida remoção de cálcio do osso, que resulta numa perda líquida de conteúdo mineral ósseo, ocorre somente depois de poucas semanas de repouso na cama. Curiosamente, a ausência de forças compressivas na coluna vertebral durante o repouso na cama tem uma influência maior na perda do osso vertebral que a ausência de contrações musculares.[6] A preservação do conteúdo mineral ósseo na coluna, durante um período de repouso na cama, pode ser feito com três horas de postura amena por dia.[7] Essa informação enfatiza a importância de dar carga às vértebras com forças compressivas durante um programa de exercício planejado para aumentar a massa óssea.

2.1.4 Conceitos importantes de treinamento para estimular a formação óssea

O osso age como um suporte estrutural e tem um sistema de alavanca ao transferir força muscular na locomoção e em outras atividades físicas; é um depósito de armazenagem para fósforo e cálcio. O osso é um material plástico, cuja densidade, massa e forma mudam de acordo com a fadiga encontrada no desenvolvimento. A densidade e a massa do osso estão relacionadas à força do tecido.

Numerosos estudos têm demonstrado correlação positiva significativa entre a densidade mineral óssea, a força e a massa da musculatura atrelada.[8] Atividades que estimulam hipertrofia muscular e ganhos de força parecem estimular o crescimento do osso e o tecido conjuntivo associado. Correntemente, considera-se que os programas de treinamento planejados para estimular o crescimento ósseo precisam incorporar a especificação da carga, da seleção apropriada do exercício, da sobrecarga progressiva e da variação.[9]

2.1.4.1 Treinamento aeróbio e de força

Os estudos da seção transversal de atletas aeróbios na densidade óssea altamente treinados produziram resultados mistos como os efeitos das atividades aeróbias, particularmente a corrida. Fundistas masculinos (mais de 64 km por semana) tiveram densidades ósseas tibiais e fibulares similares, mas densidades ósseas vertebrais significativamente mais baixas comparadas às de corredores de *sprints* treinados e sedentários. A densidade óssea e a massa óssea podem ser afetadas especialmente em mulheres com amenorreia, as quais, muitas vezes, mesmo sendo atletas ou simplesmente praticantes de exercícios vigorosos, podem ter perda de massa óssea por causa das alterações no sistema hormonal.

Em atletas de força, mostrou-se que esportes que exigem movimentos de alta intensidade, como levantamento de peso e arremessos, acarretaram densidades ósseas maiores que em fundistas e jogadores de futebol. Como já foi dito, há um "esforço essencial mínimo", e esforços pequenos não contribuirão para a efetiva remodelagem óssea. Sendo assim, o treinamento de força pode satisfazer adequadamente o critério para a remodelagem óssea; além disso, a taxa de esforço pode ser particularmente importante na remodelagem óssea. O exercício indicado para aumentar a massa e a densidade ósseas máximas ou prevenir decréscimos, como aqueles que ocorrem com a idade, deveria envolver taxas altas de esforço, mas ser de duração relativamente curta. Certos tipos de treinamento de força/potência, como o treinamento de levantamento de peso estilo olímpico, que inclui tanto vários movimentos rápidos quanto exercícios em todo o corpo, podem prover alta magnitude de esforço e de distribuição variada de esforço e taxas altas de esforço.

Especificação da carga

A especificação da carga significa empregar exercícios que sobrecarreguem diretamente uma região particular do esqueleto. As forças criadas pelo exercício são dirigidas por meio das estruturas esqueléticas de suporte. Se o corpo interpreta essas forças como novas ou incomuns, elas estimularão o crescimento ósseo na área, recebendo o esforço. Ainda como um simples exemplo prático, a corrida pode ser um bom estímulo para aumentar a densidade mineral óssea no fêmur, mas não apresenta melhoras ósseas na região do punho. Exercícios mais apropriados para estimular o crescimento ósseo do punho deveriam ser estimulados.

O conceito de especificação da carga torna-se particularmente importante quando um profissional de força e condicionamento prescreve exercícios para aumentar a massa óssea em regiões do esqueleto mais comumente afetadas pela osteoporose, doença em que a densidade mineral óssea e a massa do osso tornam-se reduzidas para níveis baixos críticos. Quando o osso fica comprometido, forças que normalmente seriam absorvidas pelo esqueleto agora resultam em fraturas; os locais de fratura mais devastadores são a coluna e o quadril. Para minimizar o risco de desenvolvimento de níveis baixos críticos de densidade mineral óssea na maturidade avançada, o pensamento corrente sugere que os indivíduos maximizem sua densidade mineral de pico na maturidade recente, quando são mais capazes de desempenhar as atividades físicas intensas que aumentam a densidade mineral óssea.[9] Estudos recentes indicam que exercícios de carga de alto impacto para as partes inferiores do corpo, como ginástica,[10] vôlei ou basquete, aumentam seletivamente a densidade mineral óssea em locais clinicamente relevantes como os quadris e a coluna mais que as atividades de baixo impacto. Adicionalmente, aumentos na densidade mineral óssea podem ser obtidos até mesmo em atletas jovens altamente treinados que já têm níveis iniciais altos de densidade mineral óssea.[1,4]

Seleção de exercício

A seleção dos exercícios apropriados para gerar os estímulos osteogênicos máximos (fatores que estimulam a formação do osso novo) em um local específico do esqueleto tem sido uma fonte comum de erro na literatura do exercício. A escolha dos exercícios deveria ser baseada naqueles que envolvem muitos grupos musculares em um exercício, direcionam os vetores de força através da coluna e dos quadris e permitem maiores cargas absolutas usadas no treinamento, isto é, exercícios básicos. Por exemplo, realizando uma extensão do joelho, em vez de agachamento, eliminam-se as forças compressivas da barra nas costas e as contrações musculares dos grupos musculares de sinergia, agindo na coluna vertebral, para estabilização durante o exercício. As únicas forças experimentadas pelo membro inferior durante o exercício de extensão do joelho são aquelas no ponto de ligação do músculo dos extensores do joelho; as forças compressivas (de ligação) longitudinalmente direcionadas, experimentadas segundo o membro inferior quando suporta a carga durante o agachamento, são perdidas. Além disso, exercícios básicos como agachamentos, levantamentos, arranques, supinos e puxadas são recomendados para aumentar a força do músculo e do osso.[1]

Sobrecarga progressiva

Por causa da resposta do osso e do tecido conjuntivo às forças mecânicas que ameaçam a estrutura suporte da musculatura contrátil, o princípio da sobrecarga progressiva – impondo progressivamente demandas maiores que as normais à musculatura exercitada – aplica-se ao treinamento, a fim de aumentar tanto a massa óssea quanto incrementar a força muscular.[11,12] Embora a força máxima do osso e do tecido conjuntivo seja mantida bem acima das capacidades de força voluntárias da musculatura,[1] esses tecidos respondem às forças dramáticas ou incomuns repetitivamente solicitadas ao esqueleto. A resposta adaptativa é assegurar que as forças não excedam um nível crítico específico que colocaria o osso ou o tecido conjuntivo em risco de dano.

Fraturas por estresse – microfraturas no osso por causa da fadiga estrutural – e lesões do tecido mole podem ocorrer quando uma força é aplicada rotineiramente ao osso e aos tecidos conjuntivos relacionados antes que eles tenham tido chance de adaptação aos estímulos do novo exercício. Isso ocorre, por exemplo, quando recrutas previamente sedentários são submetidos a rigoroso treinamento físico ao chegar a um centro militar de treinamento,[13] que frequentemente inclui correr com uma mochila pesada. A mudança drástica na intensidade e na quantidade de atividade física diária necessita de rápida adaptação do osso e do tecido conjuntivo. Recrutas se adaptam rapidamente, causando danos aos músculos esqueléticos, os quais se tornam cumulativos quando não podem ser reparados rapidamente. O resultado de tais danos pode incluir fraturas por estresse, tendinite e lesões musculares, podendo ser bastante dolorosas e levar semanas ou meses para a cura.

A aplicação apropriada dos princípios de sobrecarga do sistema musculoesquelético e o aumento progressivo da carga, quando os tecidos acostumam-se ao estímulo, são as chaves para aumentar a força do osso e do tecido conjuntivo. O lastro desse conceito vem dos estudos que têm comparado a densidade mineral óssea de vários grupos de atletas com a massa e a força da musculatura associada e com o conteúdo mineral ósseo em não atletas.[8,14] De fato, levantadores de peso de elite adolescentes mostraram ter níveis de mineralização que excedem em muito os valores típicos achados em adultos sem treinamento com ossos plenamente maduros.[12,15] Essa observação é interessante porque indica que o osso jovem pode ser mais responsável pelos estímulos osteogênicos que o osso maduro.

A sensibilidade melhorada do osso jovem às forças mecânicas também é encontrada em outros estudos humanos e em várias pesquisas envolvendo cobaias.[1] A evidência sugere que a atividade física, durante o crescimento, modula a geometria externa e a arquitetura trabecular do osso, melhorando potencialmente a força esquelética.[16] Os resultados desses estudos têm levado à hipótese de que, na tentativa de evitar a massa baixa de osso na idade avançada, as pessoas deveriam treinar elevando, ao máximo, sua massa óssea de pico – a massa óssea máxima realizada – durante a idade madura inicial, quando os mecanismos de crescimento ósseo ainda funcionam em níveis ótimos.

Variação de treinamento

Outra importante consideração do projeto de programas para estimular nova formação do osso é a variação na seleção do exercício. A arquitetura interna do esqueleto humano tem um mecanismo no local pelo qual compensa os novos padrões de esforço experimentados pelo osso. Para otimizar a dissipação das forças impostas, a direção das fibras de colágeno dentro da matriz do osso podem mudar conforme as linhas de fadiga experimentadas pelo osso. Além disso, mudar a distribuição dos vetores de força, usando continuamente uma variedade de exercícios, fornece um estímulo único para a formação do novo osso em uma dada região do osso.[1]

2.1.4.2 Os componentes essenciais da carga mecânica

Os componentes da carga mecânica que estimulam o crescimento do osso são:

- magnitude da carga;
- velocidade de contração;
- direção das forças;
- volume de treinamento (número de repetições).

Os primeiros três componentes têm mostrado uma influência poderosa na formação do novo osso, da seguinte maneira: quanto maior a magnitude da carga, maior o estímulo para o crescimento do osso; taxas mais altas de contração (atividades intensas) melhoram o estímulo para o crescimento do osso novo; e a alteração do padrão normal de carga óssea (direção da força) com outras variáveis mantidas constantes estimula o crescimento do osso.[3]

Carga mecânica para o exercício aeróbio

A seleção de diferentes formas de exercício aeróbio tem obtido algum sucesso em proporcionar melhoras na massa óssea. Os programas de treinamento aeróbio que fazem sucesso na estimulação do crescimento ósseo envolvem atividades físicas mais intensas, como remo, subida de escada, corrida e corrida com mochilas ou coletes de peso.[17] A chave do sucesso de um programa de exercício aeróbio em estimular a formação do osso novo é que a atividade aeróbia é significativamente mais intensa que as atividades diárias normais experimentadas pelas pessoas. Além disso, a caminhada ligeira pode estimular o crescimento ósseo em indivíduos previamente sedentários, não acostumados a esse nível de atividade. A intensidade da atividade deve sistematicamente ser aumentada para sobrecarregar continuamente o osso. Por último, pode-se tornar difícil sobrecarregar o osso por meio do exercício aeróbio quando o sistema de transporte de oxigênio da pessoa, mais que as limitações do sistema musculoesquelético, restringe a progressão de uma nova intensidade de exercício. O osso responde à magnitude e à taxa da carga externa; portanto, para melhorar o estímulo ao sistema musculoesquelético, também é necessário aumentar a taxa de movimento do membro. Usar técnicas de treinamento intervalado é um método para fornecer maior estímulo osteogênico enquanto ainda se fornecem os benefícios associados ao exercício aeróbio regular.[3,8]

Carga mecânica para atletas

No treinamento para melhoras na força e no tamanho muscular, os atletas deverão incorporar em seus programas todos os componentes de carga mecânica necessários para estimular a formação do osso novo. Um sumário dos exercícios variáveis comuns aos programas de treinamento de populações atléticas descobriu que há valores altos da densidade mineral óssea, mostrados na Tabela 2.1, a qual pretende ser um manual para projetar programas de exercício de força na promoção de aumentos na massa óssea. Até que novos estudos sejam desenvolvidos, as diretrizes descritas na Tabela 2.1 devem ser vistas como preliminares, porque se baseiam na observação da forte correlação entre a força muscular e a densidade mineral óssea, mais que em uma relação de causa e efeito.[1]

Tabela 2.1 – Guia de prescrição de exercício para estimulação do crescimento ósseo

Variáveis	Recomendações específicas
Volume	3-6 séries de até 10 repetições
Carga	1-10 RMs
Repouso	1-4 min
Variação	Típico esquema de periodização destinado a aumentar a força e o tamanho muscular
Seleção do exercício	Estrutura dos exercícios: agachamento, arranque, levantamento terra, supino e desenvolvimento

Carga mecânica para pessoas idosas ou sem treinamento

Ao planejar programas de exercício para aumentar a força óssea em pessoas sem treinamento ou idosas, o profissional deve adotar as mesmas diretrizes preventivas que se aplicam à prescrição do exercício de força para aquela população: história apropriada do paciente, exame físico e análise de estabilidade da articulação, flexibilidade e força muscular. A prescrição do exercício deverá ser baseada nas capacidades físicas medidas do indivíduo e em seu estado geral de saúde (visão, balanço, *status* nutricional etc.). Primeiro, a técnica apropriada de exercício deverá ser ensinada para assegurar que o indivíduo desempenhe segura e efetivamente os exercícios selecionados antes que qualquer carga seja introduzida. Exercícios na porção corporal podem ser úteis para introduzir gentilmente pessoas sem treinamento ao exercício de força. A consciência sinestésica aumentada e o condicionamento muscular inicial deverão ser metas prioritárias no começo de um novo programa de condicionamento para pessoas previamente sem treinamento. A progressão dos exercícios básicos requer instrução própria e prática para estabelecer a coordenação necessária e desenvolver os níveis básicos de força requeridos para a execução segura e efetiva dos movimentos mais complexos.

A carga inicial deverá ser baixa o suficiente para permitir a execução perfeita do exercício e causar fadiga muscular amena. Avanços na carga e na quantidade de exercício desempenhada deverão estar de acordo com os ganhos individuais em força.[1]

2.2 Adaptação do músculo ao exercício

Um atleta treina os vários sistemas fisiológicos para encorajar sua adaptação e melhorar seu desempenho. Esse treinamento deve ser específico para o resultado desejado, desde que o corpo possa sujeitar-se a grandes variações na intensidade e na duração do exercício. Em um extremo, o treinamento de força pode envolver cargas muito pesadas com repetições mínimas; em outro, ciclismo de longa distância ou corrida requerem um esforço muscular muito abaixo do máximo, mas o qual é suportado por um período de tempo prolongado. Por causa dessa larga diversidade de estímulos possíveis de exercício, as adaptações no tecido muscular são similarmente variáveis. Uma dada atividade dita qual tipo de fibras musculares – os subcomponentes do músculo, cada qual com estrutura diferente e características funcionais – será recrutado.

Esta seção discute as adaptações musculares à força (como levantamento de peso olímpico), à hipertrofia e ao treinamento de resistência aeróbia.

2.2.1 Crescimento muscular

A dilatação muscular que resulta do treinamento de força é chamada hipertrofia e é primeiro o resultado de um aumento na área da seção transversal das fibras existentes.[18,19,20] O processo de hipertrofia envolve aumento na síntese das proteínas contráteis actina e miosina (componentes primários de dois tipos respectivos de miofilamentos) dentro da miofibrila,[21] e aumento no número de miofibrilas dentro de uma fibra muscular.[22] Os novos miofilamentos são adicionados às camadas externas da miofibrila, resultando em aumento em seu diâmetro. Essas adaptações geram o efeito cumulativo de dilatar a fibra e o músculo associado ou o grupo muscular. É também uma hipótese que um aumento no número de fibras musculares aumente o tamanho global do músculo. Nessa teoria, o músculo inicial sofre hiperplasia – divisão longitudinal da fibra – como resposta ao treinamento de carga intensa. A hiperplasia foi descoberta por ocorrer em animais, mas estudos tanto a rejeitam quanto a admitem em humanos.[1,4]

2.2.2 Programas de treinamento

Em geral, o tipo ou o modo de exercício dita as mudanças no músculo ou em outras estruturas do tecido conjuntivo. Como notou-se previamente, essa relação é conhecida como especificação. Os três modos de exercício pertinentes à adaptação muscular mais comuns e gerais são força, hipertrofia e treinamento de resistência aeróbia.

2.2.2.1 Treinamento de força

Um programa de treinamento de força é caracterizado por altas cargas e contrações musculares próximas às máximas para um pequeno número de repetições com um período de restabelecimento entre cada série.[23] Portanto, a intensidade relativa de um exercício é alta, e o número total de repetições para cada exercício é baixo. Esse tipo de treinamento deduz aumentos na área da seção transversal dos músculos exercitados, com áreas de fibra do tipo II, aumentados mais prontamente[24] e a uma taxa mais rápida[25] que as fibras do tipo I. O grau e a taxa de hipertrofia das fibras do tipo II demonstram seu maior recrutamento durante o treinamento de força de outros modos de exercício; esta é uma resposta desejada, desde que as unidades motoras do tipo II produzam uma força maior e se contraiam com maior velocidade que as unidades motoras do tipo I.[24] Além disso, um domínio inicial das fibras do tipo II é uma vantagem para aumentar a força muscular,[11] porque seu crescimento resulta em aumento na massa magra do corpo, um dos mais influentes fatores na determinação da força máxima.[26] As adaptações bioquímicas ao treinamento de força residem nos aumentos significativos do glicogênio do músculo, do fosfato de creatina e das reservas de substrato de trifosfato de adenosina (ATP).[27] Há, também, aumento na quantidade e na atividade da mioquinase, das enzimas glicolíticas e da creatinaquinase; o nível mais alto dos substratos requer atividade enzimática adicional para agilizar reações de tal modo que reservas de energia possam ser usadas eficientemente.[1]

2.2.2.2 Treinamento para hipertrofia

Um programa de treinamento para hipertrofia envolve o uso de cargas moderadas, que permitem ao atleta desempenhar mais repetições que as típicas de um programa de treinamento de força, mas pesadas o bastante para deduzir falha concêntrica ou excêntrica (inabilidade do músculo em encurtar ou estender sob forma voluntária) dentro de 6 a 12 repetições.[4,23] O período de repouso é de duração pequena a moderada, porque é importante iniciar a próxima série do exercício antes que o pleno restabelecimento tenha sido alcançado. Esse volume de treinamento global mais alto, acoplado a uma intensidade relativa moderada (expressa como porcentagem de um máximo de uma repetição, ou 1 RM), parece ser ótimo para aumentar a massa muscular.[23] A pesquisa indica que fisiculturistas exibem uma quantidade absoluta maior de colágeno e outro tecido conjuntivo não contrátil, que também contribui para aumentos no tamanho global do músculo.[19] Outros estudos da seção transversal têm revelado uma porcentagem mais baixa de fibras do tipo II em fisiculturistas que a encontrada em outros atletas anaeróbios (Tabela 2.2) e número e tamanho maiores de fibras do tipo I. Note que algumas dessas características são similares àquelas achadas em atletas de resistência aeróbia.[1]

As adaptações bioquímicas aos programas de treinamento para hipertrofia são similares àquelas resultantes dos programas de treinamento de força, em que ambos os regimes resultam em hipertrofia de fibra tipo II.

Tabela 2.2 – Proporção de fibras tipo II em atletas que fazem atividades anaeróbias

Tipo de atleta	Fibras tipo II
Fisiculturistas	44%
Lançadores de dardo	50%
Corredores de 800 m	52%
Levantadores de peso	60%
Arremessadores de peso	62%
Arremessadores de disco	62%
Corredores e saltadores	63%

2.2.2.3 Treinamento para força muscular usando exercício aeróbio

O treinamento em forma de circuito no programa de resistência aeróbia envolve contrações musculares submáximas estendidas sobre um grande número de repetições com pouco restabelecimento entre cada série; portanto, a intensidade relativa é muito baixa e o volume global é muito alto. Esse tipo de treinamento encoraja relativos aumentos no potencial aeróbio, que são similares nas fibras dos tipos I e II; entretanto, as fibras do tipo I têm uma capacidade aeróbia inicial preexistente mais alta que as fibras do tipo II,[29] as quais aumentam no potencial aeróbio em que o treinamento é adicionado. Assim, fibras do tipo I têm maior capacidade oxidante que a das fibras do tipo II tanto antes quanto depois do treinamento.

Considerando que o treinamento de força para hipertrofia produz adaptações musculares um tanto similares, as adaptações ao treinamento aeróbio são diferentes.[30] O treinamento de resistência aeróbia reduz a concentração de enzimas glicolíticas e pode reduzir a massa muscular global das fibras do tipo II hipertrofiadas (e não hipertrofiadas).[31] Reciprocamente, há hipertrofia selecionada das fibras musculares do tipo I em razão de seu recrutamento aumentado durante as atividades de resistência aeróbia, embora o diâmetro da seção transversal resultante não seja tão grande quanto o visto em adaptações da fibra do tipo II ao exercício de força. Além disso, a mudança é menor que na hipertrofia das fibras do tipo I em um estilo de programa para fisiculturistas.[4]

Há pouca evidência mostrando que as fibras do tipo II mudam para o tipo I como resultado de treinamento aeróbio crônico, mas pode ser uma gradual conversão (adaptação) das fibras do tipo IIb para fibras do tipo IIa, os dois maiores subgrupos de fibras do tipo II.[1,4] Essa adaptação é significativa, as fibras do tipo IIa, ou fibras glicolíticas oxidantes rápidas (FGOR), têm uma maior capacidade oxidante que as fibras do tipo IIb, também chamadas fibras glicolíticas rápidas (FGR), tanto quanto características funcionais mais similares às fibras do tipo I. O resultado dessa adaptação é maior número de fibras musculares que podem contribuir para o desempenho da resistência aeróbia.

Em nível celular, as adaptações musculares ao exercício de resistência aeróbia incluem aumento no número de mitocôndrias e conteúdo maior de mioglobina.[4] As mitocôndrias são as estruturas das células responsáveis por produzir aerobiamente ATP via oxidação do glicogênio e da gordura. Quando as mitocôndrias maiores e mais numerosas são combinadas com um aumento da quantidade de oxigênio que pode ser entregue à mitocôndria por níveis mais altos de mioglobina (proteína que transporta oxigênio na célula), a capacidade aeróbia do tecido muscular é incrementada. Essa adaptação crescerá pelo aumento no nível e na atividade das enzimas envolvidas no metabolismo aeróbio da glicose, bem como por um aumento paralelo no glicogênio[4,29] e nas reservas de triglicérides.[1,4]

2.3 Adaptação do tecido conjuntivo ao exercício

Os tecidos conjuntivos do sistema musculoesquelético – tendões, ligamentos, tecido fibroso (fáscia) e cartilagem – são estruturas complexas e dinâmicas. Tecidos conjuntivos são a ligação crítica entre os músculos e os ossos, por meio dos quais o movimento é facilitado; a atividade física rotineira pode melhorar sua quantidade e sua qualidade. Se o tecido conjuntivo torna-se debilitado, como no caso de uma lesão, capacidades de desempenho consideráveis são perdidas. Um estudo detalhado da estrutura e das propriedades do tecido conjuntivo fornece uma base que ajudará o profissional de força e condicionamento a entender como os tecidos conjuntivos transmitem força ou fornecem limitação passiva em uma articulação durante o desempenho atlético.

2.3.1 Efeitos do exercício no tecido conjuntivo

Existem grandes quantidades de tecido conjuntivo em volta e dentro do músculo, incluindo epimísio, perimísio e endomísio. O tecido conjuntivo também cobre tendões e ligamentos, e é responsável pela força condutora do músculo ao sistema ósseo – alavanca da força de suporte adicional, como ocorre com os ligamentos. As adaptações do tecido conjuntivo ao exercício e ao treinamento incluem uma variedade de mudanças morfológicas e bioquímicas.

O exercício, particularmente o de força excêntrica, executado intensamente, coloca considerável tensão no músculo e no tecido conjuntivo. O exercício excêntrico, que produz dor muscular tardia acentuada, tem sido associado a concentrações elevadas do aminoácido hidroxiprolina no repouso, sobretudo 24 a 48 horas pós-exercício. A hidroxiprolina é achada como uma fração constante de colágeno e em poucos tecidos distintos (elastina e complemento), que não estão associados com tendões ou ligamentos, e suas medidas podem refletir mudanças no conteúdo de colágeno do tecido conjuntivo. As mudanças no treinamento induzido na concentração de hidroxiprolina devem ser vistas com cuidado. As mudanças aparentes na hidroxiprolina podem ser resultado de perda ou ganho do real de hidroxiprolina no tecido conjuntivo, ou isso poderia representar mudanças (perda ou ganho) em outros componentes do tecido. Portanto, mudanças na concentração de hidroxiprolina representariam mudanças no estado do tecido, mas não necessariamente na natureza da mudança. Esses dados sugerem que o exercício, especialmente o treinamento de força, pode danificar o tecido conjuntivo tanto quanto o músculo e que o dano no tecido pode ser importante na regeneração.

Efeitos distintos no tecido conjuntivo são possíveis por causa de diferenças na intensidade do exercício. Os envoltórios de tecido conjuntivo muscular (epimísio, perimísio e endomísio) são componentes primários, estimando a força de tensão muscular, as propriedades viscoelásticas do músculo e a estrutura para conduzir tensão ao músculo, aos tendões e aos ossos. Enquanto o desuso e a inatividade causam atrofia e enfraquecimento do tecido conjuntivo, o treinamento físico pode aumentar a força de tensão máxima neles. O treinamento físico, particularmente o de força, pode alterar as propriedades dos tendões e dos ligamentos de modo que sejam maiores, mais fortes e mais resistentes à lesão.

2.3.2 Fibra de colágeno

O componente estrutural primário de todos os tecidos conjuntivos no sistema musculoesquelético é a fibra de colágeno. O maior colágeno do osso, do tendão e dos ligamentos consiste de uma mesma proteína: o colágeno tipo I. A força dos tendões e dos ligamentos é derivada da arquitetura interna das fibras de colágeno (Figura 2.3). Uma proteína, pró-colágeno, é sintetizada e secretada por um tecido conjuntivo em forma de fuso, que sustenta a célula chamada fibroblasto. As moléculas de pró-colágeno consistem em três margens de proteínas entrelaçadas em volta de cada uma, em uma hélice tripla.[32] Elas deixam a célula com extensões de proteção nas extremidades da molécula para prevenir que as fibras de colágeno tenham formação prematura na célula. A partição das extensões de pró-colágeno resulta na formação da molécula de colágeno ativa ou madura, que alinha extremidade a extremidade com outras moléculas de colágeno para formar um longo filamento. Como as moléculas se alinham, elas não se conectam realmente de extremidade a extremidade; ao contrário, um ligeiro intervalo é deixado entre as extremidades das moléculas dentro de um filamento simples. O filamento completo então se alinha lado a lado com filamentos vizinhos, de tal maneira que as moléculas de colágeno em um filamento ultrapassam os intervalos entre moléculas nos filamentos adjacentes. O arranjo paralelo de filamentos é chamado microfibrila.

O colágeno tem uma aparência estriada (listrada) sob um microscópio óptico, algo como no músculo esquelético, por causa do alinhamento ordenado dos intervalos entre as moléculas de colágeno dentro de uma microfibrila. As microfibrilas são organizadas em fibras, e as fibras, em feixes maiores. A verdadeira força do colágeno vem da forte ligação química, chamada ligação cruzada covalente, que se forma entre moléculas de colágeno adjacentes por meio dos feixes de colágeno. Finalmente, os feixes de colágeno podem ser cacheados juntos, longitudinalmente, para formar tendões ou ligamentos em placas com as camadas orientadas em diferentes direções, assim como é encontrado nos ossos e no tecido fibroso localizado no músculo esquelético.

A organização das fibras de colágeno e sua incorporação no tecido conjuntivo são similares à organização de fibras musculares no músculo. É importante lembrar, entretanto, uma diferença significativa entre os dois tipos de fibras. A fibra muscular é uma célula com uma membrana (sarcolema) que veda a célula como uma unidade existente de fluido preenchido com seu próprio meio ambiente. Nas do sarcolema, são encontrados núcleos, miofibrilas, organismos e várias moléculas, como glicogênio, todas suspensas no sarcoplasma da célula muscular.

Em contraste, uma fibra de colágeno não é uma célula; é um espaço extracelular, onde as moléculas de colágeno se alinham para formar fibras de colágeno. Assim, uma fibra de colágeno completa não é encerrada por uma membrana celular, mas apenas um arranjo paralelo de margens de proteína que se juntam no espaço extracelular por causa da atração mútua e da consequente ligação cruzada quimicamente para formar uma estrutura estável. As células que originariamente produziram as moléculas de colágeno tornam-se comprimidas entre os feixes de colágeno.[1]

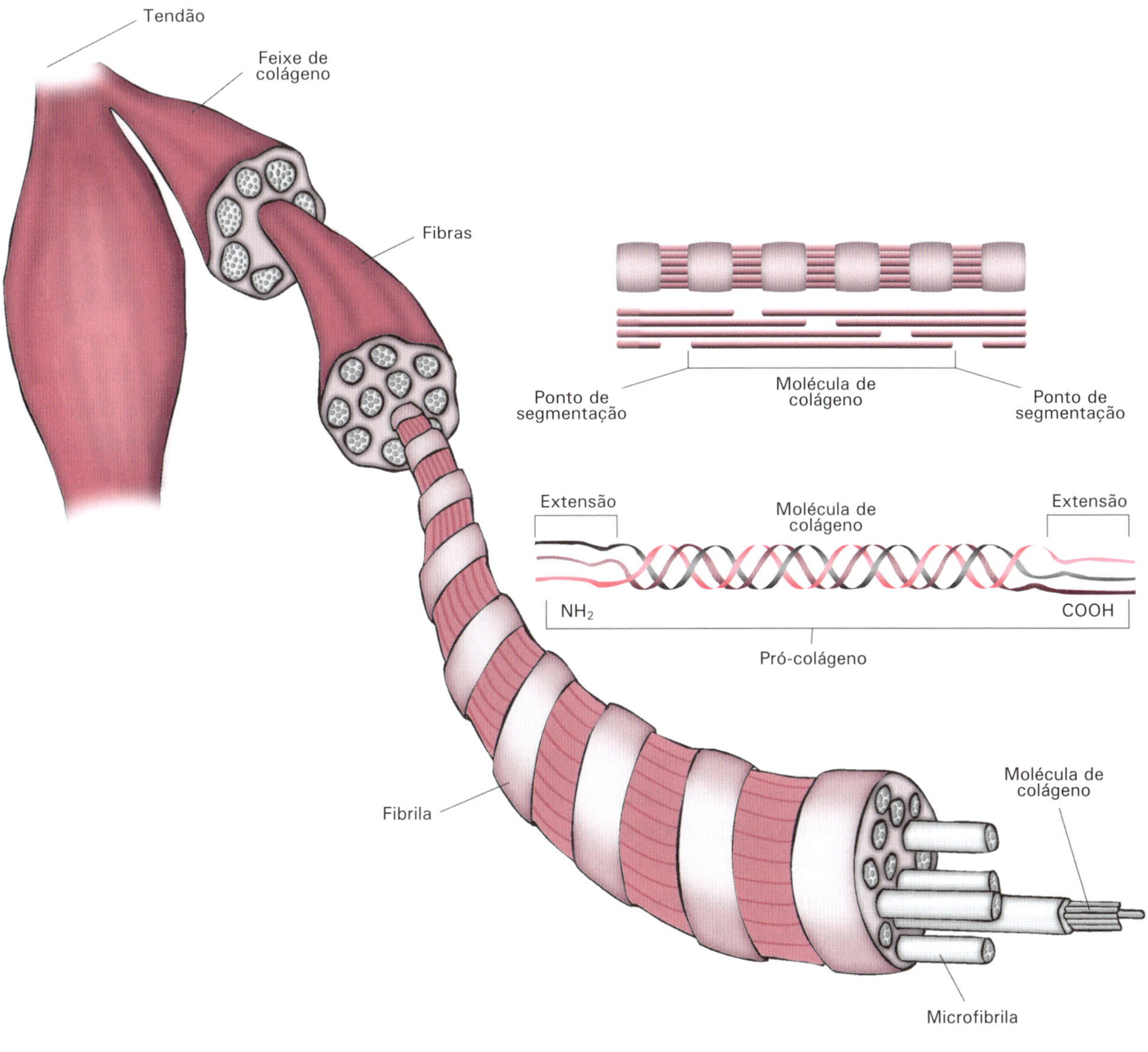

FIGURA 2.3 – Arquitetura interna da fibra de colágeno.

2.3.3 Biologia de tendões, ligamentos e tecidos fibrosos

Os tendões e os ligamentos são compostos primordialmente de arranjos paralelos de feixes de colágeno arranjados em formas compactas; tendões maduros e ligamentos contêm relativamente poucas células. O pequeno número de células metabolicamente ativas nos tendões e nos ligamentos requer oxigênio e nutrientes relativamente baixos. Os tendões e os ligamentos têm suprimento direto de sangue, mas os ligamentos contêm fibras elásticas em adição ao colágeno, que contêm elastina, uma proteína extensível. Certa quantidade de dilatação deve ser permitida em um ligamento para possibilitar o movimento normal da articulação, com o grau de elasticidade sendo específico para a necessidade funcional da articulação. Além disso, os ligamentos contêm fibras que fornecem apoio estrutural forte (colágeno) e fibras que conferem um grau de flexibilidade ao ligamento (elastina).[1]

Os tendões e os ligamentos se ligam diretamente à cartilagem ou ao osso, união que é bem projetada para resistir à separação; por exemplo, o tecido conjuntivo suporta células a uma junção osso-tendão que produz fibras de colágeno e outros componentes estruturais essenciais necessários para a formação de tendões e do tecido ósseo, criando, portanto, uma combinação da estrutura no local da inserção. Como o osso cresce em diâmetro, a inserção do tendão ou do ligamento adere à superfície do osso, aumentando a força dessa junção. Os tecidos conjuntivos fibrosos que circulam e separam os diferentes níveis de organização no músculo são referidos como fáscias.

A fáscia tem placas de tecido de apoio fibrocolagenal, contendo feixes de fibras de colágeno arranjados em diferentes planos para fornecer resistência às forças de várias direções diferentes. As fibras musculares individuais são cercadas por uma camada de tecido conjuntivo, chamado endomísio, que consiste de várias camadas de proteínas que servem para ancorar a célula muscular nas proteínas matrizes extracelulares encontradas entre as células musculares. Essas proteínas são parte de uma camada de fáscia, chamada perimísio, que conecta as fibras musculares com distintos feixes, ou fascículos. Finalmente, todos os fascículos dos músculos são ligados pela camada de fáscia chamada epimísio, que cerca o músculo inteiro. As diferentes camadas de fáscia encontradas nos músculos convergem próximas à extremidade do músculo, para formar um tendão. É o tendão, mais que as fibras musculares, que se liga diretamente à superfície do osso. Além disso, a força da contração muscular é transmitida ao osso pelo arranjo da fáscia localizada por todo o músculo.[1]

2.3.4 Biologia da cartilagem

A cartilagem é um tecido conjuntivo denso que consiste de células encaixadas em uma matriz firme. A única composição da matriz da cartilagem apresenta uma cartilagem capaz de resistir a uma força considerável sem dano de sua estrutura.[33] As principais funções da cartilagem são:

- fornecer uma superfície de articulação suave na interface de ossos em uma articulação;
- agir como um absorvedor de choque para forças dirigidas por meio da articulação;
- ajudar na ligação da musculatura esquelética.

Uma característica única do tecido da cartilagem é a falta de seu próprio suprimento de sangue; isso significa que as células que produzem cartilagem, os condrócitos, dependem da difusão de oxigênio e nutrientes do fluido sinovial para sobreviver. Essa característica única é a principal razão pela qual a cartilagem não se repara facilmente depois da ocorrência de uma lesão substancial.

Dois tipos primários de cartilagem, a cartilagem hialina e a fibrosa, são significativos à atividade física. A hialina é encontrada nas superfícies articuladoras dos ossos e, portanto, é frequentemente referida como cartilagem articular. As fibras de colágeno na cartilagem hialina emergem da superfície óssea perpendicular à superfície articuladora do osso para se tornarem paralelas a ela. O número de fibras de colágeno (colágeno tipo II) apresentado na cartilagem refere-se apenas ao meio (número encontrado em uma quantidade comparável de tendões ou ligamentos). No ambiente interno do tecido da cartilagem (matriz da cartilagem), no qual as fibras de colágeno atravessam, há um material semelhante ao gel chamado substância do solo. A substância do solo é composta por grandes moléculas de carboidrato (glicoaminoglicinas) e por moléculas de carboidrato-proteína (proteoglicinas), que facilitam a grande distribuição de fluido na matriz da cartilagem. Cada molécula de proteoglicina age como uma mola compressora dentro da matriz. O acondicionamento frouxo das fibras de colágeno, a ação da mola das moléculas de carboidrato e o ambiente aquoso da matriz da cartilagem permitem à cartilagem receber uma força grande – temporariamente com mudanças na forma de dissipar a força – e, então, voltar à forma original. Essas características permitem à cartilagem ser comprimida durante o esforço contra a resistência no movimento da articulação e, então, volta à sua forma original quando a fadiga é removida.[33]

A cartilagem fibrosa é uma forma muito vigorosa de cartilagem encontrada nos discos intervertebrais e nas articulações em que os tendões se ligam ao osso. Consiste de feixes proeminentes de fibras de colágeno dos tipos I e II arranjadas em paralelo para fornecer resistência às forças extremas. Cada disco intervertebral é duro e tem uma camada de cartilagem fibrosa concentricamente arranjada. O exterior é uma superfície articular do disco alinhado com uma camada dura de cartilagem hialina, e a parte inferior do disco é uma matriz gelatinosa mole.

Os discos intervertebrais funcionam como absorvedores de choque e permitem movimento limitado entre as vértebras.[1]

2.3.5 Efeitos da atividade física em tendões, ligamentos e fáscia

O primeiro estímulo para o crescimento do tecido conjuntivo dos tendões, dos ligamentos e da fáscia, em adultos maduros, é a força mecânica criada durante a atividade física. O grau de adaptação do tecido parece ser proporcional à intensidade do estímulo do exercício. Como acontece com o osso e o músculo, intensidades de exercício que excedem o esforço colocado nos tecidos conjuntivos durante as atividades diárias normais estimulam as mudanças no tecido conjuntivo, se o estímulo for repetido regularmente. A evidência empírica sugere que os tecidos conjuntivos aumentem sua capacidade funcional em resposta às forças contráteis incrementadas, criadas por um músculo hipertrofiado.[1]

Os locais onde os tecidos podem aumentar a força e, portanto, a capacidade de suportar carga são:

- nas articulações entre o tendão (ou ligamento) e a superfície do osso;
- dentro do corpo do tendão ou do ligamento;
- na rede da fáscia dentro do músculo.

Músculos mais fortes puxam mais arduamente em suas ligações ósseas e causam aumento da massa óssea na junção tendão-osso e ao longo da linha sobre a qual as forças estão distribuídas. Tal adaptação ocorre nos ligamentos colaterais do joelho de animais experimentais, seguindo várias semanas de corrida contínua.[34] Além disso, animais exercitados em esteiras com superfícies desiguais mostraram até mesmo maior força na junção tendão-osso quando comparados a animais treinados em superfícies lisas.[35] A adaptação que ocorre na junção tendão-osso é totalmente efetiva em animais sem treino depois do treinamento e seus benefícios de efeito crônico.[36]

Uma resposta do tecido conjuntivo geral ao exercício de resistência aeróbia é o aumento do metabolismo do colágeno, significando que as fibrilas do colágeno danificadas são substituídas sem um ganho líquido na quantidade de colágeno no tecido da cartilagem remodelado.[37] Comparada com o tecido muscular, a queda metabólica do tecido tendinoso é muito mais lenta em razão da vascularidade mais pobre e da circulação.[38] Essa resposta de remodelagem indica que o treinamento de baixa a moderada intensidade não muda marcantemente o conteúdo de colágeno no tecido conjuntivo. Reciprocamente, a carga de alta intensidade do sistema musculoesquelético resulta em crescimento líquido dos tecidos conjuntivos envolvidos. A hipertrofia muscular induzida pelo trabalho em animais submetidos a extremos regimes de carga faz que ocorra um aumento no número e no tamanho das células fibroblásticas nos tecido conjuntivo do músculo hipertrofiado. A atividade do fibroblasto também é salientada, resultando em maior fornecimento de colágeno total disponível para a incorporação em fáscia do músculo em crescimento. É interessante que a ativação de fibroblastos e o subsequente crescimento da rede de tecido conjuntivo sejam pré-requisitos para a hipertrofia do músculo ativo. Uma rede de tecido conjuntivo incrementado é provavelmente necessária para resistir às capacidades maiores de força do músculo em crescimento. Essa relação pode explicar por que os estudos de biópsia em atletas treinados mostraram que o músculo hipertrofiado contém maior colágeno total, ao passo que o conteúdo de colágeno permanece proporcional à massa muscular existente.[39]

Mudanças específicas dentro de um tendão que contribuem para o aumento em sua área da seção transversal e força em resposta a uma sobrecarga funcional incluem:

- aumento no diâmetro da fibrila do colágeno;
- número maior de ligações covalentes dentro de uma fibra de diâmetro aumentado;
- aumento no número de fibrilas do colágeno;
- aumento na densidade do acondicionamento das fibrilas do colágeno.

Juntas, essas adaptações incrementam a habilidade do tendão em resistir às forças tensionais maiores.[39]

2.3.6 Efeitos da atividade física na cartilagem

A resposta da cartilagem articular à atividade física pode parecer menos óbvia.

O movimento sobre uma articulação gera mudanças de pressão na cápsula da articulação que guia os nutrientes do fluido sinovial em direção à cartilagem articular. A imobilização de uma articulação impede a difusão conveniente de oxigênio e nutrientes essenciais por toda a articulação, resultando na morte dos condrócitos e na absorção da matriz. Essas mudanças podem tornar-se irreversíveis se uma articulação ficar por muito tempo sem mobilização passiva periódica da articulação mediante a amplitude de movimento. Entretanto, a mobilização de uma articulação antes da cicatrização das superfícies articulares pode ser lesiva à articulação.[1] Mais apoio para os efeitos positivos da atividade de força com pesos é evidenciado em uma típica articulação do joelho, em que as superfícies da articulação que experimentaram o maior grau de tensão de esforço são em maior número que as superfícies não tensionadas.[40]

O movimento completo por toda a extensão de uma articulação e de forças tensionais parece ser essencial à manutenção da viabilidade do tecido. Estudos feitos em animais para avaliar os efeitos negativos potenciais do exercício aeróbio crônico na cartilagem articular têm mostrado resultados encorajadores. A aderência de longo tempo ao exercício contínuo (esteira) em porcos da Guiné engrossa a cartilagem e aumenta o número de células e o total da substância do solo apresentada na cartilagem articular.[1] Estudos conduzidos em corridas de cães demonstraram que um programa de corrida moderada (4 km por dia, 5 dias por semana, por 40 semanas) aumentou a rigidez da cartilagem articular, o conteúdo de proteoglicina e a rigidez de corte. Descobriu-se, também, que a corrida mais extenuante (ampliada para 20 km por sessão) diminuiu a dureza da cartilagem e o conteúdo proteoglicano. Note-se, que correr 40 km por sessão em um ano, também diminuiu a concentração proteoglicano e a rigidez de corte, bem como estimulou a remodelagem do osso subcondral, mas não levou a uma doença degenerativa da articulação. Até mesmo corridas com peso (usando jaquetas pesando 130% do peso dos animais) de 4 km, 5 dias por semana, por 55 semanas não mostraram causar doença degenerativa da articulação.[1]

Referências

1. Baechle TR, Earle RW. Essentials of Strength Training and Conditioning. Champaign: Human Kinetics; 2000.
2. Frost HM. Why do Marathon Runners have Less Bone than Weight Lifters? A Vital-biomechanical View and Explanation. Bone. 1997 Mar;20(3):183-9.
3. Simão R. Fundamentos fisiológicos para o treinamento de força e potência. São Paulo: Phorte; 2003.
4. Karlsson TS, Johnell O, Obrant KJ. Is Bone Mineral Density Advantage Maintained Long-term in Previous Weight Lifters? Calcif Tissue Int. 1995 Nov;57(5):325-8.

5. Krølner B, Toft B. Vertebral Bone Loss: an Unheeded Side Effect of Therapeutic Bed Rest. Clin Sci. 1983 May;64(5):537-40.
6. Issekutz B Jr, Blizzard JJ, Birkhead NC, Rodahl K. Effect of Prolonged Bed Rest on Urinary Calcium Output. J Appl Physiol. 1966 May;21(3):1013-20.
7. Wittich A, Mautalen CA, Oliveri MB, Bagur A, Somoza F, Rotemberg E. Professional Football (Soccer) Players Have a Markedly Greater Skeletal Mineral Content, Density, and Size than Age and BMI--matched Controls. Calcif Tissue Int. 1998 Aug;63(2):112-7.
8. Conroy BP, Kraemer WJ, Maresh CM, Dalsky GP. Adaptive Responses of Bone to Physical Activity. Med Exerc Nutr Health. 1992;1:64-74.
9. Taaffe DR, Robinson TL, Snow CM, Marcus R. High Impact Exercise Promotes Bone Gain in Well--trained Female Athletes. J Bone Miner Res. 1997 Feb;12(2):255-60.
10. Häkkinen K, Komi PV. Specificity of Training-induced Changes in Strength Performance Considering the Integrative Functions of the Neuromuscular System. Word Weightlifting. 1982;3:44-6.
11. Virvidakis K, Georgiou E, Korkotsidis A, Ntalles K, Proukakis C. Bone Mineral Content of Junior Competitive Weightlifters. Int J Sports Med. 1990 Jun;11(3):244-6.
12. Burr DB. Bone, Exercise, and Stress Fractures. Exerc Sport Sci Rev. 1997;25:171-94.
13. Dook JE, James C, Henderson NK, Price RI. Exercise and bone mineral density in mature female athletes. Med Sci Sports Exerc. 1997 Mar;29(3):291-6.
14. Conroy BP, Kraemer WJ, Maresh CM, Fleck SJ, Stone MH, Fry AC, et al. Bone Mineral Density in Elite Junior Olympic Weightlifters. Med Sci Sports Exerc. 1993 Oct;25(10):1103-9.
15. Henderson NK, White CP, Eisman JA. The Role of Exercise and Fall Risk Reduction in Prevention of Osteoporosis. Endocrinol. Metab Clin North Am. 1998 Jun;27(2):369-87.
16. Dalsky GP, Stocke KS, Ehsani AA, Slatopolsky E, Lee WC, Birge SJ Jr. Weight-bearing Exercise Training and Lumbar Bone Mineral Content in Postmenopausal Women. Ann Intern Med. 1988 Jun;108(6):824-8.
17. Goldberg AL, Etlinger JD, Goldspink DF, Jablecki C.Mechanism of Work-Induced Hypertrophy of Skeletal Muscle. Med Sci Sports Exerc. 1975 Fall;7(3):185-98.
18. MacDougall JD, Sale DG, Alway SE, Sutton JR. Muscle Fiber Number in Biceps Brachii in Bodybuilders and Control Subjects. J Appl Physiol. 1984 Nov;57(5):1399-403.
19. Sale DG, MacDougall JD, Alway SE, Sutton JR. Voluntary Strength and Muscle Characteristics in Untrained Men and Women and Bodybuilders. Eur J Appl Physiol. 1987 May;62(5):1786-9.
20. MacDougall JD, Sale DG, Moroz JR, Elder GC, Sutton JR, Howald H. Mitochondrial Volume Density in Human Skeletal Muscle Following Heavy Resistance Training. Med Sci Sports Exerc. 1979 Summer;11(2):164-6.
21. MacDougall JD, Sale DG, Elder G, Sutton JR. Ultrastructural Properties of Human Skeletal Muscle Following Heavy Resistance Exercise and Immobilization. Med Sci Sports Exerc. 1976;8:68-72.
22. Stone MH, O'Bryant H, Garhammer JG. A Hypothetical Model for Strength Training. J Sports Med Phys Fitness. 1981 Dec;21(4):342-51.
23. Schmidtbleicher D, Haralambie G. Changes in Contractile Properties of Muscle after Strength Training in Man. Eur J Appl Physiol Occup Physiol. 1981;46(3):221–228.
24. McDonagh MJN, Davies CTM. Adaptive Response of Mammalian Skeletal Muscle to Exercise with High Loads. Eur J Appl Physiol Occup Physiol. 1984;52(2):139-55.
25. Sale DG, MacDougall JD, Alway SE, Sutton JE. Muscle Cross-Sectional Area, Fiber Type Distribution, and Voluntary Strength in Humans. Can J Appl Sport Sci. 1983;2:21.
26. MacDougall JD, Ward GR, Sale DG, Sutton JR. Biochemical Adaptation of Human Skeletal Muscle to Heavy Resistance Exercise and Immobilization. J Appl Physiol. 1977; 43(4):700-3.

27. Thorstensson AL, Larsson L, Tesch PA, Karlsson J. Muscle Strength and Fiber Composition in Athletes and Sedentary Men. Med Sci Sports. 1977 Spring;9(1):26-30.
28. Gollnick PD, Armstrong RB, Saubert CW 4th, Piehl K, Saltin B. Enzyme Activity and Fiber Composition in Skeletal Muscle of Untrained and Trained Men. J Appl Physiol. 1972 Sep;33(3):312-9.
29. Hickson R. Interference of Strength Development by Simultaneously Training for Strength and Endurance. Eur J Appl Physiol Occup Physiol. 1980;45(2-3):255-63.
30. Lemon PW, Nagle FJ. Effects of Exercise on Protein and Amino Acid Metabolism. Med Sci Sports Exerc. 1981;13(3):141-9.
31. Alberts B, Bray D, Lewis J, Raff M, Roberts K, Watson JD. Molecular Biology of Cell. New York: Garland; 1989.
32. Tipton CM, Matthes RD, Maynard JA, Carey RA. The Influence of Physical Activity on Ligaments and Tendons. Med Sci Sports. 1975 Fall;7(3):165-75.
33. Mankin HJ, Mow VC, Buckwalter JA, Iannotti JP, Ratcliffe A. Form and Function of Articular Cartilage. Rosemont: American Academy of Orthopaedic Surgeons; 1994.
34. Adams A. Effect of Exercise upon Ligament Strength. Res Q. 1966 May;37(2):163-7.
35. Cornwall MW, Leveau BF. The Effect of Physical Activity on Ligamentous Strength: an Overview. J Orthop Sports Phys Ther. 1984;5(5):275-7.

Capítulo 3

Fisiologia na prescrição de exercícios

A prescrição de um exercício precisa ser adequada para cada pessoa por uma série de circunstâncias. As recomendações de exercícios podem ser muito diferentes com base na idade do grupo ou características especiais do indivíduo (por exemplo, adolescente, sexo feminino etc.) e na presença ou ausência de enfermidades. Em cada indivíduo, a prescrição pode refletir um esforço para otimizar e antecipar benefícios e minimizar os riscos do exercício.

Os benefícios podem incluir a redução do risco cardiovascular, o aumento de força, melhor qualidade de vida e sensação psicológica de bem-estar. Os riscos podem variar segundo a presença e o grau de complicações micro ou macrovasculares, controle metabólico e ajustes no regime de tratamento (medicamentos e ingestão calórica) requerido, em razão do aumento da atividade física. A probabilidade de maximizar os benefícios e minimizar os riscos do exercício pode aumentar quando a prescrição do exercício é desenvolvida com o indivíduo e uma equipe de profissionais de saúde. A educação do indivíduo e de sua família é importante se sua equipe de profissionais fizer uma avaliação apropriada e desenvolver um fluxo de informações e de normas criterioso, que permitirá atingir importantes metas.[1]

Um bom exemplo da aplicação potencial das normas de exercícios em um indivíduo é considerar uma mulher de 40 anos, recentemente acometida de diabetes tipo II, com complicações crônicas e controle dietético. Na suposição de que ela terá os mesmos benefícios e riscos de um programa de exercícios que uma não diabética saudável, teremos esboçado um perfil hipotético risco/benefício mostrado esquematicamente na Figura 3.1. Na construção da Figura 3.2 foram usados dados existentes para estimar a redução do risco cardiovascular com o habitual aumento dos níveis da atividade física e aumento do risco cardiovascular durante uma simples sessão de exercícios vigorosos.

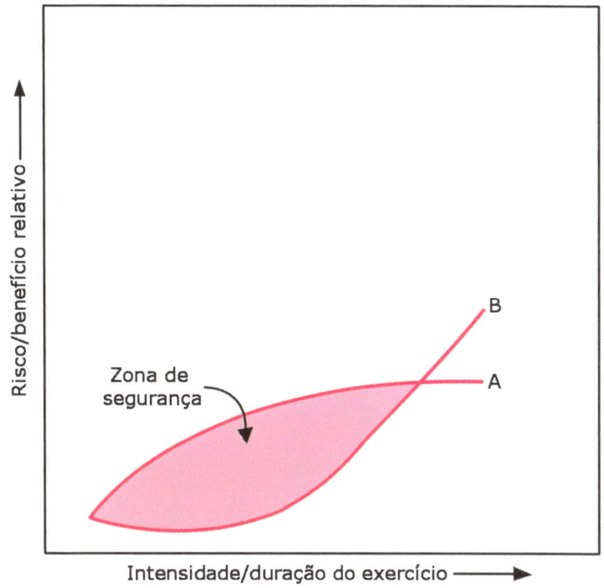

FIGURA 3.1 – O perfil risco/benefício hipotético de uma mulher de 40 anos, recentemente acometida de diabetes tipo II, com complicações crônicas e controle dietético. Curva A = benefício; curva B = risco.

O benefício máximo *versus* o risco ocorre se a intensidade do exercício for inferior a um certo ponto (x) na área sombreada (denominada zona segura), acima do ponto em que o risco do exercício excede a expectativa do benefício.

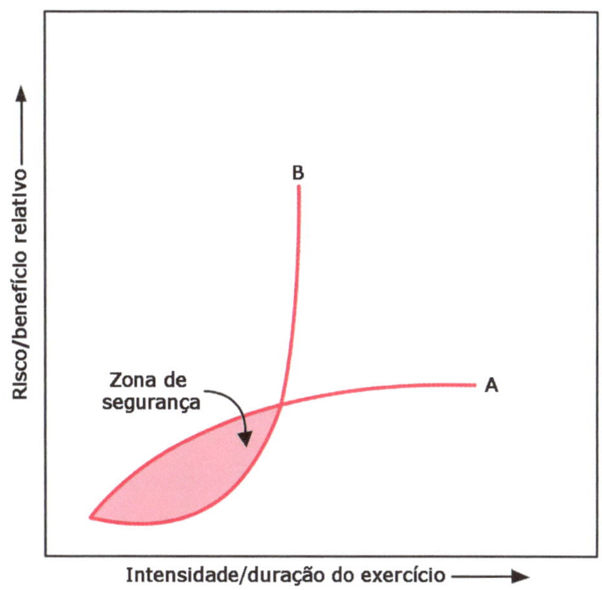

FIGURA 3.2 – O perfil risco/benefício hipotético de uma pessoa com retinopatia proliferativa. Curva A = benefício; curva B = risco (a curva de risco muda para a esquerda nesse indivíduo).

Em contraste, no exemplo da Figura 3.1, a pessoa com retinopatia proliferativa corre claramente alto risco de um evento adverso (hemorragia na retina), enquanto num trabalho mais leve não ocorrerá essa complicação. Como mostrado na Figura 3.2, o risco (curva B) é movido para a esquerda, nesse indivíduo. O ótimo desempenho do risco/benefício (acima do ponto x) ocorre se a carga de trabalho nesse paciente for tão leve como a de um paciente sem complicações.

Análise similar pode ser feita para outro grupo de indivíduos, por exemplo, mulheres, adolescentes e idosos. Benefícios e riscos, ótimos tipos e intensidades de exercícios podem ser sugeridos para esses diferentes grupos. Infelizmente, a literatura não tem uma recomendação infalível acerca da atividade física para indivíduos específicos. O conhecimento fisiológico sobre o assunto permitirá eficiência na aplicação da prescrição de exercícios.

3.1 Fisiologia do exercício e adaptações ao treinamento

Observações:

- A regularidade do exercício prescrito pode ser usada na prevenção e na reabilitação de doenças.
- O maior componente da saúde é a capacidade física, e a regularidade dos exercícios é indispensável para manter essa capacidade.
- Ambos os processos, aeróbio e anaeróbio, fornecem energia para a contração muscular durante o exercício.
- Os músculos esqueléticos são basicamente compostos por três tipos de fibra muscular, que têm diferentes contrações e propriedades bioquímica e morfológica.
- A unidade motora (um neurônio motor e a fibra muscular internervos) é composta pelos mesmos tipos de fibra muscular, e sua ativação é o exercício de intensidade específica.
- As respostas dos sistemas pulmonar e cardiovascular durante o exercício aumentam o oxigênio consumido para exercitar a musculatura.
- A causa da fadiga durante o exercício é determinada pelo tipo e pela intensidade do exercício executado.
- Adaptações ao treinamento seguem os princípios específicos e a sobrecarga.
- Adaptações ao treinamento otimizam o cansaço dos sistemas fisiológico e metabólico e são específicas para os sistemas estressados.

3.1.1 A prescrição de diferentes exercícios

A atividade física pode ser definida como uma forma de movimento do corpo que resulta em aumento da demanda metabólica.[1] Portanto, abrange os trabalhos de atividade diária, atividades de lazer e esportes de recreação e competição.

O exercício pode ser considerado o componente voluntário de toda atividade física executada. Quando um programa de exercícios é executado em bases regulares, visando atingir uma meta, como aumentar a capacidade cardiorrespiratória, é supervisionado por um profissional capacitado. Geralmente, o professor de Educação Física é considerado no contexto do treinamento em que o exercício permanente é executado para ampliar a capacidade e aumentar a *performance*. Entretanto, atualmente, muitos exercícios são executados com finalidade terapêutica e profilática e são usados para aumentar a capacidade física, reduzir o risco de doenças, reabilitar lesões ortopédicas, fortalecer músculos e prevenir a ocorrência de tais lesões, bem como para a reabilitação de outras doenças. A prática de exercícios tem mostrado redução no risco de doenças do coração, diminuição da pressão arterial em repouso, diminuição da perda da base mineral que ocorre com o avanço da idade, diminuição das dores nas costas e do cansaço e fornecimento de um modo mais eficaz de controlar a gordura corporal. Evidências recentes também sugerem que exercícios regulares ajudam no metabolismo dos carboidratos e são benéficos no tratamento e na administração do diabetes tipos I e II.[2,3]

3.1.2 Capacidades físicas

O maior componente de uma boa saúde é a capacidade física, que é a habilidade de fazer as tarefas rotineiras do dia a dia com vigor e atenção, sem ficar cansado, e manter energia suficiente para usufruir horas de lazer e estar apto a atender a possíveis emergências.[4] A capacidade física é composta basicamente por três elementos: resistência cardiorrespiratória, força muscular e flexibilidade.

3.1.2.1 Resistência cardiorrespiratória

A resistência cardiorrespiratória é o desempenho do coração, dos pulmões e do sistema circulatório para um eficiente suprimento de oxigênio e nutrientes para os músculos trabalharem. Uma das mais válidas medidas da capacidade funcional do sistema cardiorrespiratório é o máximo de oxigênio consumido (VO_2máx). O VO_2máx representa a máxima quantidade de oxigênio que pode ser consumida, transportada e usada pelo organismo para produzir energia. Se a intensidade do exercício aumenta, o consumo de oxigênio aumenta na mesma proporção. Eventualmente, o máximo de oxigênio fornecido para o tecido muscular ativo é completado, e o nível de oxigênio consumido aumentará com o aumento da intensidade do exercício. Aumentos na capacidade cardiorrespiratória são obtidos com a prática de exercícios que requerem uso rítmico de grandes massas musculares.

Os exercícios podem ser feitos 3 a 4 vezes por semana por um mínimo de 15 a 20 minutos continuamente, a uma intensidade que eleve a frequência cardíaca e a respiração, mas não cause nenhum desconforto.[5] Esses tipos de exercícios são geralmente conhecidos como aeróbios. Aeróbio requer oxigênio médio para a produção de energia. Exemplos de exercícios aeróbios: marcha, corrida, bicicleta, natação, remo e dança aeróbia. Exercícios de pequena duração, que podem ser suportados pela energia estocada nos músculos e não requerem oxigênio, são chamados anaeróbios. Tanto os exercícios aeróbios quanto os anaeróbios são bons em termos de benefícios para a saúde e têm poucas contraindicações.

3.1.2.2 Força muscular

Os músculos esqueléticos são responsáveis tanto pela contração quanto pelo relaxamento. Um músculo contrai-se quando é estimulado e, quando a contração cessa, o músculo relaxa. Indivíduos que treinam força usam vários tipos de trabalhos musculares, dependendo do objetivo da fase de treinamento e do equipamento disponível. Há dois tipos de contração muscular: dinâmica e estática. Os tipos de trabalho muscular são diversos, mas, aqui, abordaremos apenas os principais

Isotônico, concêntrico e excêntrico

Isotônico, do grego *isos*, que significa igual, e *tonikos*, que significa tensão, é o tipo mais familiar de trabalho muscular. Como sugere o próprio termo, em um trabalho isotônico, a tensão deveria ser a mesma em toda a amplitude do movimento; portanto, esse termo não corresponde à realidade durante um trabalho com pesos e, lentamente, vem sendo substituído por concêntrico e excêntrico.

Concêntrica, do latim *com-centrum*, significa centro comum; refere-se a trabalhos em que o músculo encurta-se e seu comprimento diminui. Trabalhos concêntricos são possíveis apenas quando a resistência (por exemplo, peso) é menor que a força do atleta. Exemplos de trabalhos concêntricos incluem a ação do bíceps na flexão do cotovelo, em uma rosca direta, ou o movimento de extensão do joelho na cadeira extensora.

Excêntrica, ou trabalho negativo, refere-se à ação inversa ao processo da ação concêntrica. Simplesmente significa que os trabalhos excêntricos fazem o músculo voltar ao comprimento original; na rosca bíceps, o componente excêntrico ocorre quando o braço volta à posição inicial. Na contração excêntrica, os músculos sustentam a força da gravidade (como nos pesos livres) ou a tração de um aparelho. Nessas condições, os músculos alongam-se e o ângulo articular aumenta, exercendo uma tensão controlada.

Isométrico

Isométrico (estático), do grego, *isos*, que significa igual, e *meter*, que significa medida, implica que, nesse tipo de trabalho muscular, o músculo desenvolve tensão sem alterar o ângulo articular. No trabalho isométrico, a aplicação da força contra um objeto imóvel força o músculo a desenvolver alta tensão, sem alterar seu posicionamento articular.

Isocinético

Isocinético, do grego *isos*, que significa igual, e *kinetie*, que significa movimento, descreve uma contração com velocidade constante em toda a amplitude articular. O trabalho isocinético necessita de equipamento especial desenhado para proporcionar velocidade angular constante de contração, não dependendo diretamente só da carga. No movimento, o trabalho concêntrico e excêntrico é executado enquanto o equipamento proporciona certa resistência igual à força gerada pelo atleta. Esse tipo de treinamento tem como benefício o fato de o músculo trabalhar em seu nível máximo em todo o movimento, eliminando a aceleração nos movimentos em que a carga diminui, como em todo exercício tradicional (não isocinético). Sua utilização em pesquisas tem um modelo de experimento básico fundamental, mas sua validade externa, ou seja, sua aplicação na prática é extremamente questionada.

3.1.2.3 Força de resistência

É definida pela habilidade do grupo de músculos que exerce um esforço submáximo por um extenso período. A força de resistência pode ser atingida por ambas as contrações, sustentadas (estática) e repetidas (dinâmica). Um programa de exercícios com pesos é o caminho mais eficiente para se obter essa capacidade muscular.[6]

3.1.2.4 Flexibilidade

Flexibilidade é um termo geral que inclui a amplitude de movimento em uma articulação simples e múltipla e a habilidade para desempenhar tarefas específicas. A amplitude de movimento em uma dada articulação depende, primeiro, da estrutura e da função do osso, do músculo, do tecido conjuntivo e da habilidade para gerar força e potência musculares suficientes. O envelhecimento afeta a estrutura desses tecidos assim como sua função, sendo uma variável extremamente importante associada não só com a qualidade de vida na terceira idade, mas também com a longevidade.

A flexibilidade demonstra ser efetiva na melhoria das capacidades funcionais e, atualmente, há ainda a preocupação na promoção da saúde vinculada à manutenção ou à melhoria de uma vida fisicamente ativa e independente. Pensando dessa maneira, a flexibilidade tem relação direta com o movimento humano, sendo passível de adaptações fisiológicas e mecânicas com o treinamento. Porém, sua metodologia, sua avaliação ou mesmo sua prescrição carecem de mais estudos científicos. O treinamento da flexibilidade parece ser capaz de melhorar o movimento em sua amplitude musculoarticular, diminuindo as resistências dos tecidos musculares e conjuntivos, e deformando-os de forma elástica ou plástica. Baixos índices de flexibilidade podem estar associados a problemas posturais, algias, níveis de lesões, diminuição da vascularização local, aparecimento de adesões e aumento de tensões neuromusculares.

Assim, os exercícios de flexibilidade deverão ser incorporados a todos os programas de exercícios em que haja necessidade de melhora no desempenho da flexibilidade. Portanto, o treinamento da flexibilidade tem, em síntese, o objetivo de aumentar ou manter a amplitude dos movimentos; para tanto, discutiremos os métodos mais tradicionais, que são: o método estático, o balístico e a facilitação neuromuscular proprioceptiva (FNP).

O método estático com uma movimentação lenta até o limite do desconforto e a posterior manutenção da postura parece ser o mais difundido por sua facilidade de aplicação, aprendizado, menores riscos de lesões e eficiência. Parece, também, ser o método prioritário para o desenvolvimento da flexibilidade quanto à segurança. Esse método consegue reduzir a excitabilidade do motoneurônio alfa, em razão da menor velocidade, criando melhores adaptações aos tecidos muscular e conjuntivo, favorecendo as propriedades mecânicas. Normalmente, esse método é usado com a função de aquecimento geral e relaxamento.

O método balístico, caracterizado por movimentos executados com velocidade de forma ritmada, representa uma proposta de treinamento menos monótona e mais específica. Porém, o método parece estimular o reflexo miotático mediante o aumento de tensão dos fusos musculares por causa da velocidade e da força aplicada. Normalmente, é aplicado no treinamento para diversas modalidades esportivas em que o objetivo é alcançar graus elevados de flexibilidade em um movimento específico.

O método FNP por sua ação muscular tanto dos agonistas quanto dos antagonistas, segundo o sistema reflexo dos receptores musculares, parece ser considerado o mais efetivo no ganho de amplitude do movimento. Porém, considera-se o método doloroso e perigoso pela tensão aplicada à musculatura. O método FNP se apresenta superior aos demais, em razão das conquistas neurofisiológicas e das propriedades viscoelásticas atingidas pela unidade músculo-tendão-fáscia. Essas hipóteses são discutidas pelo aumento do limiar excitatório dos receptores musculares, com recrutamento adicional dos motoneurônios alfa e pela deformação do tecido conjuntivo por meio das alterações viscoelásticas.

A adoção dos métodos descritos dependerá das necessidades do indivíduo e de seu grau de treinamento. Normalmente, fica-se discutindo qual o melhor método a ser aplicado, mas todos são válidos, desde que o profissional de Educação Física saiba o momento adequado de aplicação para obter determinada resposta específica.

3.2 Sistemas de energia

A energia para a contração do músculo deriva diretamente da quebra de adenosina-trifosfato mediante a enzima miosina ATPase. Quando ativada essa enzima, o grupo fosfato (fosfato inorgânico [P_i]) de alta energia é dividido, gerando a quebra da molécula de ATP. Desse modo, ocorre a liberação da energia necessária para dirigir as contrações musculares (7,6 kcal/molécula de ATP). Se a força e a frequência da contração aumentam, o índice de quebra do ATP aumenta. Durante a contração do músculo, é importante que a concentração de ATP no músculo não diminua em quantidade substancial, porque isso poderá diminuir o valor da energia livre, mudando e inibindo a contração muscular mais tarde. A concentração de ATP livre no músculo é, entretanto, bastante limitada e suficiente para a contração máxima de apenas 2-3 segundos de duração. Para manter a concentração de ATP durante a contração, o músculo conta com ambos os processos metabólicos: aeróbio e anaeróbio. A proporção de energia fornecida por esses processos está intensamente relatada. A alta intensidade da contração tem grande dependência da produção de energia anaeróbia. Ao contrário, a baixa intensidade da contração tem grande dependência da produção de energia aeróbia.[7]

3.2.1 Sistema de energia anaeróbia

O rápido e imediato reabastecimento de ATP durante a contração do músculo é sustentado pelo colapso do fosfato de alta energia composto de fosfocreatina (PC). Em razão de ambos, ATP e PC, serem compostos por fosfato de alta energia, são referenciados como fosfagênios e sistemas metabólicos nos quais esses compostos são usados para a liberação de energia para a contração muscular, também referida como sistema do fosfagênio. O produto final da hidrólise da PC são a creatina e o P_i. A energia liberada fica imediatamente disponível e sua bioquímica forma a ATP, mas a capacidade dos níveis máximos de ATP de energia derivada de PC é limitada. Os estoques de ATP e PC podem manter apenas a energia necessária ao músculo durante todo o esforço somente durante 8-12 segundos; senão, esse sistema de movimentos de potência e força, embora rápido, pode não ser executado.[7]

Um segundo sistema anaeróbio, a glicose anaeróbia, em que o ATP é produzido dentro do músculo envolve a quebra do carboidrato estocado na célula muscular (glicogênio), transformando-o em ácido lático. A glicose gera ATP quando há suprimento inadequado de oxigênio para o músculo, para atender às demandas metabólicas. Infelizmente, esse sistema de produção de energia é relativamente ineficiente, fornecendo somente 3 moléculas de ATP da quebra anaeróbia para 1 molécula de glicogênio. Uma segunda limitação desse sistema é a produção de ácido lático que se acumula em altas concentrações, o que interferirá no metabolismo e na contração do músculo, afetando desfavoravelmente a *performance*. Entretanto, a glicose anaeróbia como o sistema do fosfagênio é extremamente importante para as séries de exercícios, quando o oxigênio disponível é limitado, e durante o exercício de alta intensidade, quando a energia demandada excede a capacidade de produção de energia do sistema aeróbio.[7]

3.2.2 Sistema de energia aeróbia

Para que os músculos continuem a produzir força por um longo período de tempo, precisam ter constante suprimento de energia. Na presença do oxigênio, a fibra muscular está apta a quebrar os carboidratos, as gorduras e as proteínas, se necessário, para a geração de ATP. Esse processo é chamado metabolismo aeróbio ou respiração celular. Tem-se discutido que a produção anaeróbia de ATP é bastante ineficiente e inadequada para o exercício, depois de alguns poucos minutos. Consequentemente, o metabolismo aeróbio é o principal método de produção de energia durante o exercício de resistência.[7]

Dentro de cada fibra muscular há estruturas especiais chamadas mitocôndrias, usadas para produzir grandes quantidades de ATP. As reações do sistema aeróbio podem ser divididas em 3 séries principais: preparação do substrato ciclo de Krebs e cadeia de transporte de elétrons.

A preparação do substrato pode ocorrer no sarcoplasma ou na mitocôndria da célula, dependendo do substrato usado. Os carboidratos são quebrados no citoplasma pelas enzimas de glicose para formar o piruvato, depois entram na segunda série de reações, no ciclo de Krebs (na mitocôndria). Os ácidos graxos são transportados diretamente para a mitocôndria por uma membrana transportadora e preparada para entrar no ciclo de Krebs, por uma série de reações chamada betaoxidação. Ambas as reações resultam na formação de acetilcoenzima A (acetil-CoA), que condensa com o oxaloacetato para formar citrato na primeira reação do ciclo de Krebs. O citrato, então, entra na série de reações controlada pelas enzimas oxidantes, que resulta na reformação do oxaloacetato com liberação de CO_2 e hidrogênio. O CO_2 produzido difunde-se no sangue e é carregado para os pulmões, de onde é eliminado do corpo. O átomo de hidrogênio divide-se em 1 íon de hidrogênio (H+) e 1 elétron (e-), o qual, em seguida, entra na corrente de transporte de elétrons na mitocôndria. Uma vez na corrente, o elétron é transportado para o oxigênio na série de reações das enzimas. No fim das reações, o elétron é unido com o H+ combinado com o oxigênio para formar a água. Se o elétron é carregado para baixo na corrente de elétrons, a energia é realizada e o ATP é ressintetizado. Para cada par de elétrons carregado para baixo na corrente de elétrons, nova energia é realizada para produzir 3 moléculas de ATP.[7]

A eficiência na produção de energia aeróbia pode ser ilustrada pela comparação da produção de ATP baseada na quebra do glicogênio do músculo para lactato, durante a glicólise anaeróbia, e na quebra do glicogênio do músculo para CO_2 e H_2O, durante a respiração aeróbia. Para 1 molécula de glicogênio do músculo, 3 moléculas de ATP se formarão durante a glicólise anaeróbia.

Por um lado, se o glicogênio é completamente decomposto em CO_2 e H_2O,[37] moléculas de ATP se formarão; a vantagem óbvia da respiração aeróbia sobre os processos anaeróbios é a eficiência com que o ATP pode ser ressintetizado.[7] Por outro, o ritmo de produção de ATP é limitado pela disponibilidade de O_2, que pode ser transportado dos pulmões para o músculo ativo (Figura 3.3).

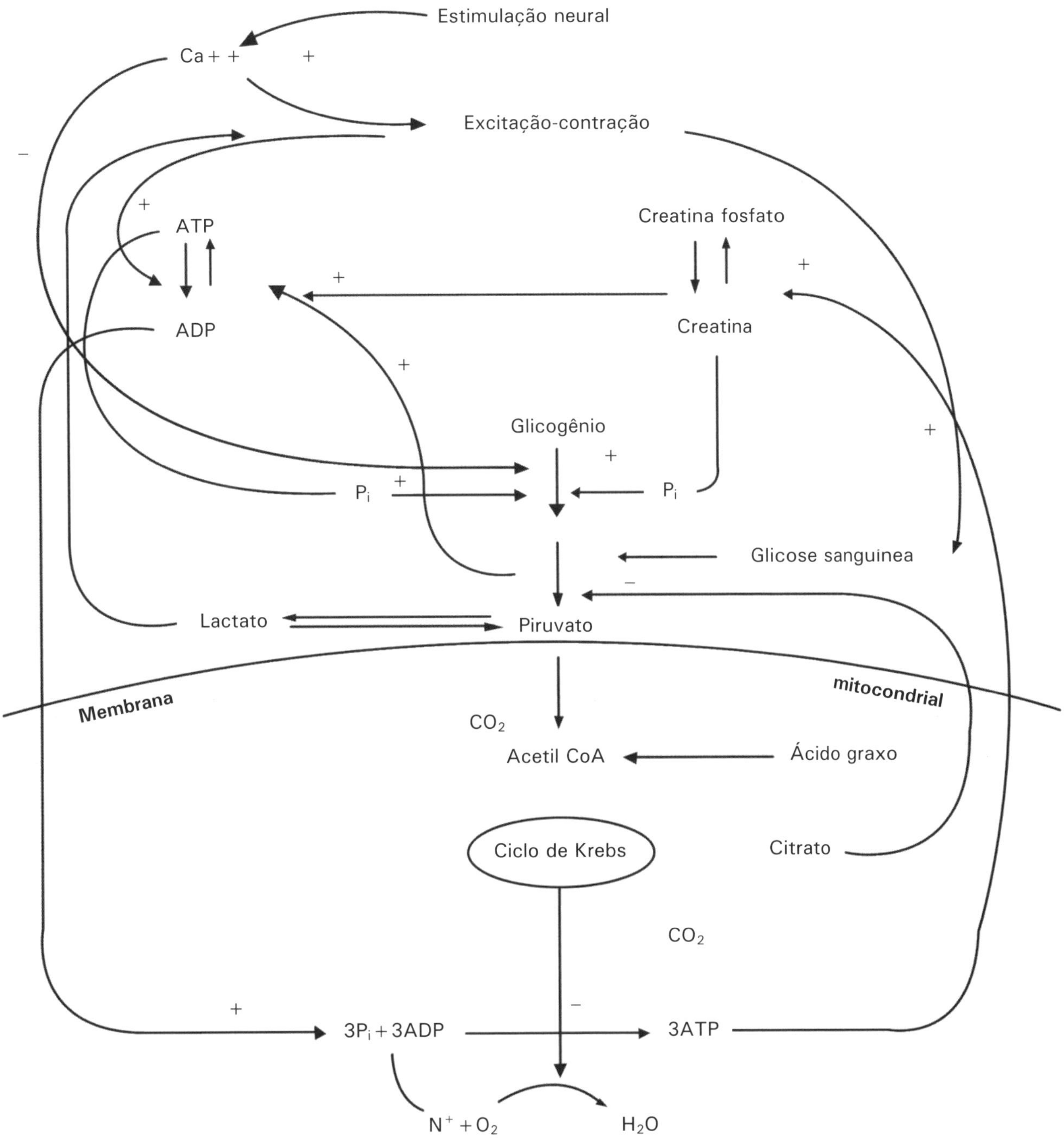

FIGURA 3.3 – Os sistemas de energia são responsáveis pelo reabastecimento de adenosina trifosfato (ATP) para suportar a contração muscular. A estimulação neural resulta na iniciação da excitação e na contração do músculo, o qual na volta causa a hidrólise da ATP para adenosina difosfato (ADP) e fosfato inorgânico (P_i). O imediato e rápido reabastecimento de ATP, durante a contração do músculo, é suportado pela hidrólise da fosfocreatina (PC). Um segundo sistema para rápido reabastecimento de ATP é a glicólise, ativada por elevados níveis de ADP intracelular e P_i. A glicólise envolve a quebra incompleta dos carboidratos para lactato. Altos níveis de lactato intracelular podem causar fadiga muscular. A fonte predominante de carboidrato para glicólise é o glicogênio do músculo e a glicose do sangue. A glicose do sangue levada para o músculo é usada pela contração muscular. A hidrólise da PC e a glicólise são processos anaeróbios. A terceira fonte de produção de ATP é a respiração aeróbia. A respiração aeróbia ocorre na mitocôndria e requer a presença de oxigênio (O_2). Na mitocôndria, a acetilcoenzima A (acetil-CoA), produzida do piruvato ou a betaoxidação dos ácidos graxos, condensa com oxaloacetato (OAA) para formar citrato. O citrato em seguida entra nas séries de reações que resulta na reformação do OAA, liberando o dióxido de carbono (CO_2) e o hidrogênio. O átomo de hidrogênio é dividido em 1 próton de H+ e 1 elétron (e-) que entra no sistema de transporte de elétrons (STE). Uma vez no STE, o elétron é transportado para as cristas da mitocôndria numa série de reações enzimáticas. No fim da reação do STE, o elétron é reunido com H+ e combinado com O_2 para formar água. Para cada par de elétrons carregado pelo STE, é realizada energia suficiente para produzir 3 moléculas de ATP.

3.3 Músculo esquelético e unidades motoras

O músculo esquelético é composto por dois tipos básicos de fibra muscular: fibras de lenta contração ou tipo I e fibras de rápida contração ou tipo II.[8] As fibras de rápida contração ou tipo II podem ser divididas em tipo IIa e tipo IIb. Geralmente, as fibras do tipo I têm alta capacidade oxidante e capilaridade densa, com relativa lentidão de contração e relaxamento, e são resistentes às fadigas. As fibras do tipo IIb têm baixa capacidade oxidante e capilaridade, com alta capacidade glicolítica e relativa rapidez na contração e no relaxamento, atingindo rapidamente a fadiga. As características morfológicas e fisiológicas do tipo IIa são intermediárias entre os tipos I e IIb. As fibras tipo IIa têm alta capacidade oxidante e glicolítica, contraindo-se e relaxando rapidamente e tendo alguma resistência à fadiga (Figura 3.4).[8]

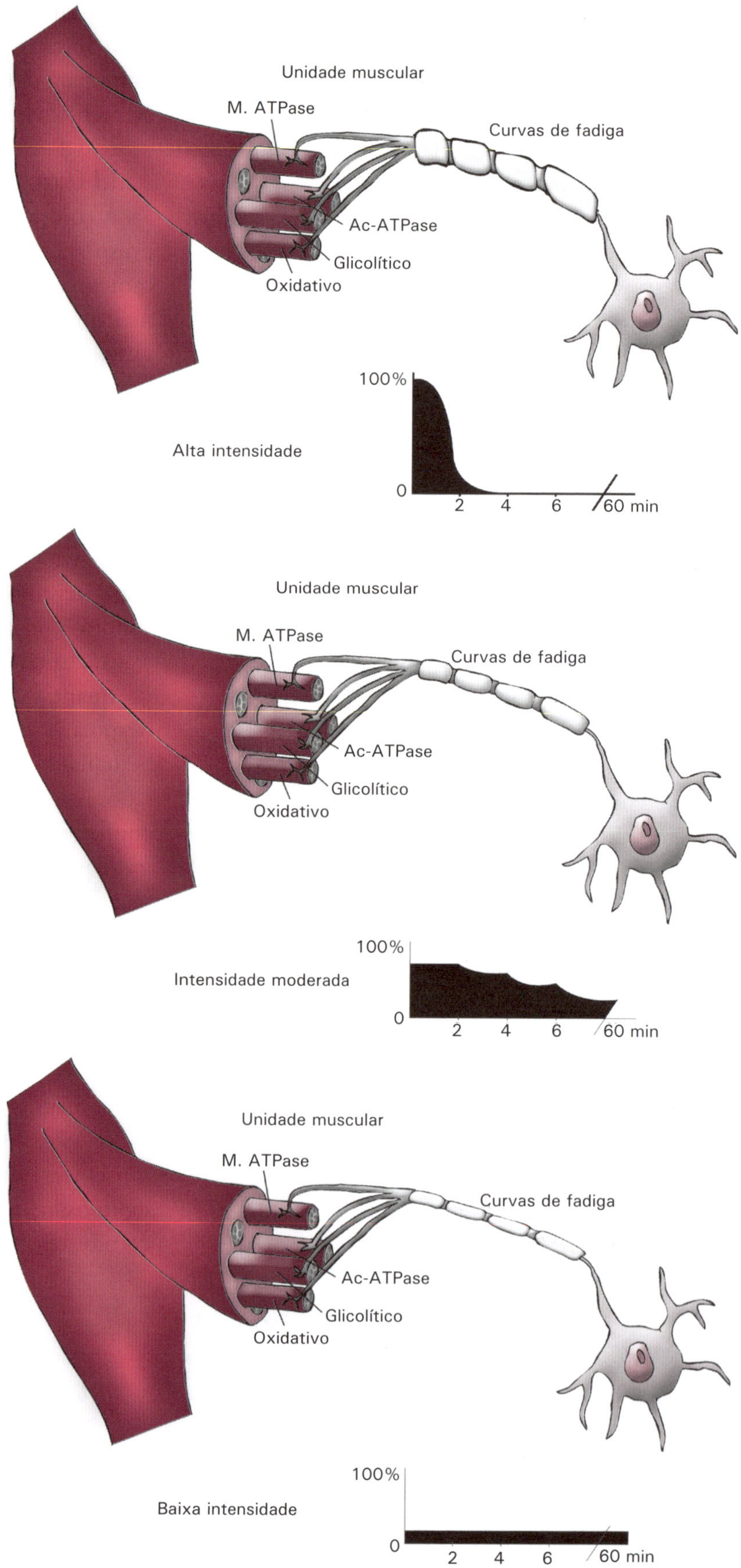

FIGURA 3.4 – Três unidades motoras básicas são encontradas no músculo esquelético humano. O diâmetro do axônio está diretamente relacionado à velocidade de condução. As fibras musculares (I, IIa e IIb) estão assinaladas com bioquímicas diferentes: miosina ATPase, enzima oxidativa, enzima glicolítica. Note as diferenças na curva de fadiga: fadiga rápida (FR); rápido, resistente à fadiga (RRF); lento, resistente à fadiga (L).

Fibras musculares com características morfológicas e fisiológicas similares são agrupadas em unidades motoras. A unidade motora é composta por um neurônio motor e por fibras musculares inervadas. Quando um neurônio motor é ativado, todas as fibras musculares da unidade motora se contraem. Entretanto, os três tipos básicos de fibras musculares da unidade motora diferem com referência à velocidade, à força de contração, às características metabólicas e à fadiga. Diferenças nas propriedades contráteis entre unidades motoras são em virtude das diferenças nos neurônios motores que estão inervados nas fibras musculares, bem como das diferenças contráteis dentro dessas fibras musculares.[8]

3.3.1 Tipos de fibra muscular

Todas as unidades motoras comportam-se da mesma forma, mas isso não pode ser estendido a todas as fibras musculares, pois nem todas elas têm as mesmas características bioquímicas (metabólicas). Toda fibra muscular pode funcionar tanto em condições aeróbias quanto anaeróbias, porém umas funcionam melhor em condições anaeróbias, ao passo que outras, em condições aeróbias.

As fibras que usam oxigênio e dependem dele para produzir energia diretamente são denominadas aeróbias, ou do tipo I, vermelhas ou lentas. As fibras que não necessitam de oxigênio para suprir a demanda energética imediata são anaeróbias, tipo II, brancas ou rápidas. Os dois tipos de fibra existem relativamente na mesma proporção no corpo, e essa relação 50%/50% parece não ser afetada de maneira significativa pelo treinamento de força.

O recrutamento das fibras musculares depende da carga. Nas atividades de baixa e moderada intensidades, as fibras lentas são preferencialmente recrutadas. Quando a carga aumenta, um número cada vez maior de fibras rápidas contrai-se. A distribuição do tipo de fibra pode variar, tanto no mesmo músculo quanto de músculo para músculo.

A composição de fibras musculares (por exemplo, proporção de fibras rápidas em um músculo) exerce papel importante no treinamento de força. Músculos que contêm alto percentual de fibras rápidas são capazes de contrações mais velozes e potentes. A tendência herdada de ter mais fibras rápidas pode indicar que indivíduos tendem a ter geneticamente melhores adaptações ao treinamento de força. Enquanto a genética é um fator importante para determinar o sucesso, este não é o único elemento a ser considerado.

3.3.1.1 Contração do músculo

A contração do músculo é iniciada por um impulso neural do nervo motor. O impulso do nervo motor causa a liberação da aceticolina na junção neuromuscular, resultando na despolarização do sarcolema (membrana da célula muscular) das fibras musculares inervadas.

A despolarização estende-se pelo sarcolema para dentro da fibra muscular por meio dos túbulos transversos (túbulos-T). Os túbulos-T conectam-se com o retículo sarcoplasmático, um sistema que corre paralelamente com as maiores proteínas contráteis: miosina e actina. Na junção, onde o túbulo-T e o retículo sarcoplasmático se encontram, chamado tríade, o cálcio é estocado em grande quantidade em vesículas sarcoplasmáticas. Na despolarização dessa região, o cálcio é liberado das vesículas onde estava e liga-se com a proteína reguladora, troponina. Isso resulta numa mudança de conformação da troponina e da tropomiosina, a segunda proteína reguladora, para mudar sua orientação ao longo do filamento actina, expondo os sítios ativos para a ligação com a miosina. Isso causa a quebra de ATP localizada na miosina (pontes cruzadas) e a liberação do ADP e do P_i, bem como a mudança de conformação da ponte da miosina (Figura 3.5). Se a ponte da miosina mudar de posição, o filamento de actina desliza sobre o filamento de miosina, resultando no encurtamento da fibra muscular. Em seguida, o ATP se desliga da cabeça da miosina, causando a separação da ponte cruzada com os centros ativos da actina (Figura 3.6).[7]

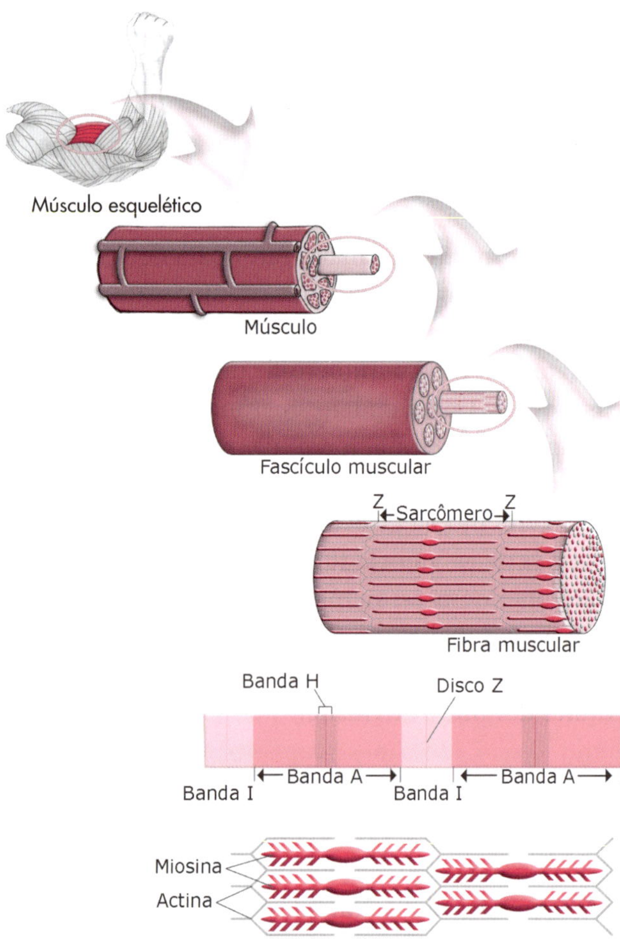

FIGURA 3.5 – Organização do sistema musculoesquelético. 1 - músculo; 2 - fascículos (feixe de fibras musculares); 3 - fibra muscular (célula muscular); 4 - miofibrila; 5 - sarcolema (cadeia de linha Z a linha Z); 6 - filamento actina (ligado à linha Z); 7 - filamento de miosina.

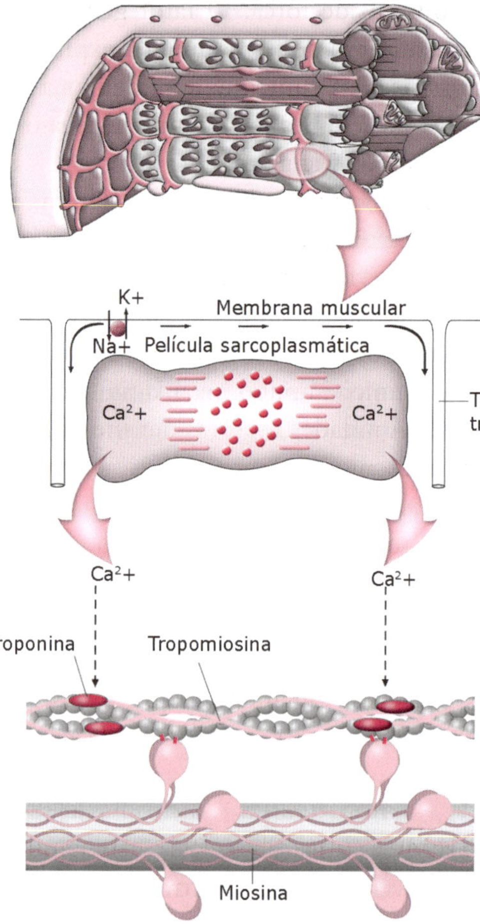

FIGURA 3.6 – Excitação-junção do sistema musculoesquelético.

3.4 A unidade motora

Todo neurônio motor que se conecta a um músculo pode inervar uma ou centenas de fibras musculares. Todas as fibras inervadas pelo mesmo neurônio motor reagem com o impulso, contraindo-se e relaxando. Um neurônio motor e todas as fibras musculares por ele inervadas formam uma unidade motora.

Quando um nervo motor é estimulado, o impulso transmitido para as fibras musculares dessa unidade motora faz que todas elas se contraiam ou não. Essa é a lei do "tudo ou nada", ou seja, um impulso fraco cria a mesma tensão na unidade motora de um impulso forte.

Essa lei do tudo ou nada não se aplica ao músculo como um todo. Enquanto todas as fibras musculares de uma unidade motora respondem ao estímulo do neurônio motor, nem todas as unidades motoras são ativadas em uma contração muscular. O número de unidades motoras envolvidas em uma contração depende da carga imposta ao músculo, e isso tem relação direta com a força produzida. Por exemplo, se a carga é leve, apenas um número reduzido de unidades motoras será recrutado e a força produzida será ínfima. Em contrapartida, se a carga imposta ao músculo for muito alta, então todas ou quase todas as unidades motoras serão recrutadas, gerando a produção de força máxima. Se as unidades motoras são recrutadas em ordem sequencial, a única maneira de treinar o músculo como um todo é expô-lo a cargas máximas. Todas as unidades motoras, assim, serão acionadas para a contração muscular.

A força produzida por um músculo depende do número de unidades motoras recrutadas na contração, bem como do número de fibras musculares por unidade motora. Esse número pode variar entre 20 e 500; quanto mais fibras em uma unidade motora, maior a produção de força. O fator genético que determina o número de fibras ajuda a explicar por que algumas pessoas conseguem aumentar a força e o tamanho musculares facilmente, ao passo que outras têm grande dificuldade.

Quando um impulso nervoso estimula uma unidade motora, ela responde com uma contração muito rápida, seguida de relaxamento. Se outro impulso atinge a unidade motora antes que ela relaxe, os dois impulsos somam-se (unem forças) e produzem maior tensão que um único impulso (tetania muscular).

A soma das unidades motoras depende da carga imposta ao músculo. Em cargas máximas, todas as fibras musculares somam-se de maneira sincronizada, gerando o máximo de força. Quando se adotam cargas moderadas a leves, algumas unidades motoras contraem-se, enquanto outras estão relaxadas, gerando uma força de intensidade inferior à máxima. Essa é uma das principais razões por que cargas pesadas levam a melhores resultados nos ganho de força máxima.

3.4.1 Recrutamento da unidade motora

A força e a velocidade da contração do músculo são governadas pelo tipo, pelo número e pela frequência do recrutamento da unidade motora.[8] O recrutamento da fibra é baseado no tamanho do neurônio motor; esses neurônios se agitam por ativação e por sua velocidade de condução. Fibras de unidade motora do tipo I são inervadas por pequenos, suaves e lentos nervos motores, ao passo que as unidades motoras do tipo II são enervadas por grandes e rápidos nervos motores. Atualmente, em vez de discretas diferenças nos neurônios motores, há uma entrada contínua para a ativação, o que permite mobilização sistemática das unidades motoras para acomodar a tensão específica, a velocidade e os requisitos metabólicos da contração muscular.[8] Geralmente, a unidade motora do tipo I é recrutada durante o exercício de baixa intensidade. Quando houver uma ativação de mais esforço, as unidades motoras do tipo II serão requeridas e incrementadas. Quando a atividade de baixa intensidade é prolongada, as unidades motoras do tipo I são inicialmente recrutadas. Se a intensidade dos exercícios for aumentada e as unidades motoras do tipo I atingirem a fadiga, há um progressivo envolvimento das unidades motoras do tipo II, em que as unidades do tipo IIa são recrutadas antes das unidades do tipo IIb. Se o exercício for executado até a exaustão, praticamente todas as unidades motoras podem ser recrutadas.[8]

O controle diferencial do recrutamento padrão da unidade motora é o maior fator para determinar o sucesso em várias atividades atléticas. Por exemplo, se no levantamento de pesos é necessário um recrutamento de alto número de unidades motoras dos tipos I e II num padrão sincrônico, esse padrão sincrônico de recrutamento da unidade motora ajudará no levantamento de maiores cargas, em razão do aumento na geração de força e potência. As atividades de resistência funcionam em um padrão de recrutamento assincrônico. Os recrutamentos assincrônicos padrão são vantajosos porque fornecem um período de recuperação para as unidades motoras durante a atividade.[8]

3.5 Ajustes cardiopulmonares para o exercício

Acompanhando o aumento da atividade física, há um aumento da demanda por oxigênio para garantir a produção da energia aeróbia. Isso requer aumento no oxigênio fornecido pelo sistema cardiopulmonar para o tecido do músculo ativo. No início do exercício, a respiração e a frequência cardíaca aumentam rapidamente. O aumento da ventilação pulmonar é resultante do aumento das frequências cardíaca e respiratória. Durante o exercício, a ventilação pode ser 20 a 25 vezes maior que em repouso. O aumento da ventilação é proporcional ao consumo de oxigênio, elevando-se a 60%-70% de VO_2máx. Em seguida, ele torna-se desproporcionalmente maior que o aumento do consumo de oxigênio. O ponto de equilíbrio entre o consumo de oxigênio e a ventilação pulmonar é estabelecido se o início da ventilação estiver associado ao início da acumulação do lactato no sangue. O início do lactato é importante porque representa a máxima intensidade do exercício que pode ser mantida por um longo período de tempo. Normalmente, a maioria dos treinamentos para atletas obterem resistência está em torno do princípio do lactato (Figura 3.7).[9]

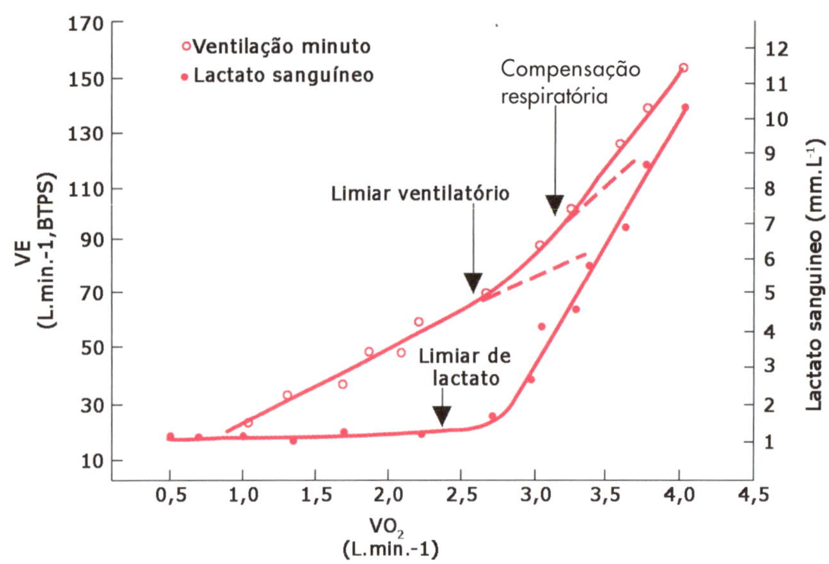

FIGURA 3.7 – A ventilação pulmonar (VP) e o lactato do sangue são responsáveis pelo aumento do trabalho expresso pelo consumo de oxigênio (VO_2máx). A linha tracejada é a extrapolação da relação linear entre VP e VO_2máx observada durante o exercício submáximo. O princípio do lactato é o ponto em que o lactato do sangue começa a aumentar sobre o valor em repouso e geralmente corresponde à ventilação inicial, ou o ponto em que a relação entre ventilação e o VO_2máx se desvia da linearidade. A compensação respiratória mais adiante aumenta a ventilação para conter a queda do pH do sangue por causa do aumento do lactato.

3.5.1 Ventilação pulmonar

O aumento na ventilação pulmonar durante o exercício fornece um aumento do suprimento de oxigênio dos alvéolos dos pulmões, o qual é difundido no sistema circulatório, ligando-se à hemoglobina das células do sangue. Um grama de hemoglobina pode transportar 1,34 ml de oxigênio. No homem, há 15 g de hemoglobina em cada 100 ml de sangue; esse valor é menor na mulher, em torno de 14 g/100 ml.

O aumento na ventilação pulmonar também resulta num aumento do CO_2 removido do sistema circulatório. Geralmente, a hemoglobina é saturada a 95%-98% de O_2 se os pulmões permitirem, durante o exercício máximo. Portanto, o consumo de oxigênio não é limitado pela ventilação pulmonar, exceto no caso de doença pulmonar ou sob condições de baixa pressão atmosférica, como em grandes altitudes.[10]

3.5.2 Função cardíaca

Em condições normais, primeiro o débito cardíaco (DC) aumenta para atender ao aumento da necessidade de O_2 dos músculos de trabalho e ao máximo rendimento que determina o VO_2máx. O DC é o produto da frequência cardíaca (FC) e do volume de ejeção (VE). O VE é o total de sangue injetado por batida do coração. Em repouso, o DC é de cerca de 5 L/min e aumenta diretamente com o aumento da intensidade do exercício até 20-40 L/min. O valor absoluto poderá variar de acordo com o tamanho do corpo e o condicionamento aeróbio.[10]

O aumento da FC no exercício é proporcional à intensidade do exercício até próximo do ponto de exaustão, quando o nível máximo de batimento é obtido. Quando a taxa de trabalho permanece constante em nível de exercício submáximo, a FC aumenta rapidamente, até se estabilizar, o que é conhecido como estado de equilíbrio da FC, e é o batimento ótimo para o encontro das demandas circulatórias com a taxa de trabalho ou a intensidade do exercício. O conceito de estado constante da FC compõe a base de diversos testes de capacidade física. Indivíduos nas melhores condições físicas, com base em sua resistência cardiorrespiratória, poderão ter um estado constante na FC mais baixo que indivíduos sem capacidades físicas submetidos a exercícios de intensidade submáxima.

O VE também aumenta com o aumento da atividade física, entretanto seu máximo é obtido quando se alcançam intensidades entre 40% e 60% de VO_2máx. Nesse ponto, os níveis do VE permanecem essencialmente imutáveis e atingem o ponto de exaustão. O VE é controlado pelo volume do sangue venoso que retorna ao coração, pela capacidade e pela contração ventricular e pressão arterial da aorta. Os dois primeiros fatores regulam o fim do volume diastólico ou o total de sangue acumulado no ventrículo durante a diástole; os últimos dois fatores influenciam a capacidade de o ventrículo se esvaziar, determinando a força com que o sangue é injetado e a pressão com que ele fluirá pelas artérias. O sangue remanescente no ventrículo depois da contração cardíaca é chamado fim do volume sistólico. Portanto, o VE é igual ao volume final diastólico menos o volume final sistólico.[10]

Muitos mecanismos explicam o aumento do VE durante o exercício, mas o mais importante é o aumento do retorno venoso, que resulta no grande enchimento do ventrículo esquerdo com paredes mais elásticas, aumentando a força de contração; isso está mencionado na Lei de Frank-Starling. O aumento do retorno venoso ocorre em razão da rápida redistribuição do sangue, pela ativação dos nervos simpáticos das artérias em áreas inativas do corpo e pela ativação geral dos nervos simpáticos do sistema venoso. O segundo fator é o aumento da ação de bombeamento de músculos ativos que assistem o retorno venoso. Também há grande diferença na pressão intra-abdominal e intratorácica por causa do aumento da respiração que cria um ótimo fluxo da cavidade abdominal para a cavidade torácica. Um aumento no VE também se manifesta por aumento da contração ventricular, resultado do aumento de atividade do sistema nervoso simpático. Além da aceleração da FC durante o exercício, um aumento de atividade do sistema simpático pode aumentar a força da contração do miocárdio de duas a três vezes.[10]

3.5.2.1 Mudanças periféricas

Uma resposta essencial para aumentar a atividade física é a redistribuição do fluxo sanguíneo, necessária para fornecer oxigênio suficiente ao trabalho dos músculos. O sangue é redirecionado por meio da ação dos nervos do sistema simpático e produz metabólitos localmente, longe das áreas onde não é essencial, para áreas ativas durante o exercício. Somente 15%-20% do DC restante vai para o músculo, mas, durante um exercício exaustivo, o músculo recebe 80%-85% do DC. Essa mudança no fluxo sanguíneo para os músculos é acompanhada primeiro por uma redução do fluxo sanguíneo na área visceral.[10]

Com o exercício aeróbio, a pressão sistólica aumenta na proporção direta do aumento da intensidade do exercício e pode exceder 200 mmHg até a exaustão. O aumento da pressão sistólica resulta num aumento do DC, que eleva o ritmo do trabalho; isso é necessário para dirigir o sangue através da vascularidade. Ao contrário, a pressão diastólica diminui um pouco ou não muda durante o exercício aeróbio. Aumentos na pressão diastólica de 15 mmHg ou mais são considerados respostas anormais ao exercício aeróbio e um indicador seguro para interromper imediatamente um exercício teste diagnóstico.[10]

A resposta da pressão arterial aos exercícios de força, como levantamento de peso, pode permanecer alta. Pressões arteriais de 450/300 mmHg têm sido medidas durante exercícios de força intensos.[11] Isso ocorre parcialmente em razão do aumento da pressão intratorácica, resultando no uso da manobra de Valsalva. A Valsalva é executada quando a exalação é executada em oposição ao fechamento da glote.

Durante o repouso, a quantidade de oxigênio extraída do sangue pelos músculos é relativamente pequena. Em repouso, o sangue arterial contém cerca de 20 ml de O_2 por 100 ml, ao passo que o sangue venoso contém cerca de 14 ml de O_2 por 100 ml. A diferença entre esses dois valores é chamada diferença de oxigênio arteriovenoso (a-vO_2dif). O valor representa a quantidade de oxigênio extraída do sangue pelos tecidos, quando ele passa pelo corpo. Com o aumento da intensidade do exercício, o a-vO_2dif aumenta progressivamente e pode aumentar cerca de três vezes do repouso ao nível máximo do exercício. Isso reflete uma diminuição do oxigênio no sangue venoso, que pode cair a valores próximos de zero na musculatura ativa, mas o sangue venoso misturado no lado direito do coração raramente desce abaixo de 2-4 ml de oxigênio por 100 ml de sangue, o que se deve à mistura de sangue nos tecidos ativos com o sangue dos tecidos inativos que retorna ao coração.[10]

3.6 Fadiga

A fadiga pode ser definida como a não aptidão para manter a força muscular durante a sustentação ou a repetição das contrações, num dado nível.

Geralmente, sua causa é a intensidade de exercícios específicos, e aparece em razão da depleção do substrato e da inibição do produto metabólico do músculo contrátil ativo. No início do exercício, há uma elevação na concentração do ADP livre intracelular do músculo, em virtude da hidrólise da ATP. A elevação do ADP estimula a hidrólise do PC, resultando num aumento de P_i. O metabolismo anaeróbio do PC e do glicogênio muscular como substrato da ressíntese da ATP é usado para dar partida no exercício e continuará a ser usado se a demanda de energia for mais alta que a fornecida pela respiração aeróbia.

Para um homem médio, o valor máximo de energia realizado pelo sistema o fosfagênio (ATP-PC) está entre 35 e 50 kcal/min; o máximo índice de energia realizado pela glicólise anaeróbia é 30 kcal/min. Em exercícios de baixa intensidade com o máximo poder aeróbio (VO_2máx), a glicose do sangue e os ácidos graxos livres, tanto quanto os substratos, aumentam relativamente o PC do músculo e os estoques de glicogênio. A baixa intensidade do exercício é grande responsável pela contribuição da respiração aeróbia.

Para a discussão do que foi exposto, pode-se lançar mão de um exercício com diferentes intensidades, requerendo diferentes sistemas de energia e substrato.[10]

3.6.1 Fadiga e exercício anaeróbio

Durante um exercício de máximo esforço, como corrida de alta velocidade, o uso do PC é rápido. A duração dessa intensidade de exercício, entretanto, é limitada a segundos se o resultado do baixo PC estocado no músculo não puder ser reposto rapidamente para ser usado. Estudos do músculo quadríceps de seres humanos e a preparação isolada desses músculos têm mostrado que a exaustão durante as repetidas contrações máximas coincide com o desgaste do PC.[10]

Durante os exercícios de alta intensidade que duram alguns segundos, o glicogênio do músculo torna-se o primeiro fornecedor de energia para a síntese do ATP. Com o uso do PC, o índice de hidrólise do glicogênio muscular é diretamente relacionado à intensidade do exercício. Um aumento no índice de trabalho resulta num aumento na utilização do glicogênio muscular. Quando o índice de utilização desse glicogênio é muito rápido, como em uma corrida intensa de 2 km, o ácido lático acumula-se no músculo, o que pode resultar numa grave acidez no músculo e em todo o corpo.

Tais mudanças no pH têm um efeito negativo na produção de energia e no processo de contração no músculo.[10] Reduções substanciais no pH intracelular já foram encontradas, inibindo as atividades das enzimas glicolíticas e diminuindo, desse modo, o índice de produção do ATP por essa via metabólica. Além disso, íons de hidrogênio competirão com íons de cálcio para se ligar à troponina, interferindo com a interação do complexo actomiosina e causando um declínio na força contrátil do músculo.[10]

3.6.2 Fadiga e exercícios aeróbios

Em muitas circunstâncias, a causa da fadiga durante exercícios aeróbios não pode ser realmente identificada. Entretanto, para atividades aeróbias que requerem substancial quantidade de carboidratos para produção de ATP, a concentração de glicogênio muscular mostra-se crítica.

Pesquisas descobriram que, durante atividades aeróbias que podem ser mantidas intensamente durante 60 a 90 minutos, a fadiga é relatada como o total esgotamento do glicogênio muscular ou o esgotamento de fibras musculares específicas, como as do tipo II.[10] Em exercícios de baixa intensidade, em que o tempo de fadiga é de 90 minutos ou mais, a glicose do sangue pode ficar alta nos músculos até o nível bastante rápido para compensar o baixo glicogênio muscular e encontrar os carboidratos necessários à produção de energia. Durante exercícios desse tipo, como corrida de maratona, a fadiga aparece por causa do esgotamento geral dos estoques de carboidrato do corpo. Essa fadiga está associada ao esgotamento do glicogênio muscular e ao baixo nível de glicose do sangue em virtude do esgotamento do glicogênio do fígado. Se o carboidrato é consumido durante o exercício, o declínio da glicose no sangue pode ser retardado e o exercício pode ser sustentado por maior período de tempo.[10]

3.6.3 Adaptações ao treinamento físico

As adaptações aos exercícios de treinamento seguem dois princípios: o princípio de treinamento específico e o princípio da sobrecarga.[10] O princípio específico implica as adaptações biológicas ao treinamento, especificadas no programa e, portanto, as melhoras são restritas aos sistemas de energia, aos grupos musculares e a outros sistemas biológicos estressados durante o treinamento. A capacidade das atividades é bastante aumentada quando o treinamento inclui grupos de músculos e simula os padrões de movimento mais frequentemente usados durante a atual execução dessa atividade.

A condição do princípio da sobrecarga simplesmente postula que o sistema biológico se adapte, se precisar ser estressado além do normal. Aumentos contínuos, porém, requerem que o nível de treinamento se intensifique se o sistema de treinamento dado melhorar. Por exemplo, se forem desejados aumento contínuo na força muscular e hipertrofia, a resistência imposta pelo trabalho muscular terá de ser aumentada durante o programa de treinamento. A sobrecarga pode ser aumentada pela mudança da intensidade, da duração e/ou da frequência do exercício.[10]

3.7 Treinamento aeróbio

Depois de algumas semanas de treinamento de resistência, os indivíduos geralmente estão capacitados para se exercitar intensamente e por longos períodos, mantendo a produção de energia aeróbia suficiente. Eles também demonstram aumento da capacidade de oxidar os ácidos graxos livres e usar os carboidratos estocados mais efetivamente durante o exercício. As adaptações que resultam num aumento do poder aeróbio e resistência residem no sistema cardiorrespiratório e no sistema musculoesquelético. A potência aeróbia, ou VO_2máx, é limitada pelo oxigênio fornecido pelo tecido do músculo ativo.

Embora o treinamento de exercícios aeróbios estimule adaptações no sistema respiratório, são essas adaptações no sistema cardiovascular que, geralmente, resultam num aumento do poder aeróbio. A resistência aeróbia, entretanto, é primeiramente aumentada, valendo-se de adaptações bioquímicas e morfológicas do sistema musculoesquelético.[10]

3.7.1 Ventilação pulmonar

Com o treinamento, há uma tendência a se aumentar a capacidade vital e a se diminuir o volume residual, mas essas mudanças são pequenas e não significam alterações na capacidade total dos pulmões.

A ventilação pulmonar e a taxa de ventilação, entretanto, são baixas depois do treinamento, se o exercício for executado como tarefa comum submáxima. O treinamento geralmente resulta num aumento substancial da ventilação pulmonar máxima. Para o homem, esse aumento pode alcançar 120 L/min, em estado normal, até 150 L/min, durante o treinamento. Atletas aeróbios bem treinados podem, atualmente, exceder a capacidade de 200 L/min. Além disso, o fluxo máximo de sangue pulmonar é aumentado, resultando num aumento da *performance* pulmonar. Com o aumento da ventilação máxima, o aumento da *performance* dos pulmões fornece uma área maior e mais eficiente para a troca de gases. A ventilação máxima ou a taxa da troca de gases por meio dos pulmões não são consideradas limitadoras do VO_2máx. Geralmente, o oxigênio ligado à hemoglobina já atingiu 100% de VO_2máx, antes e depois do treinamento. Entretanto, foram notadas exceções: já foram observados indivíduos extremamente treinados com oxigênio ligado à hemoglobina, abaixo de 92%, durante o exercício máximo, sugerindo que o VO_2máx seja limitado pelo oxigênio difundido nos pulmões.[12] Essa observação é rara; entretanto, o VO_2máx é geralmente considerado limitado pelo sistema cardiovascular.

3.7.2 Adaptações cardiovasculares

O resultado do treinamento de resistência é o aumento do peso e do volume do coração. Pode haver, também, aumento no septo ventricular esquerdo e na espessura da parede posterior. Assim como o músculo esquelético, o músculo cardíaco apresentará hipertrofia, a qual é a adaptação normal ao treinamento de resistência. O aumento de tamanho da câmara permite, finalmente, grande volume diastólico. Um aumento da câmara supre os lugares de grande distensão das fibras do músculo cardíaco, e isso, com o aumento da espessura da parede ventricular, resultará num aumento da força de contração gerada pelo coração durante a sístole.[10]

A diminuição da FC em repouso é resultado do treinamento de resistência. A FC de indivíduos sedentários fica entre 70 e 80 batimentos por minuto (bpm). Em atletas com grande condicionamento de resistência, a FC em repouso é de 40 bpm ou inferior. Seguindo o treinamento aeróbio, a FC é reduzida até o ritmo de trabalho submáximo; essa redução é proporcional ao aumento do condicionamento aeróbio. Portanto, monitorando mudanças dos exercícios submáximos, a FC é um meio simples e fácil de acompanhar aumentos no condicionamento aeróbio.[10] A diminuição da FC em repouso e em exercícios submáximos também pode indicar como o coração ficou mais eficiente com o treinamento. Com isso, o coração requer menos energia em condições de treinamento para a mesma quantidade de trabalho. A FC máxima mostra pequenas mudanças com o treinamento aeróbio; se ele muda, geralmente declina levemente.[10]

A maior adaptação ao treinamento de resistência é o aumento do volume de ejeção (VE), que é aumentado em repouso e durante os exercícios máximos e submáximos. Na condição de não treinado, o VE em repouso é de 55 a 75 ml, e o volume máximo é de 80 a 110 ml. Depois do treinamento, o volume em repouso e máximo pode aumentar de 40%-60%.

Excepcionalmente, relatou-se que indivíduos bem treinados tinham volumes de 100 a 120 ml em repouso e máximo de 160 a 220 ml.[13] O aumento do VE é dado, em parte, pelo aumento da parede ventricular; isso é consequência do aumento de volume do sangue e do tamanho da câmara ventricular. Ocorre grande diástole em razão da FC lenta ou em repouso, e o exercício submáximo também contribui, porque fornece mais tempo para a parede ventricular se adequar. O resultado obtido é um aumento do volume diastólico final. Esses aumentos do alongamento das paredes ventriculares, e em razão da Lei de Frank-Starling, resultam num aumento da força de contração durante a sístole. Um aumento do fluxo de Ca2+ durante a despolarização do miocárdio é bom, se um aumento da massa ventricular puder, também, contribuir para maior esforço de contração. Portanto, o aumento das paredes ventriculares e da força de contração combina com o aumento do VE num coração treinado. O DC em repouso e durante o exercício submáximo não muda – ou muda muito pouco – sob treinamento aeróbio. Com a redução da FC nessas condições, o DC é mantido, com aumento do VE. Enquanto as mudanças no DC submáximo são menores durante o treinamento, o DC máximo é significativamente aumentado, o que resulta de um aumento no VE máximo, porque a FC máxima não aumentou. O máximo do DC varia de 15 a 20 L/min em pessoas sem treinamento, de 20 a 30 L/min em pessoas treinadas e mais de 40 L/min em atletas bem treinados em resistência. O aumento do VO_2máx está diretamente relacionado ao aumento do DC.[10]

O total de O_2 fornecido ao músculo para um dado exercício de intensidade submáxima pode diminuir depois do treinamento por causa da diminuição do fluxo total de sangue muscular. Visto que o VO_2máx no exercício de intensidade submáxima é similar antes e depois do treinamento, a diferença de a-vO_2 dif, pela musculatura, pode ser grande. O aumento da extração de O_2 pode estar relacionado ao aumento da densidade capilar do músculo que ocorre durante o treinamento, o que manterá a capilaridade adequada e o trânsito moderado nos músculos ativos, fornecendo grande superfície capilar para a troca de O_2. O aumento da extração de O_2 também pode ser facilitado por uma redistribuição do sangue, como previamente mencionado, e por um aumento da densidade e do número de mitocôndrias nos músculos ativos.[10] Durante o exercício com VO_2máx, o volume total do fluxo de sangue aumenta depois do treinamento, com pequena mudança no montante de fluxo de sangue redirecionado para os órgãos não musculares. Assim, o aumento no DC é quantitativamente igual à elevação do fluxo de sangue no músculo, que, em parte, ocorre em virtude de um aumento do volume total de sangue. Assim, num exercício submáximo, nota-se que a maior parte do aumento do fluxo de sangue no músculo ocorre durante o exercício máximo, na musculatura ativa.[10]

Com relação ao sistema cardiovascular, o efeito total do treinamento de exercícios aeróbios é aumentar o fornecimento de O_2 para os músculos ativos. Isso ocorre pelo aumento do DC e do fluxo sanguíneo na musculatura ativa, bem como pela promoção maior da difusão de O_2 para a capilaridade das fibras musculares com o aumento do volume e da superfície da área capilar. Aumentos da ventilação pulmonar máxima e do fluxo sanguíneo nos pulmões impedem que o sistema respiratório se adapte às taxas limites de VO_2máx (Figura 3.8).

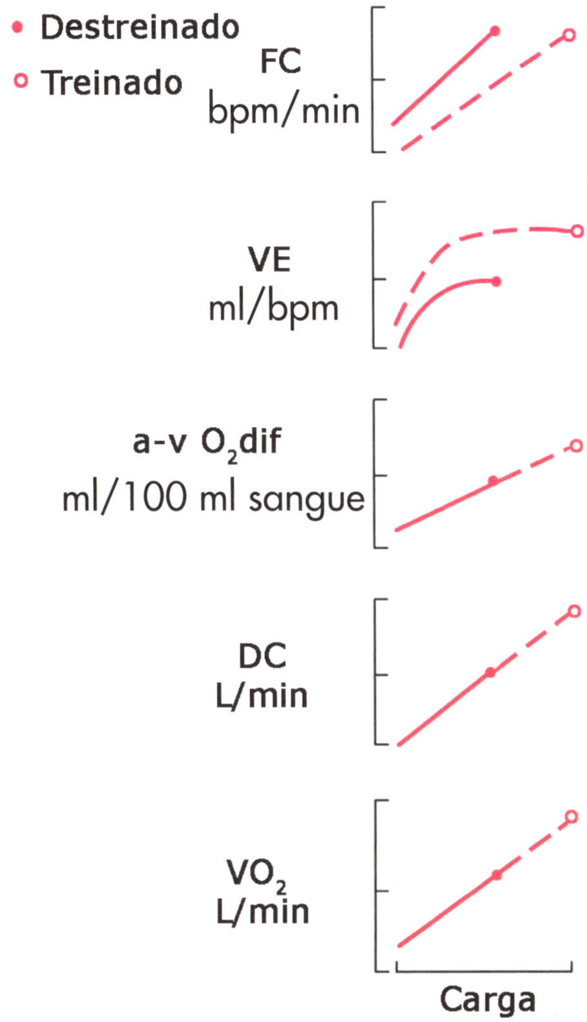

FIGURA 3.8 – Os efeitos do treinamento com exercícios aeróbios em respostas cardiovasculares para aumentar trabalhos pesados ao máximo. Linhas cheias, respostas submáximas em sujeitos não treinados. Linhas tracejadas, respostas submáximas em sujeitos treinados. FC – frequência cardíaca; VE – volume de ejeção; a-vO_2dif – Extração de oxigênio do tecido; DC – débito cardíaco; VO_2máx – oxigênio total consumido pelo corpo.

3.7.3 Adaptações celulares do músculo esquelético

Uma das maiores mudanças no músculo esquelético com o treinamento de resistência é um aumento no número de capilares em cada fibra muscular. Num estágio não treinado, o número de capilares nas fibras do tipo I é avaliado em torno de quatro, ao passo que nas fibras do tipo II é avaliado em torno de três capilares/fibra. Com o treinamento aeróbio, o número de capilares de cada fibra aumenta de 20% a 30% e acompanha o aumento da capacidade oxidante do músculo.[13] O aumento na capilaridade permite grandes permutas de gases, nutrientes, produtos residuais e calor entre o sangue e o tecido muscular ativo.

Outra grande mudança morfológica do treinamento aeróbio é a modificação na composição dos tipos de fibras. Em indivíduos não treinados, o tipo IIb pode ser composto por 25%-30% de fibras do tipo II. Depois de algumas semanas de treinamento, há um declínio óbvio no número de fibras de baixa oxidação, tipo IIb, e aumento no número de fibras de oxidação moderada, tipo IIa, sugerindo que as fibras tipo IIb adquiriram características de fibras tipo IIa.[14] Os músculos de indivíduos altamente treinados podem não mostrar fibras do tipo IIb, mas, depois de ficar algumas semanas sem treinamento, as fibras do tipo IIb voltam a aparecer. A conversão de fibras do tipo II em fibras do tipo I pelo treinamento aeróbio não foi estabelecida; estudos sobre treinamento de curta duração têm falhado em identificar essa conversão. Entretanto, estudos apresentados em simpósios têm mencionado que atletas bem-sucedidos em resistência têm alta porcentagem de fibras do tipo I, e, nesses atletas, essa porcentagem está diretamente relacionada ao número de anos de treinamento.[15] Portanto, parece que, se o treinamento aeróbio pode causar a conversão (adaptação) de fibras do tipo II em fibras do tipo I, isso ocorre depois de muitos anos de treinamento.[15]

O treinamento aeróbio causa um impacto substancial no roteiro metabólico do músculo esquelético.[10] A maior adaptação é um aumento no tamanho e no número de mitocôndrias. A preparação da mitocôndria e a homogeneização do músculo treinado, isoladamente, mostram aumento da capacidade de oxidar o piruvato, os ácidos graxos e as cetonas. A capacidade para acentuar a oxidação do substrato está associada ao aumento das enzimas responsáveis pela ativação, ao transporte e à betaoxidação da grande corrente de ácidos graxos, às enzimas envolvidas na oxidação das cetonas, às enzimas do ciclo de Krebs e aos componentes da corrente de transporte de elétrons. A mitocôndria do músculo treinado exibe alto nível do controle respiratório e estreita fosforização oxidante, indicando que essas adaptações no trajeto metabólico da mitocôndria são funcionais e estão associadas ao aumento de capacidade de produção de

ATP, pela fosforização oxidante. Outras adaptações metabólicas incluem aumento na insulina reguladora do transporte da glicose, GLUT4, e aumento na hexoquinase e na glicogênio sintetase. Essas enzimas controlam a quantidade de glicose consumida, a fosforização e a armazenagem, respectivamente. Há, também, aumento na concentração de malatase--aspartato, o qual é responsável pela transferência de equivalentes reduzidos do citoplasma NADH, formado durante a glicose na mitocôndria, quando entram na corrente de transporte de elétrons. Se o carregador NAD+ não for reabastecido dessa maneira, então o NADH é oxidado no citoplasma pela redução do piruvato em lactato. Assim, o aumento da quantidade de regeneração de NAD+ por meio da concentração do malato-aspartato tem importância significativa no controle da formação de lactato durante o exercício.[10]

As adaptações bioquímicas do músculo esquelético resultam numa alteração marcante da resposta metabólica ao exercício, que requer um esforço aeróbio submáximo e é o principal responsável por melhoras substanciais da resistência aeróbia que acompanha o treinamento aeróbio. A melhor adaptação metabólica é o aumento da carga de trabalho, que resulta em acumulação de lactato, moderada estocagem de carboidratos e aumento na oxidação dos ácidos graxos.[10]

Num estágio treinado, em oposição a um não treinado, o lactato é baixo em ambos, tanto absoluta como relativamente à carga de trabalho (intensidade baseada em percentagem de VO_2máx). Assim, a carga de trabalho no começo da acumulação do lactato do sangue aumenta o lactato inicial. A elevação do lactato do sangue é secundária para um aumento do lactato nos músculos exercitados; portanto, um aumento do lactato inicial é importante nos indivíduos capacitados para exercícios de alta intensidade para um dado período de tempo de treinamento, comparado a um estado de não treinamento.[10]

O esvaziamento dos estoques de carboidratos está diretamente associado à fadiga. Estudos comparando indivíduos, antes e depois do treinamento, demonstraram redução na razão de troca respiratória com a mesma carga de trabalho, o que indica dependência reduzida no carboidrato como combustível e aumento na oxidação dos ácidos graxos. Estudos feitos mediante a biópsia de músculos serviram para avaliar o índice de utilização do glicogênio durante um turno de exercícios comuns, indicando claramente o índice de uso de glicogênio utilizado pelo músculo depois do treinamento. Embora não tenha sido demonstrado diretamente em humanos, estudos com ratos indicaram que o treinamento provoca bom efeito no glicogênio livre.[16] Assim, para a mesma carga de trabalho, o indivíduo treinado tem um declínio mais lento do músculo e do índice de glicogênio livre, que resultará num reduzido valor do decréscimo de glicose no sangue. Isso é bem documentado quando o esvaziamento dos estoques de carboidratos e o início da hipoglicemia podem ser observados no desenvolvimento da fadiga. O aumento na dependência da oxidação dos ácidos graxos e o ataque aos estoques de carboidratos ocorre durante exercícios prolongados, como acontece nos exercícios de resistência aeróbia pós-treinamento.[10]

3.7.4 Adaptações anaeróbias

O treinamento anaeróbio pode ser dividido em duas grandes categorias: treinamento de corrida de alta intensidade e curta duração, com tempo de recuperação adequado em intervalos; e treinamento de força, que requer trabalhos de alta resistência e curta duração.

Embora ambas as formas sejam consideradas de treinamento anaeróbio, o resultado é substancialmente diferente nas adaptações neurológicas, fisiológicas e bioquímicas.[10]

3.7.5 Adaptações cardiovasculares

Com o treinamento anaeróbio de alta resistência ao treinamento de força e corridas rápidas, há algumas adaptações do sistema cardiovascular, porque há pequeno aumento no retorno venoso e, portanto, um volume de sobrecarga do coração.

Há, entretanto, poucas adaptações cardiovasculares ao treinamento de força, porque a pressão da sobrecarga ocorre por causa do aumento da pressão do sangue arterial. O treinamento de força pode resultar numa hipertrofia cardíaca, a qual, entretanto, está limitada, a um aumento da espessura das paredes ventriculares, e não ao aumento de tamanho da câmara ventricular.[17] Isso não muda a FC máxima, o VE, o DC ou o VO_2máx.

3.7.6 Adaptações neurais

O termo adaptações neurais tem sido empregado para resumir três fenômenos que influenciam o aumento da força: o aumento do número de unidades motoras recrutadas, o aumento da frequência de disparo dessas unidades motoras e uma redução da coativação dos grupos musculares antagonistas ao movimento.

Talvez, a melhor forma de melhorar o treinamento de força seja o desenvolvimento do sistema nervoso. A proposta de treinamento do sistema nervoso é incrementar a habilidade de recrutar unidades motoras de alto limiar e melhorar a coordenação inter e intramuscular. Essa melhora de coordenação intra e intermuscular ocorre especialmente durante os primeiros dois a três meses do treinamento de força; os maiores ganhos de força ocorrem por causa das mudanças no sistema nervoso central e periférico.[18]

A ativação de uma unidade motora depende da soma algébrica dos impulsos excitantes e inibidores. O mecanismo inibidor está num lugar que previne os músculos de exercerem mais força do que pode ser tolerado pelos ossos e pelos tecidos conectores. Quando a tensão do tendão e do tecido conector interno de um músculo ameaça ficar estressada, ocorre uma descarga de inibição reflexa do neurônio motor, prevenindo o excessivo recrutamento de unidades motoras. Esse processo é chamado inibição autogênica e é ativado quando a tensão do tendão e do tecido conector suportam o excesso do músculo que esgota o nível anterior. Com treinamento de força, há um aumento de força do tendão, do ligamento e do tecido conector interno, e o recrutamento da unidade motora é facilitado pela redução da inibição autogênica.

Unidades motoras são recrutadas e estressadas com base numa variedade de estímulos; as adaptações feitas por elas e a totalidade dos músculos envolvidos no treinamento variam conforme o estímulo. De acordo com a ordem de recrutamento, as unidades motoras são recrutadas do baixo para o alto limiar, se a força requerida aumentar. Esse recrutamento é associado à ordem de recrutamento do tipo de fibra de baixo limiar (fibras oxidativas) para o de alto limiar excitatório (fibras glicolíticas). Entretanto, podem existir variações nessa ordem por causa da fadiga, do tipo de contração feita, das metodologias de treinamento e de suas respectivas adaptações. Portanto, músculos agrupados pelas similaridades funcionais, neurais ou metabólicas podem resultar na variação do padrão de recrutamento no músculo. Independentemente da ordem de recrutamento, quanto mais força for requerida, mais unidades motoras adicionais precisam ser ativadas, e suas taxas de recrutamento, aumentadas, para produzir mais força.

Concluindo, mais força pode ser criada pelo aumento do número absoluto de unidades motoras por meio dos grupos de músculos sinérgicos ou por uma rede relativa aumentada na ativação, mediante a inibição das unidades motoras antagonistas. Portanto, quando fatigado, o sistema de controle motor torna-se um processo complexo, influenciado por parâmetros bioquímicos e psicofísicos.

3.7.7 Adaptações miogênicas

Depois dos primeiros meses de treinamento de força, há, geralmente, notável aumento da massa muscular. Isso ocorre porque a hipertrofia das fibras musculares do indivíduo resulta do aumento de volume do sarcoplasma, das miofibrilas e dos filamentos.[18] A hipertrofia das fibras musculares é normalmente maior nas fibras tipo II. O aumento da massa muscular pode ser, também, causado por hiperplasia, que é um aumento no número de fibras musculares. Observou-se também observado que o tamanho da fibra muscular de alguns fisiculturistas é igual ao de indivíduos com massa muscular e tamanho médios. Quando o treinamento de força causa hipertrofia e possível hiperplasia, parece haver nova adaptação da fibra.[19]

As mudanças enzimáticas que ocorrem com o treinamento de força são pequenas. Há um pequeno aumento nas atividades de algumas enzimas glicolíticas, como a fosfofrutoquinase, o glicogênio fosforilase e a desidrogênase lática.[14] Elas podem também diminuir em atividades aeróbias por causa da diminuição da densidade mitocondrial subsequente para um aumento das miofibrilas e do volume do sarcoplasma.[14]

As adaptações miogênicas aos exercícios de alta intensidade são muito específicas quanto à intensidade e à duração do treinamento e da energia requerida.[14] O treinamento de potência pode resultar na elevação dos estoques de ATP e PC, bem como no aumento do poder anaeróbio. As atividades das enzimas que catalisam rapidamente a substituição de ATP e de PC, mioquinase e creatinaquinase também aumentam. Se a duração do exercício de treinamento resulta em grande acumulação de lactato no músculo e no sangue, desenvolve-se maior tolerância ao lactato por causa do aumento das proteínas do músculo. Se as fibras do tipo IIb são substancialmente recrutadas em exercícios de força, mas em baixas velocidades, elas podem ser convertidas em fibras do tipo IIa. Entretanto, exercícios de alta intensidade geralmente têm efeito na composição da fibra muscular.[14]

Referências

1. Caspersen CJ, Powell KE, Christenson GM. Physical Activity, Exercise and Physical Fitness: Definitions and Distinctions for Health-Related Research. Public. Health Report, Washington; 1985.
2. Kriska AM, Blair SN, Pereira MA. The Potential Role of Physical Activity in the Prevention of Non--Insulin-Dependent Diabetes Mellitus: The Epidemiological Evidence. Baltimore: Williams & Wilkins; 1994.
3. Wahlberg HH. Exercise and diabetes mellitus. Exerc Sports Sci Rev. 1992;20:339-68.
4. Clarke HH. Application of measurement to health and physical education. Prentice-Hall; 1967.14.
5. Pollock ML, Gaesser GA, Butcher JD, Després JD, Dishman RK, Franklin BA, et al American College of Sports Medicine Position Stand. The recommended quantity and quality of exercise for developing and maintaining cardiorespiratory and muscular fitness in healthy adults. Med Sci Sports Exerc. 1990 Apr;22(2):265-74.
6. Berger RA. Applied science physiology. Philadelphia: Lea & Febiger; 1982.
7. Wilmore JH, Costill DL, Kenney WL. Fisiologia do exercício e do esporte. São Paulo: Manole; 2001.
8. Burke RE, Edgerton VR. Motor unit properties and selective involvement in movement. Exerc Sport Sci Rev. 1975;3:31-81.
9. Farrell PA, Wilmore JH, Coyle EF, Billing JE, Costill DL. Plasma lactate accumulation and distance running performance. Med Sci Sports Exerc. 1979 Winter;11(4):338-44.
10. Robergs RA, Roberts SO. Princípios fundamentais de fisiologia do exercício para aptidão física, desem--penho e saúde. São Paulo: Phorte; 2002.
11. MacDougall JD, Tuxen D, Sale DG, Moroz JR, Sutton JR. Arterial blood pressure response to heavy resistance exercise. J Appl Physiol. 1985 Mar;58(3):785-90.
12. Dempsey JA. J.B. Wolffe memorial lecture. Is the lung built for exercise? Med Sci Sports Exerc. 1986 Apr;18(2):143-55.
13. Saltin B, Rowell LB. Functional adaptations to physical activity and inactivity. Fed Proc. 1980 Apr;39(5):1506-13.
14. Simão R. Fundamentos fisiológicos para o treinamento de força e potência. São Paulo: Phorte; 2003.
15. Coyle EF, Feltner ME, Kautz SA, Hamilton MT, Montain SJ, Baylor AM, et al. Physiological and biomechanical factors associated with elite endurance cycling performance. Med Sci Sports Exerc. 1991 Jan;23(1):93-107.
16. Fitts RH, Booth FW, Winder WW, Holloszy JO. Skeletal muscle respiratory capacity, endurance and glycogen utilization. Am J Physiol. 1975 Apr;228(4):1029-33.
17. Schaible TF, Scheuer J. Cardiac adaptation to chronic exercise. Prog Cardiovasc Dis. 1985 Mar--Apr;27(5):297-324.
18. Sale DL. Influence of exercise and training on motor unit activation. Exerc Sport Sci Rev. 1987;15:95-151.
19. Gonyea WJ, Sale DG, Gonyea FB, Mikesky A. Exercise induced increases in muscle fiber number. Eur J Appl Physiol Occup Physiol. 1986;55(2):137-41.1986;55:137-41.

Capítulo 4

Saúde, estilo de vida e exercícios físicos

O profissional de Educação Física necessita entender a relação entre atividade física, saúde e doença. É importante classificar o estado de saúde e o estilo de vida de cada indivíduo antes de estabelecer um programa de preparação física. Essas informações para as avaliações preliminares são importantes para preparar os alunos para os testes de avaliação física. Os resultados desses testes serão usados para planejar cientificamente os programas de exercícios de que cada aluno necessita. Portanto, ter conhecimento sobre nutrição, controle de peso, abandono do tabagismo, alívio do estresse e modificações do comportamento é fundamental para a liderança e a orientação, e, consequentemente, os indivíduos podem melhorar, segura e efetivamente, sua saúde e seu condicionamento físico.

4.1 Doenças hipocinéticas

A moderna tecnologia tem provocado uma diminuição das demandas físicas diárias, como limpar a casa, lavar a roupa e os pratos, e fazer o percurso para o trabalho. Muitas dessas atividades requeriam uma hora de esforço físico, e, agora, isso é feito em alguns segundos mediante o aperto de um botão. Como resultado, diversos indivíduos têm mais tempo para as atividades de lazer. O fator prejudicial é que muitas dessas atividades levam a um hábito sedentário.[1]

Embora o corpo humano tenha sido organizado para o movimento e as atividades que exigem esforço, o exercício não faz parte da avaliação do estilo de vida da maioria das pessoas. Não podemos esperar que o corpo humano permaneça em função otimizada e saudável por longos períodos, se o indivíduo abusar ou não tomar certas precauções. Assim, a inatividade física pode levar a doenças hipocinéticas.[2]

O prefixo *hipo* significa falta de, e *cinética* refere-se a movimento. Indivíduos que não fazem exercícios regularmente correm grande risco de desenvolver doenças hipocinéticas, como doenças coronarianas, hipertensão, hiperlipidemia, obesidade e desordens musculoesqueléticas. A melhor defesa contra o desenvolvimento das doenças hipocinéticas é ativar os músculos, os ossos, as articulações, o coração, os pulmões e os demais órgãos internos, numa base regular, mediante um programa sistemático de exercícios.

A ausência de doenças e um claro programa de saúde são apenas partes de um quadro geral. A questão da saúde (Figura 4.1) também incorpora o efeito de bem-estar. Indivíduos podem atingir alto grau de bom desempenho, eliminando maus hábitos, tornando-se física e mentalmente fortes. O exercício total envolve exercícios e um estilo de vida ativo (Figura 4.2). Alimentação inadequada, bebida alcoólica e tabagismo podem ser alterados por uma participação regular num programa de exercícios. Muitos indivíduos também têm admitido que os exercícios melhoram sua capacidade de lidar com o estresse psicológico. Além disso, os exercícios constituem um importante instrumento para combater doenças cardiovasculares, obesidade e desordens musculoesqueléticas.

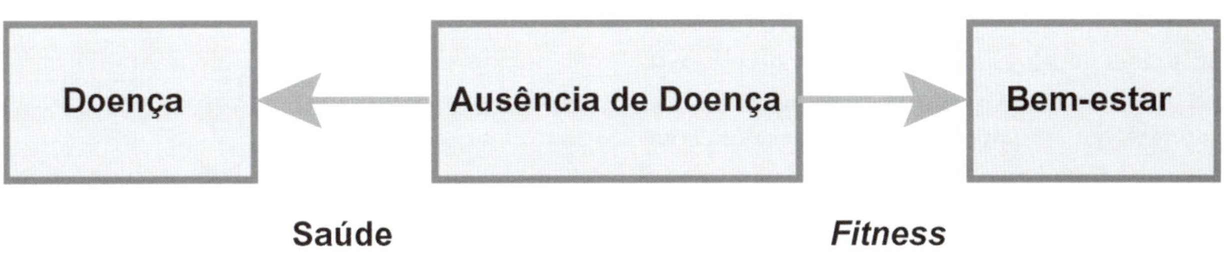

FIGURA 4.1 – Contínuo de saúde e bem-estar.

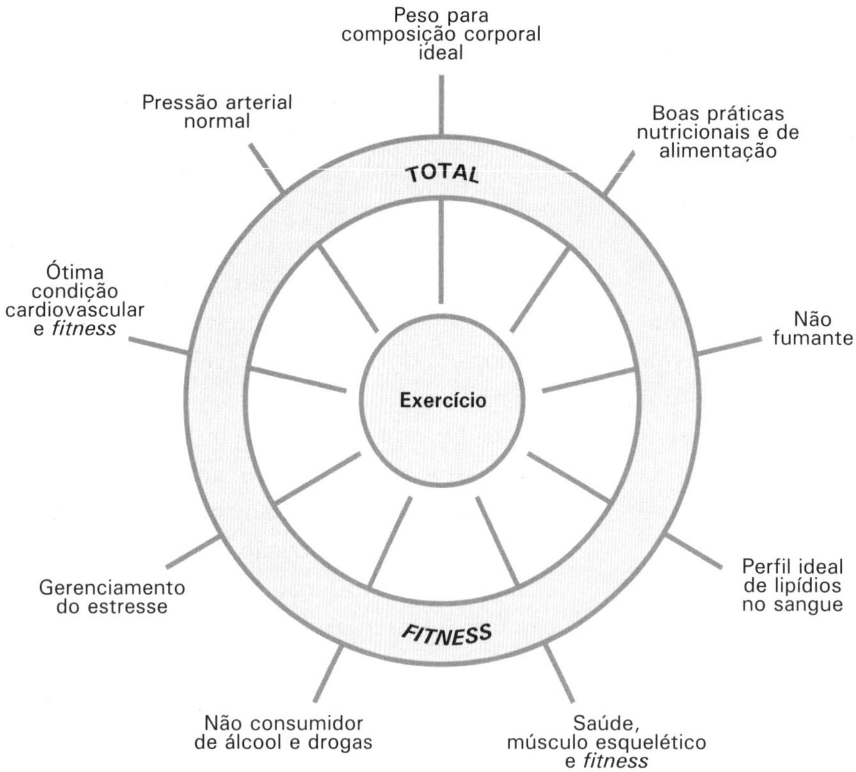

FIGURA 4.2 – O círculo do *fitness*.

4.2 Doenças cardiovasculares

Em 1986, doenças do coração e do sistema circulatório afetaram a vida de 978.542 indivíduos nos EUA.[2] Estima-se que as doenças cardiovasculares sejam responsáveis por mais de 48% de todas as mortes, e que uma em cada cinco pessoas cuja morte é atribuída à doença cardiovascular tem menos de 65 anos. Mais de 66 milhões de norte-americanos têm algum tipo de doença cardiovascular e hipertensão (60,1 milhões), doenças coronarianas (4,9 milhões), doenças reumáticas do coração (2,2 milhões), derrames e infartos (2,0 milhões).[3]

A doença cardíaca coronariana (DCC) é a causa de mais mortes anualmente que qualquer outra doença. Mais de 500 mil pessoas morrem a cada ano de DCC.[3] O número de mortes por DCC é mais elevado entre negros que entre brancos, para homens abaixo de 65 anos e mulheres abaixo de 75 anos. A população hispânica apresenta números inferiores aos dos brancos.[4]

A DCC é provocada por uma falta de suprimento de sangue para o músculo do coração (isquemia do miocárdio), resultado de uma desordem progressiva e degenerativa conhecida como aterosclerose. A aterosclerose se deve à formação de depósitos de placas fibrosas de gordura nas paredes internas das artérias coronárias. Essas placas restringem o fluxo sanguíneo do miocárdio e podem produzir angina pectoris, dando a sensação temporária de grande pressão no peito e região do ombro. O infarto do miocárdio, ou ataque cardíaco, pode ocorrer se um coágulo, ou trombo, obstruir o fluxo de sangue coronariano. Normalmente, se isso ocorre, o fluxo normal de sangue através das artérias coronárias é reduzido em cerca de 80%. A porção do miocárdio, suprida pela artéria obstruída, morre e é eventualmente substituída por tecido necrosado.[1]

Mortes por DCC nos Estados Unidos caíram 42% entre 1964 e 1985, resultando em pouco mais de 350 mil óbitos, o que se repetiu em 1986.[4] Trinta por cento desse declínio é atribuído à redução da taxa de colesterol por causa das melhorias na intervenção médica e mudanças no estilo de vida.[5]

A população fisicamente ativa tem baixa incidência de infarto do miocárdio e mortalidade por DCC. Indivíduos que se exercitam regularmente reduzem seu relativo risco de desenvolver DCC de um fator 1,9.[6] O exercício tem um efeito positivo, independentemente do fumo, da hipertensão, da obesidade, do diabetes ou de antecedentes familiares com DCC. O indivíduo que se exercita, aumentando seu gasto energético em 2.000 kcal por semana, incrementa sua expectativa de vida por um ou dois anos.[7]

Levantamentos epidemiológicos indicam que o principal risco para o desenvolvimento de DCC está associado a muitos fatores. Os maiores e mais severos fatores de risco que podem desencadear a DCC são:

- fatores de risco primário: hipertensão, hiperlipidemia e tabagismo;
- fatores de risco secundário que não podem ser evitados: idade, genética, raça e hereditariedade;
- outros fatores de risco secundário que podem ser controlados: obesidade, diabetes, altas taxas de ácido úrico, características de comportamento e inatividade física.

Dada a persistência da DCC em nossa sociedade, os fatores de risco associados a seu desenvolvimento podem ser rotineiramente analisados por um médico especializado em medicina do exercício. A utilização do teste PAR-Q, de programas de computador e de outros testes de fácil aplicação e uso também é valiosa.

4.2.1 Exercício e doenças cardiovasculares

Segundo o Consenso Nacional de Reabilitação Cardiovascular, os efeitos agudos, também conhecidos como respostas, são aqueles que acontecem em associação direta com a sessão de exercícios. Os efeitos agudos imediatos ocorrem no período pós-imediato do exercício físico, por exemplo: aumento da frequência cardíaca e sudorese associados ao esforço. Os efeitos agudos tardios são observados ao longo das primeiras 24 horas subsequentes a uma sessão de exercício e são observados na discreta redução dos níveis tensionais e no aumento do número de receptores de insulina nas membranas das células musculares. Os efeitos crônicos, também denominados adaptações, são aqueles que resultam da exposição frequente e regular às sessões de exercícios, representando os aspectos morfofuncionais que diferenciam um indivíduo fisicamente treinado de outro sedentário; como exemplos temos a hipertrofia muscular e o aumento do consumo máximo de oxigênio.

Do ponto de vista da saúde cardiovascular, qualquer tipo de atividade física é útil, desde que compatível com os níveis de aptidão, que, de acordo com o I Consenso Nacional de Reabilitação Cardiovascular, demonstra que o impacto do treinamento físico, associado à mudança de estilo de vida, reduziu a mortalidade cardíaca em 20% a 35%. Há grupos subdivididos de acordo com os fatores de risco, que apresentam as seguintes classes:

- Classe A: constituída por indivíduos sem risco para execução de exercícios; compreende os indivíduos aparentemente saudáveis.
- Classe B: formada por indivíduos de baixo risco para exercícios; compreende pacientes com cardiopatia de evolução estável ou teste de esforço normal.
- Classe C: composta por indivíduos de moderado a alto risco para exercícios ou incapacidade de automonitorização; compreende pacientes com cardiopatia de evolução estável ou teste de esforço anormal.
- Classe D: constituída de indivíduos de risco habitualmente proibitivo ao exercício; compreende os pacientes com cardiopatia de evolução instável e restrição da atividade física, descrito no I Consenso Nacional de Reabilitação Cardiovascular. O referido treinamento de força torna-se um grande aliado às populações portadoras de doenças cardíacas, as quais são acometidas das seguintes alterações: redução da frequência cardíaca em taxas submáximas, diminuição da pressão arterial em taxas submáximas, redução do consumo de oxigênio pelo miocárdio avaliado pelo duplo produto, aumento da fração de ejeção e aprimoramento das funções sistólicas e diastólicas.

Normalmente, o exercício físico está associado:

- à diminuição dos níveis de catecolaminas plasmáticas circulantes;
- ao retardamento da progressão de aterosclerose;
- à melhora do perfil lipídico (relação HDL/LDL, diminuição de triglicérides e colesterol);
- à diminuição da agregação plaquetária e ao aumento da fibrinólise;
- à diminuição da adiposidade;
- ao aumento da diferença arteriovenoso de oxigênio.

4.3 Hipertensão

Hipertensão é uma crônica e persistente elevação da pressão sanguínea, afetando estimadamente um em cada quatro adultos nos Estados Unidos. Dados sobre a classificação da pressão arterial dos adultos são apresentados na Tabela 4.1. Se a pressão sistólica individual excede 160 mmHg, o risco de desenvolver DCC é quatro vezes maior. Da mesma forma, se a pressão diastólica excede 95 mmHg, o risco aumenta seis vezes.[2]

Se a hipertensão é diagnosticada, tratamentos efetivos devem ser implementados. Muitos medicamentos anti-hipertensivos são eficazes para baixar a pressão arterial:

- Diuréticos: retiram do corpo o excesso de sais e fluidos.
- Betabloqueadores: reduzem o batimento e a frequência cardíaca (FC).
- Inibidores do sistema nervoso simpático: previnem a contração das artérias.
- Vasodilatadores: induzem relaxamento nas paredes lisas das artérias.

Tabela 4.1 – Classificação da pressão arterial em adultos (+ 18 anos)

Pressão Arterial (mmHg)	Categoria
Diastólica	
< 80	Pressão arterial normal
80 - 89	Pré-hipertensão
90 - 99	Hipertensão estágio 1
≥ 100	Hipertensão estágio 2
Sistólica	
<120	Pressão arterial normal
120 - 139	Pré-hipertensão
> 140 - 159	Hipertensão estágio 1
≥ 160	Hipertensão estágio 2

Uma dieta restrita de sódio e álcool, bem como a redução de peso e a realização de atividades físicas podem ajudar sensivelmente a baixar a pressão em hipertensos. Exercícios aeróbios baixam a pressão arterial em repouso ao normal em pacientes propensos à hipertensão.[8] Da mesma forma, um programa de treinamento visando à redução de peso, em 16 semanas, produz uma significativa redução na pressão diastólica num homem de meia-idade.[9]

4.4 Hiperlipidemia

A hiperlipidemia é uma elevação dos níveis de lipídios no sangue e sua associação com o incremento do risco de DCC. No organismo, o colesterol e os triglicérides são transportados pelas lipoproteínas. Uma avaliação total dos níveis de colesterol de homens e mulheres norte-americanos é de 211 e 215 mg/dl, respectivamente.

O Programa Nacional de Educação sobre Colesterol (National Cholesterol Education Program – NCEP)[10] desenvolveu parâmetros para classificar indivíduos, baseados em avaliações do colesterol total (CT) (Tabela 4.2). Um fluxograma da NCEP, expondo recomendações para análise de lipoproteínas e tratamento do colesterol, é apresentado (Figura 4.3).

Tabela 4.2 – Programa Nacional de Educação sobre Colesterol: parâmetros para a classificação do colesterol total (CT) e colesterol (LDL) em adultos

Classificação	CT (mg/dl)	LDL-C (mg/dl)
Desejável	< 200	< 130
Limite aceitável	200 - 239	130 - 159
Alto	> 240	> 160

Dados de Report of the National Cholesterol Education Program Expert Panel on Detection, Evaluation ans Treatment of High Blood Cholesterol in Adults by the National Cholesterol Education Program, 1988, Archives of Internal Medicine, 148, p. 37.

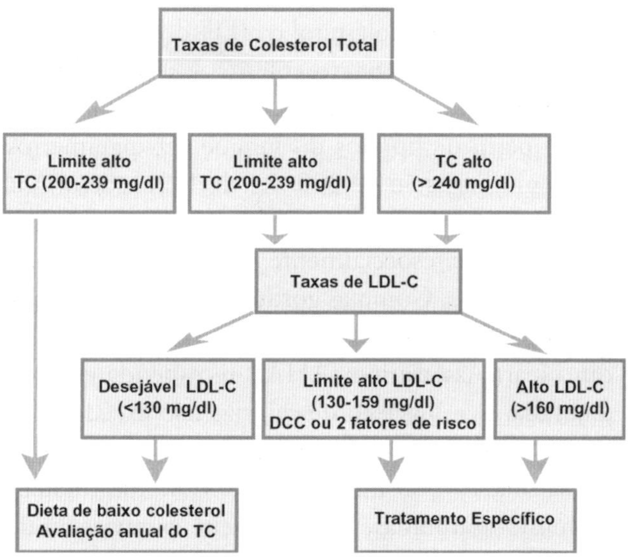

FIGURA 4.3 – Programa Nacional de Educação sobre Colesterol (1988): guia para análise de lipoproteínas e tratamento do colesterol.

As lipoproteínas de alta densidade (HDL) são pequenas moléculas que ficam suspensas no plasma e são metabolizadas pelo fígado. As HDL têm uma função protetora, retirando o excesso de mau colesterol das artérias. Valores de HDL acima de 45 mg/dl são desejáveis. Os valores normais de HDL são 45 a 50 e 50 a 60 mg/dl para homens e mulheres, respectivamente.

A forma como o colesterol é carregado no corpo (pelo HDL ou pelo LDL) pode ser mais importante na determinação do risco para DCC que o total de lipídios no sangue. Indivíduos com baixos níveis de HDL podem desenvolver doenças cardíacas, mesmo que seu colesterol total seja inferior a 200 mg/dl. Assim, muitos especialistas recomendam usar a relação de CT para HDL para qualificar uma categoria de risco.

Há uma ligação positiva entre o exercício e o percentual de lipídios no sangue. Exercícios aeróbios regulares acompanhados de perda de peso aumentam os níveis de HDL e reduzem os triglicérides. Indivíduos sedentários que fazem exercícios aeróbios podem alterar a relação na taxa de colesterol e HDL numa direção mais favorável.[11] Um programa de exercícios e dieta de 16 semanas implementado num homem de meia-idade diminui o perfil dos fatores de risco, independentemente das mudanças na gordura corporal e do VO_2máx. O LDL colesterol decresce 5%, o HDL-colesterol aumenta 10% e a relação na taxa de colesterol e HDL decresce 8%.[9]

Limitando o valor do colesterol e das gorduras saturadas na dieta, pode-se obter um efeito positivo no perfil de lipídios do sangue. Os parâmetros sugerem a ingestão de 300 mg/dl de colesterol por dia e recomendam abster-se de alimentos altamente gordurosos, especialmente ovos e órgão animal, como o fígado. Como as gorduras saturadas estimulam o fígado a produzir LDL e colesterol, a American Heart Association (AHA)[3] recomenda que, na dieta diária, a ingestão de calorias não exceda 30% a ingestão de calorias, dividindo igualmente gorduras saturadas, poli-insaturadas e monoinsaturadas. As monoinsaturadas, como o azeite extravirgem de oliva e o óleo de canola, reduzem o colesterol total. Assim, ingerindo 20 a 30 g de farelo de aveia diariamente, pode-se reduzir o LDL-colesterol em mais de 23% num homem com hipercolesterolomia.[11] Em alguns casos, indivíduos podem necessitar de terapias com remédios de forma a alterar seu perfil de lipídios no sangue.

4.5 Fumantes

O tabagismo pode levar ao câncer de pulmão, a doenças pulmonares e à DCC. Os fumantes têm duas vezes mais chance de ataque cardíaco que os não fumantes. A nicotina contida nos cigarros produz aceleração da frequência cardíaca e aumento da pressão arterial, e inibe os mecanismos de proteção do sangue.

Quando os indivíduos param de fumar, o risco de DCC declina rapidamente, sem importar quantos cigarros ou há quanto tempo eles fumavam. Dez anos após ter parado de fumar, o risco de morrer de DCC para indivíduos que fumavam um maço de cigarros por dia ou menos é o mesmo para aqueles que nunca fumaram.[3]

4.6 Obesidade e problemas de peso

A obesidade pode ser definida como um corpo pesado que excede mais de 20% de um valor desejável para determinada idade, sexo e constituição esquelética,[12] ou um excesso de gordura corporal que pode provocar riscos à saúde. De acordo com a AHA, em 1985, 34 milhões de adultos americanos eram obesos. Atualmente, 63% dos americanos estão com sobrepeso ou obesidade.

O excesso de peso corporal ameaça a saúde na qualidade de vida. Indivíduos obesos têm pouca expectativa de vida e alto risco de DCC, hipertensão, hipercolesterolomia, diabetes, certos tipos de câncer, doenças crônicas de obstrução pulmonar e osteoartrites da coluna, dos quadris e das articulações.[12] Embora alguns estudos tenham concluído que a obesidade não é o único fator de risco para a DCC, seu aumento, independentemente de outros fatores, já gera riscos de DCC.[12]

A obesidade pode ser causada por dieta imprópria, excesso de comida, distúrbios hormonais, fatores genéticos e falta de atividade física. Com a ajuda de um profissional de Educação Física e outros especialistas afins, pode-se desenvolver regras de combate a problemas do coração, estabelecendo um programa científico baseado em dieta e exercícios físicos. Restringir a ingestão de calorias e incrementar os gastos calóricos por meio de exercícios são caminhos efetivos para reduzir o peso, normalizando a pressão arterial e a taxa de lipídios no sangue.

4.7 Desordens musculoesqueléticas

Outra forma de doença hipocinética é a desordem musculoesquelética, como osteoartrite, fraturas ósseas, distensões musculares e dores lombares. As dores lombares são os mais frequentes motivos de hospitalização e o terceiro colocado em procedimentos cirúrgicos. Mais de 80% dos problemas lombares são produzidos pela falta de atividade física.[13] Se os músculos não são fortes o suficiente para suportar a coluna vertebral na posição correta, resultando numa postura incorreta, desenvolvem-se as dores lombares. Excesso de peso, falta de flexibilidade e hábitos de vida impróprios contribuem para problemas lombares.

Em razão de a origem dos problemas lombares ser mais funcional que estrutural, em muitos casos devem ser corrigidos por meio de um programa de exercícios específicos para desenvolver a força dos músculos lombares e abdominais, bem como a flexibilidade da cadeia cinética posterior.[13] Algumas pessoas que se exercitam frequentemente desenvolvem mais força nos ossos, nos ligamentos e nos tendões, e estão sempre menos predispostos a fraturas e distensões.[13]

4.8 Avaliação da saúde

A proposta da avaliação da saúde é detectar a presença de doenças. Uma avaliação criteriosa engloba:

- questionário do histórico médico;
- questionário do fator de risco coronário;
- exame físico;
- exames de laboratório;
- autorização médica.

Com base nos resultados, os indivíduos são classificados por saúde aparente, alto risco ou doença. Você também pode usar o teste PAR-Q para mensurar seu risco para prática de atividades físicas (Quadro 4.1).

Quadro 4.1 – Questionário PAR-Q

Perguntas	**Respostas**
1. Alguma vez um médico lhe disse que você tem um problema do coração e recomendou que só fizesse atividade física sob supervisão médica?	( ) Sim ( ) Não
2. Você sente dor no peito causada pela prática de atividade física?	( ) Sim ( ) Não
3. Você sentiu dor no peito no último mês?	( ) Sim ( ) Não
4. Você tende a perder a consciência ou cair como resultado de tontura?	( ) Sim ( ) Não
5. Você tem algum problema ósseo ou muscular que poderia ser agravado com a prática de atividade física?	( ) Sim ( ) Não
6. Algum médico já recomendou o uso de medicamentos para sua pressão arterial ou condição cardiovascular?	( ) Sim ( ) Não
7. Você tem consciência, por sua própria experiência ou aconselhamento médico, de alguma outra razão física que impeça sua prática de atividade física sem supervisão médica?	( ) Sim ( ) Não

OBSERVAÇÃO: O PAR-Q pode se constituir em instrumento útil na detecção daqueles que realmente necessitam de orientação ou supervisão médica para manterem-se fisicamente ativos, otimizando o aproveitamento de pessoal médico e de instrumental de exame. Por constituir-se em um instrumento útil, de baixo custo e grande aplicabilidade, o questionário pode e deve ser utilizado pelo professor, quando não for possível realizar exames clínicos precedendo a prática de atividade física

Seu programa de exercícios prospectivo pode necessitar de avaliações adicionais, caso haja algum dos casos a seguir:

- homens com mais de 40 anos e mulheres com mais de 50 anos;
- com alto risco;
- com desordens cardiovasculares, pulmonares ou metabólicas conhecidas.

Indivíduos com alto risco são aqueles com um ou mais fatores de risco coronário ou sintomas de doenças cardiopulmonares ou metabólicas.

O exame físico pode indicar sintomas de DCC e engloba uma avaliação do peso corporal, problemas ortopédicos, edema, doenças agudas, frequência cardíaca, regularidade cardíaca, pressão sanguínea e auscultação do coração e dos pulmões. Exames de laboratório são importantes para a aferição cardíaca e podem incluir análise de glicose no sangue, ácido úrico, colesterol total, triglicérides, lipoproteínas de alta e baixa densidade, hemoglobina, hematrócitos e eritrócitos. Testes da função pulmonar como medição da capacidade vital e expiração forçada podem ajudar a detectar a redução da capacidade.

Para alguns indivíduos, um exercício-teste é administrado como parte da avaliação da saúde e do preparo físico para atingir uma capacidade aeróbia funcional. Doenças coronarianas, frequentemente, não são detectadas ECG de repouso e anormalidades não aparecerão se não submetermos o indivíduo a exercícios relativamente extenuantes.

O American College of Sports Medicine (ACSM)[2] recomenda o teste máximo para homens acima de 40 anos e mulheres acima de 50 anos, antes de começar um vigoroso programa de exercícios aeróbios. Esses testes de exercícios máximos devem ser administrados mediante supervisão de um médico. Para indivíduos com saúde aparente, de qualquer idade, exercícios submáximos podem ser prescritos sem supervisão médica, desde que tenham 75% dos pré-requisitos, idade e desempenho cardíaco. Entretanto, os exercícios-teste precisam ser conduzidos por técnicos bem treinados e com experiência em monitoramento de exercícios e emergências.[2] O ECG é monitorado estritamente durante o repouso, o exercício e as fases de recuperação do exercício-teste. O resultado pode fornecer uma base para a prescrição de exercícios para a saúde e boa prevenção coronária para pacientes com DCC.

4.9 Avaliação do estilo de vida

No planejamento de um bom e adequado programa de preparo físico para um indivíduo, precisa-se obter informações concernentes ao seu estilo e hábitos de vida. A avaliação do estilo de vida inclui o conhecimento da dieta, vícios de fumo e bebida e exercícios. Você também pode verificar com o aluno o nível de estresse psicológico que faz parte de seu estilo de vida.

4.10 Avaliação do preparo físico

Preparo físico é a habilitação para uma *performance* ocupacional, recreativa e atividades diárias, de forma a não ficar indevidamente fatigado. Para um especialista em exercícios, uma de suas principais responsabilidades é atingir cada um dos componentes do preparo físico listados a seguir.

Para a avaliação do preparo físico, você deverá determinar o grau de satisfação do aluno e identificar os componentes do preparo físico que serão necessários.

4.10.1 Resistência cardiorrespiratória

É habilitar o coração, os pulmões e o sistema circulatório a fornecer oxigênio e nutrientes para o trabalho eficiente dos músculos. Melhorar a resistência cardiorrespiratória é um dos mais importantes benefícios de um programa de treinamento aeróbio.

A avaliação do preparo físico incluirá um teste de preparo cardiorrespiratório, se o exercício-teste graduado não for administrado separadamente na avaliação da saúde.

4.10.2 Força muscular e resistência

O preparo muscular (que inclui força e resistência musculares) refere-se a habilitar o sistema muscular a uma *performance* de trabalho eficiente. Força muscular é a máxima força de tensão que pode ser produzida por um grupo de músculos.

Resistência muscular é a capacidade de o músculo suportar níveis de força quase máximos por extensos períodos. O treinamento com pesos é um dos melhores caminhos para se atingir força e resistência muscular.

4.10.3 Peso e composição corporal

O peso do corpo refere-se ao valor de massa do indivíduo. A composição corporal visa ao peso do corpo em termos de absoluta e relativa participação de músculos, ossos, gordura e tecidos. Exercícios aeróbios e treinamento com pesos são efetivamente eficientes para alterar o peso e a composição corporal.

4.10.4 Flexibilidade

É a capacidade de se mover suavemente por todo o percurso de um movimento. A flexibilidade é limitada por fatores como a estrutura óssea das articulações e o tamanho e a força dos músculos, dos ligamentos e de outros de tecidos conjuntivos. A flexibilidade pode ser melhorada incluindo-se exercícios na rotina diária.

4.10.5 Relaxamento neuromuscular

Refere-se à capacidade de reduzir ou eliminar a desnecessária tensão ou contração de um grupo de músculos. Exercícios de relaxamento progressivo e ioga são exemplos de técnicas eficientes para aliviar os níveis de tensão neuromuscular.

4.11 Ato de consentimento

Prioritariamente, para se engajar num programa de preparo físico ou num programa de exercícios, você precisa ver se cada participante assinou seu termo de consentimento. A proposta desse procedimento é informar ao aluno a natureza do teste de preparo físico, a ausência de perigo inerente aos testes e a expectativa dos benefícios, bem como assegurar a participação voluntária no programa.

4.12 Resumo e sugestões

- A falta de atividade física e de exercícios está levando a um aumento das doenças hipocinéticas em todas as grandes cidades.
- O exercício é um componente-chave para a saúde e para a aptidão física.
- As maiores doenças hipocinéticas são as cardiovasculares, a obesidade e as desordens musculoesqueléticas.
- A doença cardiovascular é produzida por uma progressiva e degenerativa desordem conhecida por aterosclerose.
- Os principais fatores de risco associados ao desenvolvimento da DCC são a hipertensão, a hiperlipidemia e o tabagismo.
- O objetivo da avaliação da saúde é detectar a presença de doenças.
- Os componentes importantes da avaliação da saúde são o histórico médico, a análise dos fatores de risco para DCC, o exame físico, as análises de laboratório e o diagnóstico médico.
- Em alguns casos, a avaliação da saúde inclui exercícios-teste.
- A avaliação do estilo de vida inclui informações sobre dieta, tabagismo e álcool, atividade física e estresse psicológico do indivíduo.
- Os componentes essenciais do preparo físico são resistência cardiorrespiratória, força, resistência muscular e flexibilidade.
- A avaliação do preparo físico é usada para atingir o grau de bem-estar do indivíduo. Ele inclui a avaliação da *performance* cardiorrespiratória, a resistência e a força musculares, a flexibilidade, o peso, a composição corporal e a avaliação postural.
- O termo de consentimento é obtido de cada pessoa para permitir a administração de qualquer teste de avaliação ou a participação num programa de exercícios.

Referências

1. Heyward VH. Advanced Fitness Assessment and Exercise Prescription. Champaign: Human Kinetics; 1991.
2. ACSM – American College of Sports Medicine. Guidelines for Exercise Testing and Prescription. 4. ed. Philadelphia: Lea & Febiger; 1991.
3. AHA – American Heart Association. Heart Facts. Dallas; 1989.
4. US Departament of Health and Human Services. The Surgeon General's Report on Nutrition and Health. Washington: US Government Printing Office; 1988.
5. Goldman L, Cook EF. The Decline in Ischemic Heart Disease Mortality Rate. An Analysis of the Compa-rative Effects of Medical Interventions and Changes in Lifestyle. Ann Intern Med. 1984 Dec;101(6):825-36.
6. Powell KE, Thompson PD, Caspersen CJ, Kendrick JS. Physical Activity and the Incidence of Coronary Heart Disease. Annu Rev Public Health. 1987;8:253-87.
7. Paffenbarger RS Jr, Hyde RT, Wing AL, Hsieh CC. Physical Activity, All-cause Mortality, and Longevity of College Alumni. N Engl J Med. 1986 Mar 6;314(10):605-13.

8. Choquette G, Ferguson RJ. Blood Pressure Reduction in "Borderline" Hypertensives following Physical Training. Can Med Assoc J. 1973 March 17;108(6):699-703.
9. Hurley BF, Hagberg JM, Goldberg AP, Seals DR, Ehsani AA, Brennan RE, et al. Resistive Training can Reduce Coronary Risk Factors without Altering VO2máx or Percent Body Fat. Med Sci Sports Exerc. 1988 Apr;20(2):150-4.
10. NCEP – National Cholesterol Education Program. Report of the National Cholesteral Education Program Expert Panel on Detection, Evaluation, and Treatment of High Blood Cholesterol in Adults. Arch Intern Med. 1988 Jan;148(1):36-69.
11. Anderson JW, Story L, Sieling B, Chen WJ, Petro MS, Story J.. Hypocholesterolemic Effects of Oat--bran or Bean Intake for Hypercholesterolemic Men. Am J Clin Nutr. 1984 Dec;40(6):1146-55.
12. National Institute of Health Consensus Development Panel. Health Implications of Obesity. National Institute of Health Consensus Development Conference Statement. Ann Intern Med. 1985 Dec;103(6 (Pt 2)):1073-77.
13. Simão R. Fundamentos fisiológicos para o treinamento de força e potência. São Paulo: Phorte; 2003.

Capítulo 5

Método de treinamento e programa de prescrição de exercícios

Uma vez estabelecido o perfil do desempenho cardiorrespiratório de um indivíduo, o profissional de Educação Física é responsável pelo planejamento, pela elaboração e pela organização de um programa de exercícios capaz de desenvolver o desempenho cardiovascular, levando em conta as necessidades e os interesses do indivíduo, a idade, o sexo, o nível de preparação e o hábito da prática de exercícios.

O uso de uma abordagem personalizada para a prescrição de exercícios aumenta a probabilidade de fazer do exercício físico regular parte integral do estilo de vida de um indivíduo. Este capítulo se propõe a fornecer os caminhos para a elaboração de um programa de exercícios individualizados que promovem o desenvolvimento e a manutenção da capacidade cardiorrespiratória.

5.1 Programando o treinamento

A chave para o sucesso de um programa está na liderança, na educação e na motivação provenientes do especialista em exercícios.[1] A liderança é obtida por um profissional bem treinado, que é aquele que tem o saber e a experiência para ensinar ao participante como e por que o exercício regular pode ser executado de forma segura e efetiva.

O objetivo de um profissional de Educação Física é fazer que os indivíduos incorporem a atividade física regular em seu estilo de vida. O profissional de saúde pode ajudar a criar uma atitude positiva em relação à atividade física e a fazer do programa de exercícios um sério compromisso. A realização dos exercícios deve ser programada regularmente e adiada só em casos de emergência. Em outras palavras, o exercício deve se tornar alta prioridade na vida do indivíduo.

De acordo com o US Public Health Service, aproximadamente 35% dos adultos entre 18 e 64 anos dedicam-se a atividades físicas regulares.[2] A atividade física regular é definida como um exercício dinâmico, envolvendo grandes grupamentos musculares, trabalhados por, pelo menos, 20 minutos, 3 vezes por semana, a uma intensidade de 60% do VO_2máx. Daqueles que começam um programa de exercícios, 50% desistirão em seis meses.[3] Para aumentar a média de adesão ao programa, você precisa estar atento a fatores relacionados ao desgaste do exercício.

Algumas previsões de adesão ao programa de exercícios estão listadas no Quadro 5.1. Os fatores mais críticos que caracterizam a desistência de programas de exercícios são:[4,5]

- peso elevado;
- baixa automotivação;
- ansiedade;
- falta de apoio do cônjuge;
- inconveniente do exercício (tempo, clima, deslocamento etc.);
- intensidade muito alta do exercício;
- falta de apoio social durante e depois do exercício.

Quadro 5.1 – Características dos fatores de desistência de programas de exercício

Psicológico	Baixa motivação Depressão Ansiedade Introversão
Biológico	Alto percentual de gordura Lesões
Comportamental	Tabagismo Comportamento ansioso Falta de tempo
Social/ Ambiental	Falta de apoio familiar Problemas familiares Problemas profissionais Baixo nível educacional
Programa	Exercício não supervisionado Intensidade inicial muito forte Sem apoio social (grupo) Desconhecimento pessoal (autopercepção)

Como especialista em exercícios, o profissional deve prestar atenção especial aos fatores que estão sob seu controle, como estabelecer metas individualizadas para cada aluno, fornecendo apoio social e reforço positivo, bem como prescrever exercícios de intensidade baixa ou moderada para a maior parte da população.

Para motivar os alunos a manter uma base regular de exercícios aeróbios, estes devem ser variados e estimulantes. Variedade no modo de atividade também ajuda a manter o alto nível de motivação. Não é necessário que um indivíduo faça a mesma atividade (como andar ou marchar) durante toda a sessão do exercício. Em vez disso, outras atividades aeróbias, como natação, dança aeróbia, ciclismo e outros ergométricos, podem ser substituídos, desde que o aluno execute na intensidade do treinamento prescrito.

Alguns indivíduos precisam de motivação adicional para se exercitar, um parceiro ou, ainda, um grupo. Quer escolham os exercícios individuais, quer escolham com parceiros, precisam optar por lugar e tempo regulares para isso, porque a constância é fator crítico na criação do hábito do exercício. Princípios e técnicas de mudança de comportamento também podem ser aplicados para aumentar a permanência nos programas. Prêmios, como camisas, certificados, emblemas e *bottons*, podem ser dados como reconhecimento da conquista de metas específicas, como correr um total de "X" quilômetros em um mês. O indivíduo deverá marcar tanto as metas de médio prazo quanto as de longo prazo. Para esse fim, você deverá fazer testes periódicos para reavaliar os níveis de capacidade e programar aperfeiçoamentos. As metas podem ser estabelecidas em *performance* ou em termos físicos. Um exemplo de uma meta de *performance* de médio prazo seria completar uma corrida de 4 km em 30 minutos. Uma meta de longo prazo poderia aumentar ao máximo o consumo de oxigênio (VO_2máx) a 15% em quatro meses. O especialista em exercício fornece a recomendação e a instrução para cada indivíduo de forma a estabelecer metas de exercício realistas.

5.1.1 Prescrição de exercícios

A prescrição do exercício deve levar em conta modo, intensidade, frequência, duração e progressão. O ACSM[6] sugere os seguintes parâmetros para determinar programas de exercícios cardiorrespiratórios para a saúde na qualidade de vida de adultos:

- Modo: relacionar atividades aeróbias rítmicas que possam ser mantidas continuamente e envolvam grandes grupamentos musculares (andar, correr, marchar, nadar, patinar, andar de bicicleta e outras atividades e jogos de resistência).
- Intensidade: prescrever a intensidade dos exercícios entre 55% e 85% da frequência cardíaca máxima ou 55% a 80% de VO_2máx.
- Frequência: programas de exercícios, 3 a 5 vezes por semana.
- Duração: programar 15 a 60 minutos de atividades aeróbias contínuas ou descontínuas, dependendo da intensidade do exercício; baixa a moderada intensidade do exercício de maior duração para adultos não atletas.
- Progressão: ajustar a prescrição do exercício para cada aluno de acordo com sua condição efetiva, características de participação, resultados de novos testes ou *performance* durante a sessão de exercícios. Para programas de exercícios aeróbios contínuos, você deve prescrever aumentos de intensidade, duração ou ambos, para conseguir um condicionamento efetivo; este permite ao indivíduo atingir mais trabalho por sessão de exercício. O condicionamento efetivo mais significativo pode ser observado durante as primeiras 6 a 8 semanas do programa de exercícios.

FIGURA 5.1 – Treinamento aeróbio no *jump fit*.

FIGURA 5.2 – Cadeira extensora.

5.1.2 Modos de exercício

Como o objetivo do programa de exercícios é desenvolver e manter o condicionamento cardiorrespiratório, a prescrição de atividades aeróbias deve envolver grandes grupamentos musculares. Nos primeiros estágios, é importante monitorar de perto a intensidade dos exercícios. Entretanto, faz-se necessário selecionar modos de exercícios que permitam a manutenção da intensidade com poucas variações, os quais incluem: caminhar, marchar, correr, nadar, andar de bicicleta, ergométricos (esteiras, bicicletas, transportes etc.).

Em algumas atividades, talvez seja mais difícil controlar a intensidade do exercício continuamente. Contudo, você pode usar essas atividades para manter os níveis de condicionamento cardiorrespiratório e adicionar variedades em estágios futuros do programa de exercícios.

Programas de exercícios usando corrida, ciclismo e natação têm mostrado melhoras significativas no condicionamento cardiorrespiratório.[7] Para a média das pessoas, o programa de treinamento geralmente produz um aumento de 5% a 20% no VO_2máx.[7] O grau de melhoria, contudo, depende da idade, da saúde e do nível de condicionamento do participante. Depois de 6 a 12 meses de participação regular em um programa de exercícios aeróbios, pessoas sedentárias, inativas e com níveis baixos de condicionamento cardiorrespiratório podem melhorar cerca de 40%. Atletas de elite podem melhorar apenas 5% durante o mesmo período, porque seus níveis iniciais de condicionamento estão muito próximos de seus limites genéticos.[7]

Quais tipos de exercícios promovem os maiores resultados em condicionamento cardiorrespiratório? Em um estudo clássico, Corbin, Berryhill e Olree[8] compararam programas de corrida, caminhada e ciclismo, e notaram que os três modos de treinamento melhoraram o desempenho cardiorrespiratório dos estudantes. Programas de corrida e ciclismo mostraram-se, contudo, superiores aos de caminhada. Essa conclusão é, de certa forma, falsa, porque as intensidades do treinamento para os três modos podem não ter sido idênticas. Sujeitos treinados, com frequências cardíacas específicas, alcançaram melhores resultados que aqueles obtidos por meio de porcentagens de frequências cardíacas máximas, que é a forma mais aceitável de controle da intensidade do exercício.

Similarmente, Roberts e Morgan[9] compararam programas de corrida, ciclismo e natação; os três produziram melhoras significativas no desempenho cardiovascular, e a corrida mostrou ser o melhor modo.

Pollock e Wilmore[10] compararam programas de corrida, caminhada e natação de homens de meia-idade que treinaram de 85% a 90% da frequência cardíaca máxima. Todos os três grupos mostraram melhoras significativas no VO_2máx, indicando que essa melhora é independente do modo de treinamento, quando a frequência, a intensidade e a duração do exercício são mantidas constantes. Além disso, os autores constataram que o modo de testar deveria ser similar ao modo de treinamento, quando da avaliação dos efeitos dos regimes de treinamento.

Em suma, melhoras do VO_2máx são equivalentes para os modos de exercícios mais usados. Ciclismo, caminhada, marcha, corrida e natação produzem benefícios cardiovasculares similares, desde que a intensidade, a frequência e a duração do exercício sejam prescritas de acordo com sólidos princípios científicos. A atividade de pular corda deve ser prescrita cautelosamente, porque a intensidade de 60 a 80 pulos/min é aproximadamente igual a 9 equivalentes metabólicos (METs). Esse valor excede a capacidade máxima da maioria dos indivíduos sedentários. Town, Sol e Sinning[11] verificaram uma média de energia consumida de 11,7 a 12,5 METs para pulos da classe 125, 135 e 145 pulos/min. Eles concluíram que pular corda é um exercício extenuante que não pode ser bem aplicado como forma de exercício aeróbio graduável para sedentários.

5.1.3 Intensidade do exercício

Para melhorar a aptidão cardiorrespiratória, a intensidade do exercício deve ser suficiente para forçar o sistema cardiovascular a sofrer adaptações, mas sem sobrecarregá-lo a uma fadiga precoce. Forçar demais muito cedo desencoraja a participação continuada no programa de exercícios, e é uma das primeiras razões dadas para desistências. Exercícios moderados (40% a 60% do VO_2máx) podem trazer importantes benefícios para a saúde dos sedentários que estão começando um programa de exercícios.[12] A intensidade do exercício é expressa como porcentagem da capacidade funcional aeróbia e é, normalmente, de 40% a 85% do VO_2máx. A média de intensidade inicial de treinamento para adultos ativos saudáveis é de 60% a 85% do VO_2máx. Geralmente, quanto melhor é a condição física do indivíduo, mais alta é a intensidade do exercício requerida para produzir melhorias futuras no preparo cardiovascular. A intensidade do exercício pode ser prescrita usando-se o MET, a frequência cardíaca ou métodos de percepção do esforço (PE).

Quanto ao uso do MET na prescrição do exercício aeróbio, em primeiro lugar, estabeleça a capacidade funcional aeróbia do indivíduo usando um teste graduável. Depois, usando esse valor, determine as intensidades de condicionamento mínimo, médio e máximo. Por exemplo, se o VO_2máx é de 35 $ml.kg.min^{-1}$, a capacidade funcional é de 10 METs (1 MET = 3,5 $ml.kg.min^{-1}$); a intensidade mínima de treinamento é 40% desse valor, ou 4 METs; a intensidade média é 60% a 70% ou 6 a 7 METs; caso a intensidade máxima do exercício seja de 85% ou 8,5 METs. Dessa forma, a prescrição para um indivíduo ativo e saudável pode incluir atividades que produzam uma intensidade avaliada em 6 a 7 METs. Quando se prescrevem exercícios de intensidade, devem ser considerados fatores como altitude, umidade, temperatura, terreno, superfície de corrida e qualquer equipamento adicional usado.

O método da frequência cardíaca (FC) para prescrever a intensidade do exercício é baseado no pressuposto de que a FC é uma função linear da intensidade do exercício (quanto mais alta a intensidade do exercício, mais alta será a FC).

Em nosso exemplo, a capacidade funcional do indivíduo é 7,4 METs, e o máximo da frequência é 195 batimentos por minuto (bpm). A frequência correspondente à intensidade do exercício entre 4,4 e 6,3 METs (60% a 85% do VO_2máx) é de 135 a 173 bpm, respectivamente. Durante o exercício, o indivíduo pode monitorar a FC usando frequêncimetros, radiotelemetria ou técnicas manuais para verificar se a intensidade do exercício foi alcançada apropriadamente. Um método alternativo que não exige medidas de VO_2máx é usar a porcentagem de máxima frequência para estimar a intensidade do exercício. Esse método é baseado no fato de a porcentagem da frequência máxima estar relacionada à porcentagem de VO_2máx. Na Tabela 5.1, podemos ver que 70% a 90% da FC máxima corresponde a um exercício com intensidade entre 56% e 83% do VO_2máx.

Tabela 5.1 – Porcentagem de frequência cardíaca máxima e porcentagem correspondente de VO_2máx

Percentual da FC máxima	Percentual da VO_2 máx.
50	28
60	42
70	56
80	70
90	83
100	100

Fonte: Heyward.[13]

FIGURA 5.3 – Treinamento aeróbio na esteira.

O ACSM (Pollok et al.)[12] recomenda prescrever valores de frequência entre 60% e 90% da frequência cardíaca máxima, dependendo do nível de capacidade do indivíduo.

Usando essa técnica, podemos conhecer ou determinar a frequência cardíaca máxima atual mediante a frequência em condições de trabalho submáximo, usando a fórmula 220 menos a idade em anos. Por exemplo, fornecendo-se a frequência cardíaca máxima de 180 bpm e a intensidade do exercício sendo 70% da FC máxima, o resultado para a FC obtida será de 126 bpm. Essa fórmula não parece ser tão indicada, sobretudo quando há necessidade de maior controle na prescrição do exercício. Ela é de fácil aplicação, mas outras fórmulas, como a descrita a seguir, são mais válidas e fidedignas.

A fórmula de Karvonen é outro método que se usa para determinar a intensidade do exercício. Esse método considera a FC do indivíduo em repouso e a frequência cardíaca de reserva (FCR), que é a diferença entre a máxima frequência e a frequência em repouso. A porcentagem é somada à frequência do indivíduo em repouso para determinar o valor da frequência durante o exercício. O ACSM (Pollock et al.)[12] recomenda usar 40% a 85% de FCR. Por exemplo, se a FC máxima = 178 bpm e em repouso = 68 bpm com intensidade = 60% FCR, temos a taxa para o exercício igual 0,60 x (178 - 68) + 68 ou 134 bpm. A frequência a ser treinada a 60% de intensidade corresponde a 134 bpm.

5.1.4 Avaliação dos métodos de exercícios aprendidos

A percepção do esforço (PE) pode ser usada para monitorar a intensidade dos exercícios.[13] A escala PE é uma valiosa e segura ferramenta para determinar o nível do exercício físico durante os exercícios aeróbios contínuos.[14] Nos exercícios de força, a Escala de Borg pode ser adotada para a prescrição da intensidade de esforço (Tabela 5.2).

Tabela 5.2 – Escala de Borg

6	-
7	muito fácil
8	-
9	fácil
10	-
11	relativamente fácil
12	-
13	ligeiramente cansativo
14	-
15	cansativo
16	-
17	muito cansativo
18	-
19	exaustivo
20	-

5.1.4.1 Duração do exercício

A intensidade e a duração do exercício são inversamente relacionadas (exercício mais intenso, menor duração do exercício). O ACSM (Pollock et al.)[12] recomenda selecionar, inicialmente, uma intensidade que possa ser sustentada no mínimo por 15 minutos, mas, preferencialmente, por 20 a 30 minutos. Nesse período, o indivíduo sedentário normal pode aguentar normalmente a intensidade de exercícios de 40% a 60% da capacidade aeróbia funcional. Os indivíduos mais aptos podem suportar intensidades mais altas dos exercícios por longos períodos. Após 2 semanas de treinamento, a duração do exercício pode ser aumentada para 45 minutos, se for observada uma resposta normal ao treinamento. Uma boa alternativa para se estimar a duração do exercício é usar o gasto energético da atividade. Sharkey[15] recomenda que indivíduos com baixo, médio e alto condicionamento físico podem executar exercícios suficientemente intensos para depleção de 100 a 400 calorias ou mais, por sessão de exercício. O equivalente calórico a 1 MET é 1 $kcal.kg.h^{-1}$. Se a intensidade do exercício inicial é 7 METs, por exemplo, uma mulher de 60 kg pode usar 420 kcal/h ou 7 $kcal.min^{-1}$. Assim, a duração da série inicial de exercícios pode ter de 14 a 28 minutos (100 a 200 $kcal.min^{-1}$).

Um especialista em exercícios pode prescrever uma combinação apropriada de intensidade e duração de exercícios de forma que o sistema cardiorrespiratório do indivíduo não sofra sobrecarga. Uma hora depois do término do exercício, o participante já pode se sentir descansado. O cansaço demasiado depois da realização do exercício pode ser uma das maiores causas de desistências em um programa de exercícios.

5.1.4.2 Frequência dos exercícios

A frequência dos exercícios depende em parte da saúde e da capacidade física do indivíduo. Um indivíduo sedentário normal (com capacidade funcional entre 5 e 8 METs) precisa se exercitar, no mínimo, 3 vezes por semana para obter mudanças significativas na resistência cardiorrespiratória.[6] Caso o nível de condicionamento melhore, podemos aumentar para 5 vezes por semana, para continuar melhorando.[10] Para indivíduos com capacidade funcional em torno de 5 METs, são recomendadas severas sessões de exercícios diários. Uma vez que o nível desejado da capacidade cardiorrespiratória seja atingido, os exercícios podem ser mantidos por 2 a 4 vezes por semana, prevendo que a intensidade e a duração das sessões sejam semelhantes àquelas usadas para atingir o nível de condicionamento desejado.[10]

Em termos de melhorar o VO_2máx, a sequência das sessões de exercícios parece ser mais importante que o trabalho total somado durante o treinamento. Da mesma forma, notam-se melhoras superiores em indivíduos que treinam em dias alternados quando comparados àqueles que treinam 3 dias seguidos.[16] O ACSM[6] recomenda exercitar-se em dias alternados durante os estágios iniciais de treinamento, para afastar as chances de lesões.

5.1.4.3 Taxa de progressão

As mudanças fisiológicas, associadas ao treinamento de resistência aeróbia, habilitam o indivíduo a incrementar a *performance* total de trabalho. Os melhores efeitos condicionantes são observados durante as primeiras 6 a 8 semanas do programa de exercícios. A resistência aeróbia pode ser aumentada de 3% por semana durante o primeiro mês, 2% por semana no segundo mês e 1% por semana nos meses seguintes.[15]

Para obter melhoras contínuas, o sistema cardiorrespiratório precisa ser sobrecarregado por ajustes de intensidade e duração do exercício para se atingir um novo nível de condicionamento. A taxa de melhoria depende da idade, do estado de saúde e do nível de aptidão inicial do participante. Indivíduos mais preparados ou mais próximos de sua limitação genética não conseguirão grandes resultados com esses ajustes. Similarmente, o grau de melhoria tem relação com a idade. Não se espera que indivíduos idosos integrantes de um programa de exercícios obtenham melhores resultados que os indivíduos jovens, ainda que os índices iniciais sejam os mesmos.

5.1.4.4 Estágios da progressão

Os estágios de progressão para os programas de exercícios cardiorrespiratórios são condicionamento inicial, incremento do condicionamento e manutenção do condicionamento.[6] O estágio de condicionamento inicial dura, geralmente, 4 a 6 semanas e consiste em exercícios de flexibilidade, exercícios dinâmicos leves e baixo nível de atividade aeróbia. O ACSM[6] sugere que a intensidade dos exercícios iniciais seja entre 40% e 85% da capacidade funcional. A duração do exercício aeróbio durante esse estágio deve ser entre 10 e 15 minutos, incrementando-se em 2 a 3 semanas, até 45 minutos. Indivíduos com bom ou excelente nível de condicionamento inicial podem ser dispensados desse estágio do programa.

O estágio de incremento do condicionamento geralmente dura de 16 a 20 semanas. Durante esse estágio, o grau de progressão é mais rápido, a intensidade do exercício é aumentada até 40% a 85% da capacidade funcional e a duração dos exercícios deve ser de 2 a 3 semanas. O grau e a frequência da progressão durante esse estágio dependem de vários fatores. Pacientes cardíacos, idosos e de baixa capacidade física podem precisar de mais tempo para que o organismo se adapte a um condicionamento de alta intensidade. Nesses casos, a duração dos exercícios pode ser de 20 a 30 minutos antes de se elevar sua intensidade.[6]

Quando o nível desejado de condicionamento cardiorrespiratório é atingido, o indivíduo entra no estágio de manutenção do programa de exercícios. Esse estágio, normalmente, após seis meses do início do treinamento regular e contínuo, dura toda a vida, desde que o indivíduo tenha um estilo de vida compatível com o exercício. Durante esse estágio, deve ser incluída uma variedade de atividades motivantes no programa de exercícios para combater o tédio e manter o nível de interesse do participante. Por exemplo, um indivíduo que está correndo 5 dias por semana até o fim do estágio de incremento do condicionamento pode substituir a corrida por ciclismo em 3 dias. O nível de condicionamento cardiorrespiratório é mantido uma vez que o custo energético da nova atividade é similar ao da corrida.

5.2 Condicionamento cardiorrespiratório e treinabilidade

Cada sessão de exercícios incluirá as seguintes fases:

- aquecimento;
- condicionamento aeróbio;
- relaxamento.

A proposta do aquecimento é incrementar o fluxo sanguíneo do coração para os músculos esqueléticos, aumentando a temperatura corporal. Durante o aquecimento, o ritmo do exercício é aumentado gradualmente a fim de preparar o corpo para exercícios mais intensos durante a fase de condicionamento. A etapa de aquecimento dura geralmente de 5 a 10 minutos e prevê exercícios de flexibilidade estáticos ou balísticos com intensidades leves. O aquecimento específico também pode ser aplicado, mas sempre com cargas inferiores ao treinamento propriamente dito. Esse tipo de aquecimento é muito usado em salas de musculação.

Durante a fase de condicionamento, o exercício aeróbio é implementado, de acordo com o programa prescrito. Essa fase geralmente dura de 20 a 60 minutos, e é iniciada imediatamente depois da fase de aquecimento.

Durante a fase de relaxamento, o indivíduo continua exercitando-se (caminhando, marchando ou pedalando) em baixa intensidade. Essa atividade leve previne o acúmulo de sangue nas extremidades e reduz a possibilidade de vertigem e fadiga. A ação contínua de bombeamento dos músculos incrementa o retorno venoso e acelera o processo de recuperação. Exercícios de flexibilidade de baixa intensidade podem ser repetidos durante a fase de relaxamento para reduzir a chance de cãibra ou distensão muscular.

5.2.1 Métodos de treinamento aeróbio

Para melhorar a resistência cardiorrespiratória, podem ser usados métodos contínuos ou descontínuos. Um dos métodos contínuos mais comuns são marchas ou corridas lentas em longas distâncias (treinamento LLD). Fartlek, treinamento intervalado ou treinamento em circuito com pesos são formas de treinamento intermitente ou descontínuo. Pesquisas indicam que o treinamento contínuo e o treinamento em intervalos são efetivamente equivalentes e promovem aumento da capacidade cardiorrespiratória.[10]

5.2.1.1 Treinamento contínuo

Este método envolve exercícios contínuos (caminhar, marchar, correr, nadar ou pedalar) de baixa ou moderada intensidade, sem intervalos para descanso. O modo mais popular de treinamento contínuo é o LLD, *jogging* ou corrida. Uma vantagem do treinamento contínuo é que a prescrição da intensidade do exercício (75% da frequência cardíaca máxima) é mantida com razoável consistência durante todo o exercício. Geralmente, os exercícios contínuos de baixa e moderada intensidades são mais seguros, confortáveis e fáceis para indivíduos que iniciam um programa de exercícios aeróbios. Pollock e Wilmore[10] afirmam que a desistência de adultos dos programas de treinamento intervalado de alta intensidade é duas vezes superior aos programas contínuos de baixa ou moderada intensidade.

5.2.1.2 Treinamento intervalado

O treinamento intervalado consiste na repetição de séries de exercícios intercalados com períodos de descanso. Por causa da natureza descontínua da forma de treinamento, a intensidade do exercício e o total de trabalho exigido podem ser maiores que o do treinamento contínuo. O treinamento com intervalos apenas fornece maior flexibilidade para designar programas de exercícios para desenvolver velocidade, bem como resistência aeróbia e anaeróbia.

O princípio da sobrecarga é aplicado para incrementar a intensidade do exercício ou a duração do intervalo de trabalho, diminuindo a duração do intervalo de descanso ou aumentando o número de intervalos de trabalho para cada sessão de exercícios. O ACSM[6] recomenda o uso do treinamento em intervalos (descontínuo) para indivíduos sintomáticos que estão habilitados a tolerar só exercícios de baixa intensidade por curtos períodos (1 a 2 minutos).

5.2.1.3 Treinamento Fartlek

O treinamento Fartlek é uma forma de treinamento livre que envolve corrida rápida e lenta em terreno natural. Esse método é uma adaptação ao treinamento em intervalos. O intervalo trabalho-descanso não é sistemático ou em tempos precisos, mas baseado na sensação de cada um durante a sessão. A duração do exercício é, geralmente, de 30 a 45 minutos. O treinamento Fartlek pode ser usado efetivamente para adicionar divertimento e variações num programa de exercícios aeróbios.

5.2.1.4 Treinamento em circuito

O uso do treinamento em circuito para desenvolvimento da capacidade aeróbia é bom para a força e o tônus muscular, e tem recebido muita atenção e publicidade. O treinamento em circuito consiste, normalmente, em percorrer 2 ou 3 vezes as estações com 10 a 15 diferentes exercícios em 25 ou 30 minutos. Em cada estação, 10 a 15 repetições de exercícios moderados (40% a 55% de uma repetição máxima) são executadas rapidamente (30 segundos). Há um período mínimo de descanso entre os exercícios (15 a 30 segundos).[13]

Gettman e Pollock[17] revisaram o procedimento da pesquisa feita sobre os benefícios fisiológicos do treinamento do circuito. Como só produzia 5% de incremento na capacidade aeróbia, contra o incremento de 15% a 25% produzido por outras formas de treinamento aeróbio, eles concluíram que o treinamento em circuito não deveria ser usado para desenvolver o condicionamento aeróbio. De preferência, ele pode ser usado como suplemento a um programa de exercícios aeróbios ou para manter os níveis de força.

5.2.1.5 Dança aeróbia

A dança aeróbia é um modo popular de exercício para promover e manter o condicionamento cardiorrespiratório. Um grande número de livros fornece informações detalhadas a respeito dos métodos e técnicas de dança aeróbia.[18-21] Um exercício de dança aeróbia consiste de 8 a 10 minutos de flexibilidade, exercícios dinâmicos e de baixa intensidade, seguido de 15 a 45 minutos de dança aeróbia de alto ou baixo impacto, de acordo com a intensidade do treinamento. A frequência cardíaca pode ser monitorada até seis vezes durante o exercício, para assegurar que não se atingiu uma frequência cardíaca limite.[22] Os 10 minutos de ritmo lento normalmente incluem mais exercícios de flexibilidade e de baixa intensidade. O treinamento de dança aeróbia executado de 30 a 45 minutos, 3 dias por semana com 70% a 85% FCR resulta em 6% de aumento relativo do VO_2máx após 10 semanas.[23]

Milburn e Butts[24] relataram que a dança aeróbia é tão efetiva como a marcha (*jogging*) para promover a resistência cardiorrespiratória, quando executada com intensidade, frequência e duração semelhantes. Nesse estudo, os sujeitos foram treinados 30 minutos, 4 vezes por semana, por 7 semanas de 70% até 85% FC máxima.

5.2.2 Programas de exercícios personalizados

Como qualquer intervenção preventiva ou terapêutica, os exercícios devem ser prescritos cuidadosamente. O profissional precisa saber com detalhes a história médica de cada indivíduo, a condição física, o estilo de vida e os interesses prioritários para estabelecer um programa de exercícios. O estudo de caso é um sumário escrito de cada informação pertinente e serve para conhecer o risco das enfermidades do indivíduo. A classificação de risco (o alto risco de saúde ou enfermidades) determinará que tipo de programa o indivíduo precisa para ser monitorado. O caso em estudo necessita de um especialista em exercícios com informações necessárias para desenvolver um acurado e satisfatório programa de exercícios.[25]

Cada parte do caso em estudo fornece importantes informações para o especialista em exercícios planejar o programa. Dados demográficos são usados para estabelecer o perfil dos fatores de risco, como idade, sexo, etnia, estresse funcional, obesidade e história familiar de doenças cardiovasculares. A história médica e a avaliação física podem revelar sinais ou sintomas de doenças cardiovasculares, particularmente se for informado fôlego curto, dor no peito ou cãibras nas pernas, ou se for detectada alta pressão sanguínea. É importante anotar qual a medicação que o indivíduo vem usando. Drogas como betabloqueadores, diuréticos, vasodilatadores, broncodilatadores e insulina podem afetar as respostas fisiológicas durante o exercício. Também devem ser consideradas, desordens musculoesqueléticas, como artrite, dores nas costas, osteoporose e condromalácia patelar.

O conhecimento do estilo de vida fornece informações úteis do ponto de vista do perfil individual de fatores de risco. Fatores como tabagismo, falta de atividade física e dietas com alto teor de gorduras saturadas ou colesterol incrementam o risco de doenças cardiovasculares, aterosclerose e hipertensão. Esses fatores também podem ser usados para apontar para modelos e hábitos que precisam ser modificados, de forma a despertar no indivíduo o interesse em aderir ao programa de exercícios.

O perfil de lipídios do sangue também deve ser analisado quando se pesquisa o risco de doenças cardiovasculares. Indivíduos têm alto risco se:

- triglicérides > 150 mg/dl^{-1};
- colesterol total > 240 mg/dl^{-1};
- LDL colesterol > 160 ml/dl^{-1};
- HDL colesterol < 35 ml/dl^{-1};
- colesterol total HDL > 5,0;
- glicose no sangue > 115 mg/dl^{-1}.

Pressão arterial, frequência cardíaca e ECG são determinadas quando o teste do grau do exercício é avaliado para detectar sintomas de doenças cardiovasculares e quando se mede a potência aeróbia. Por isso, o profissional de Educação Física deve ser minucioso quando avalia as respostas fisiológicas normais ou anormais do exercício. Frequência cardíaca, VO_2máx e PE são usados para prescrever e monitorar a intensidade dos programas de exercícios cardiorrespiratórios.

Depois de obter o fator de risco de doenças cardiovasculares e o nível de capacidade cardiorrespiratória, o profissional de Educação Física designa um programa de exercícios aeróbios personalizados usando parâmetros pessoais de frequência, duração, modo e progressão. Os resultados do teste de exercício graduado (frequência cardíaca, PE e capacidade MET funcional) são usados para prescrever os exercícios. Uma das maiores inconveniências de alguns grupos de programas de exercícios é que todos os participantes têm o mesmo nível de trabalho, ignorando-se as diferenças e as preferências individuais. Embora se despenda mais tempo para prescrever programas individualizados, é mais efetivo levar-se em consideração a idade, o sexo, o nível de aptidão inicial e o interesse de cada participante. Para situações nas quais é impossível administrar um exercício graduado e designar um programa personalizado, podem ser usados programas de exercícios em grupo. Por exemplo, Cooper[26] esquematizou progressões semanais para programas de exercícios de caminhada, corrida, natação, bicicleta, handebol e subir escadas, para várias idades e níveis de condicionamento. Pollock e Wilmore[10] também forneceram exemplos de programas de andar-marchar-correr para diferentes níveis de condicionamento.

5.3 Sumário e sugestões

- O programa de exercício cardiorrespiratório é personalizado para despertar o interesse de cada participante.

- Motivação, liderança e educação são essenciais para administrar com sucesso um programa de exercícios.
- A prescrição do exercício abrange modo, frequência, intensidade, duração e progressão.
- Atividades de resistência aeróbia envolvem grandes grupamentos musculares e são bem adequadas para desenvolver a capacidade cardiorrespiratória. Caminhada, marcha, corrida, natação e ciclismo são os modos mais comuns.
- A intensidade do exercício deve ser prescrita usando a frequência cardíaca ou os métodos MET ou PE.
- Para uma pessoa média, o programa de exercícios cardiorrespiratórios pode ter de 40% a 85% da capacidade aeróbia funcional, duração de 20 a 60 minutos e frequência de 3 a 5 dias por semana.
- O programa de exercícios cardiorrespiratórios tem três estágios de progressão: condicionamento inicial, condicionamento do desenvolvimento e condicionamento da manutenção.
- Cada sessão de exercícios é composta por aquecimento, exercícios aeróbios e período de relaxamento.
- Métodos de treinamento contínuo ou descontínuo são efetivamente equivalentes para desenvolver a capacidade cardiorrespiratória.
- Treinamento de longa distância, intervalado, Fartlek, dança aeróbia e treino em circuito são usados para melhorar e manter os níveis de resistência cardiorrespiratória.

Referências

1. Pollock ML, Wilmore JH, Fox SM. Health and Fitness through Physical Activity. New Jersey: Wiley; 1978.
2. President's Council on Physical Fitness and Sports. National Fitness and Exercise Goals Set for 1990. President's Council on Physical Fitness and Sport Newsletter; 1981.
3. Dishman RK. Compliance/Adherence in Health-related Exercise. Health Psychol. 1982;1(3):237-67.
4. Dishman RK, Sallis JF, Orenstein DR. The Determinants of Physical Activity and Exercise. Public Health Rep. 1985 Mar-Apr;100(2):158-71.
5. Martin JE, Dubbert PM. Adherence to Exercise. Exerc Sport Sci Rev. 1985;13:137-67.
6. ACSM – American College of Sport Medicine. Guidelines for Exercise Testing and Prescription. Philadelphia: Lea & Febiger; 1991.
7. Robergs RA, Roberts SO. Princípios fundamentais de Fisiologia do exercício para aptidão, desempenho e saúde. São Paulo: Phorte; 2002.
8. Corbin B, Berryhill D, Olree H. The Comparison of the Effects of Bicycle Ergometry, Treadmill Walking, and Running at Equal Heart Rates on Specified Physical Fitness variables in college men. AAHPERD; 1968.
9. Roberts JA, Morgan WP. Effect of Type and Frequency of Participation in Physical Activity upon Phy--sical Working Capacity. Am Correct Ther J. 1971 Jul-Aug;25(4):99-104.
10. Pollock ML, Wilmore JH. Exercícios na saúde e na doença. Rio de Janeiro: MEDSI; 1993.
11. Town GP, Sol N, Sinning W. The Effect of Rope Skipping Rate on Energy Expenditure of Males and Females. Med Sci Sports Exerc. 1980;12(4):295-8.
12. Pollock ML, Gaesser GA, Butcher JD, Després JD, Dishman RK, Franklin BA, et al. American College of Sports Medicine Position Stand: The Recommended Quantity and Quality of Exercise for Developing and Maintaining Cardiorespiratory and Muscular Fitness, and Flexibility in Healthy Adults. Med Sci Sports Exerc. 1998;30(6):975-91.
13. Heyward VH. Advanced Fitness Assessment & Exercise Prescription. Champaign: Human Kinetics; 1991.
14. Borg G, Linderholm H. Perceived Exertion and Pulse Rate During Graded Exercise in Various Age Groups. Acta Med Scand. 1967;472(181):194-206.

15. Sharkey BJ. Physiology of Fitness. Champaign: Human Kinetics; 1979.
16. Moffatt RJ, Stamford BA, Neil RD. Placement of Tri-weekly Training Sessions: Importance Regarding Enhancement of Aerobic Capacity. Res Q. 1977 Oct;48(3):583-91.
17. Gettman LR, Pollock ML. Circuit Weight Training: a Critical Review of Physiological Benefits. Phys. Sports Med. 1981;9:44-60.
18. Branner TT. The Safe Exercise Handbook. Dubuque: Kendall/Hunt; 1989.
19. Kuntzelman BA. The Complete Guide to Aerobic Dancing. Skokie: Publications International; 1979.
20. Sorensen's J. Aerobic Dancing. Freeport: Education Activities; 1978.
21. Wilmoth SK. Leading Aerobic Dance-exercise. Champaign: Human Kinetics; 1986.
22. Russell PJ. Aerobic Dance Programs: Maintaining Quality and Effectiveness. Phys Ed. 1983;40:114-20.
23. Dowdy DB, Cureton KJ, Duval HP, Ouzts HG. Effects of Aerobic Dance on Physical Work Capacity, Cardiovascular Function and Body Composition of Middle-ages women. Res Q Exerc Sports. 1985;56(3):227-33.
24. Milburn S, Butts NK. A Comparison of the Training Responses to Aerobic Dance and Jogging in College Females. Med Sci Sports Exerc. 1983;15(6):510-3.
25. Porter GH. Resource Manual for Guidelines for Exercise Testing and Prescription. Philadelphia: Lea & Febiger; 1988.
26. Cooper KH. The Aerobics Way. New York: Evans; 1977.

Capítulo 6

Programas de condicionamento muscular

Abordaremos a aplicação dos princípios do treinamento de força para estruturar programas de treinamento concêntrico, excêntrico, isométrico e isocinético. Também serão analisados os benefícios fisiológicos do treinamento de força e a dor muscular tardia resultante da prática de exercícios.

Um alto nível de condicionamento muscular é importante para a saúde e para a capacidade física do indivíduo. Mas, se o sistema muscular está estressado além do uso normal, altos níveis de força muscular e resistência nunca serão alcançados.

Treinamento de força e resistência são programas sistemáticos de exercícios para desenvolvimento do sistema muscular. Como profissional de Educação Física, há a necessidade da capacitação para prescrever programas para uma variedade de propostas, a partir de levantamento de peso olímpico, fisiculturismo, reabilitação e condicionamento muscular generalizado, alterando a intensidade, a duração e a frequência do treinamento de força.

Este capítulo ensina como aplicar os princípios básicos do treinamento de força para a elaboração e a construção de programas para o condicionamento muscular genérico e discutir as mudanças fisiológicas resultantes.

6.1 Princípios do treinamento com pesos

Quando se planeja aplicar programas de treinamento com pesos, os princípios do treinamento são especificamente o do treinamento progressivo ao aumento de carga e a sequência dos exercícios.

6.1.1 Especificidade do treinamento

A especificidade do treinamento refere-se ao conceito de execução do treinamento de força de forma determinada, ficando os ganhos de força e a aptidão física condicionados à execução do movimento. Isso significa que grandes ganhos de força e aptidão física ficarão aparentes quando o teste for feito com base no mesmo desempenho adotado no treinamento com pesos. Porém, se o teste for executado com um tipo diferente de desempenho com pesos, os ganhos em força e aptidão física serão menos perceptíveis.

A especificidade do treinamento é um conceito importante para todos os praticantes, porque, geralmente, o tipo de treinamento de força executado deve reproduzir as tarefas nas quais o indivíduo procura tornar-se mais hábil. As especificidades do treinamento mais relevantes para a maioria das pessoas são a ação muscular, a fonte de energia e a velocidade de contração.

6.1.2 Aparelhos para treinamento de força

Há muitos aparelhos para o treinamento de força disponíveis no mercado, a maioria com várias características em comum, e, normalmente, permitem o movimento apenas em um plano. As práticas em aparelhos revelam-se uma boa opção para os iniciantes do programa de treinamento de força, pois exigem pouco tempo para o aprendizado da técnica correta. Isso significa que, em um período de tempo bastante curto, a carga usada pode ser aumentada de forma que o treinamento propriamente dito possa ser iniciado, e não apenas o processo de aprendizado da técnica correta do exercício.

Alguns aparelhos mais novos permitem movimento em dois planos. Em razão da necessidade de controlar o movimento em dois planos, são recrutadas fibras musculares para que, nos movimentos executados em aparelhos, sua locomoção seja feita em um só plano. Além disso, o plano adicional do movimento possibilita maior variedade de exercícios (padrões diferentes de movimentos). Por esses motivos, os aparelhos que permitem movimentos em dois planos são uma boa alternativa, embora sua adoção exija mais tempo para que o indivíduo destreinado aprenda a técnica adequada do exercício.

Os ajustes ergonômicos, como altura do assento, estão disponíveis na maior parte dos aparelhos, para permitir que tanto o posicionamento do corpo quanto a técnica do exercício sejam feitos corretamente. Quando o indivíduo não consegue ficar na posição correta em um aparelho, torna-se impossível fazer o exercício com a técnica adequada, situação que apresenta risco de lesões. As alterações feitas em um equipamento, como a colocação de uma almofada adicional para adequar a altura do banco, devem ser bem analisadas, para não prejudicar a segurança de execução do exercício. Geralmente, esses equipamentos são construídos para um adulto médio do sexo masculino, razão pela qual, muitas mulheres e crianças terão dificuldade para alcançar a posição adequada do exercício – atualmente, há diversas companhias de equipamentos projetando aparelhos de musculação para crianças. Caso não consiga encontrar a posição correta em determinado aparelho, o indivíduo não deve usá-lo, mas encontrar outro semelhante, no qual se posicione corretamente, ou usar pesos livres. Por exemplo, se não houver possibilidade de fazer rosca direta de braço de maneira adequada em um equipamento por causa do comprimento do braço, o exercício pode ser executado com halteres.

Todos os aparelhos contam com algum dispositivo de ajuste de carga. Em equipamentos seletorizados (com cargas determinadas), isso pode ser feito colocando-se um pino na pilha de pesos – procedimento que permite a seleção rápida e fácil do peso desejado. Em algumas máquinas, porém, os incrementos de pesos são muito grandes. Isso acontece, particularmente, quando se está começando o treinamento com pesos. Por exemplo, se forem usados 10 kg em determinado exercício e a pilha de peso estiver montada de 10 em 10 kg, o aumento de 10 para 20 kg implica movimentar 100% a mais de carga. Isso pode representar um aumento progressivo na carga usada, às vezes maior que o desejado. Em alguns aparelhos, é possível superar esse problema anexando pesos livres pequenos à pilha de pesos existentes. Há ainda aparelhos que possibilitam o uso de anilhas, colocadas em pontos do aparelho para aumentar a carga. Embora o procedimento não seja tão rápido e fácil como nas máquinas seletorizadas, permite aumentos sutis no peso usado, pois há anilhas de até 1 kg.

Em alguns aparelhos, usa-se pressão hidráulica ou do ar para manter a carga. Ajustar a resistência nesse tipo de equipamento é muito fácil, pois, normalmente, exige apenas o giro de um parafuso/alça ou o aperto de um botão. Na maioria desses aparelhos, também é possível obter aumentos bem pequenos de cargas, o que facilita a progressão lenta da resistência usada.

Há, ainda, aparelhos isocinéticos usados com maior frequência para reabilitação depois de lesões. Esse tipo de aparelho não controla a resistência usada, e sim a velocidade na qual a carga pode ser movida. Caso o aparelho seja programado para um movimento em velocidade baixa, será possível gerar grande quantidade de força. Se, entretanto, o aparelho for programado para uma alta velocidade, será possível desenvolver apenas pequena quantidade de força. Uma vantagem desse tipo de aparelho em um processo de reabilitação está no fato de o indivíduo poder interromper a execução do exercício se sentir dor, com mínimo risco de lesão, pois o peso não será tracionado para a posição inicial do exercício. Os aparelhos isocinéticos também permitem determinar de maneira bastante exata a velocidade do movimento e a força gerada. Por suas características, o exercício isocinético continuará, sem dúvida, a ser usado em programas e exercícios de reabilitação para determinar o progresso do treinamento.

Há muitos tipos de aparelhos no treinamento de força. É possível fazer uma combinação entre eles em um mesmo aparelho. Por exemplo, um equipamento do tipo roldana circular com cargas selecionadas ou outro com resistência externa dinâmica constante, com possibilidade de seleção. Pesquisas científicas na área do esporte indicam que todos os tipos de aparelhos podem resultar em aumento de força e volume muscular. Para os praticantes no treinamento de força, o fator mais importante a ser considerado não é o tipo de equipamento a ser usado, mas a escolha do aparelho adequado ao indivíduo, de modo a garantir a execução dos exercícios com a técnica correta de execução.

6.1.2.1 Sobrecarga

A sobrecarga progressiva está relacionada à necessidade de aumentar continuamente o estresse imposto ao músculo, conforme são obtidos ganhos na aptidão física e na força, e, dessa forma, garantir melhorias futuras, impossibilitadas caso o músculo não seja progressivamente sobrecarregado. Os métodos mais comuns são o aumento da intensidade e do volume do treinamento.

6.1.2.2 Sequência dos exercícios

A ordem dos exercícios pode afetar a carga a ser usada em uma sessão de treinamento. Caso certo exercício seja executado primeiro ou no início da sessão, a carga usada é maior que se esse mesmo exercício fosse executado no fim da sessão. Dessa forma, se o supino for o primeiro exercício de uma sessão de treinamento, pode ser usada uma carga maior para um determinado número de repetições do que se ele fosse executado depois de outros exercícios, especialmente depois de exercícios para peitoral ou tríceps. Isso ocorre, em grande parte, por causa da fadiga muscular causada pelos exercícios anteriores. A lógica da ordem dos exercícios relaciona-se ao efeito da fadiga acumulada em consequência da execução de outros exercícios antes do exercício priorizado. O fato de um menor número de repetições ocorrer no fim da sessão de treinamento, para uma mesma carga no exercício selecionado, apresenta-se de forma semelhante em exercícios uniarticulares, multiarticulares, para a parte superior ou inferior do corpo.

Uma consideração em relação à ordem refere-se aos novos exercícios cuja técnica de execução correta ainda esteja sendo aprendida pelo praticante. Em situações desse tipo, a fadiga pode limitar a capacidade de corrigir a técnica de qualquer exercício novo, sobretudo dos mais difíceis, que envolvem múltiplas articulações. Por isso, os novos exercícios devem ser executados no começo da sessão de treinamento, para facilitar a execução correta da técnica. Em geral, é importante usar cargas inferiores ao máximo para determinado número de repetições. Cabe salientar, também, que a execução de novos exercícios no início de cada sessão pode funcionar como aquecimento.

6.1.2.3 Frequência de treinamento

Os praticantes de musculação que treinam recreativamente têm, em geral, frequência de 2 ou 3 sessões por semana, com 1 ou 2 dias de repouso entre elas. Essa frequência de treinamento parece ser realmente efetiva para gerar ganhos na força muscular e na aptidão física desses indivíduos, e tem sido uma recomendação apropriada para iniciantes e intermediários.

Um fator importante a ser considerado é que a frequência do treinamento pode ser aumentada mais facilmente quando os mesmos grupos musculares não são treinados em todas as sessões. Por esse motivo, os programas para segmentos corporais geralmente são organizados em 5 ou 6 sessões semanais. Nesse tipo de programa, treina-se uma parte corporal ou grupo muscular apenas 1 ou 2 vezes por semana. Dessa forma, são executados vários exercícios para cada grupo muscular e, normalmente, múltiplas séries de cada um. Em determinado dia, certo grupo muscular é treinado com um volume relativamente mais alto.

Ao abordarmos a população dita especial, 2 a 3 vezes por semana já são o suficiente para a obtenção dos benefícios desejados na questão da saúde e da qualidade de vida.

6.1.3 Métodos de treinamento com pesos

Vários métodos têm sido usados para promover a força e a resistência muscular.

6.1.3.1 Treinamento isométrico

Em 1953, Hettinger e Muller[7] relataram que significativos ganhos de força estática (5% por semana) são produzidos, mantendo-se por 6 segundos contrações a dois terços da intensidade máxima, uma vez por dia, 5 dias da semana. Essa forma de treinamento tornou-se popular no fim dos anos 1950 e início dos 1960, porque os exercícios podem ser executados em qualquer lugar, em qualquer tempo, com pouco ou nenhum equipamento. A maior desvantagem é que o ganho de força é específico para o ângulo da articulação usada durante o treinamento. Assim, para incrementar a força por toda a extensão do movimento, é necessário executar o exercício com diferentes ângulos de articulação (por exemplo, 30°, 60°, 90°, 120° e 180° de flexão).[7]

O exercício estático é largamente usado em programas de reabilitação para recuperar a força perdida e a hipertrofia muscular, especialmente em casos em que o membro está temporariamente imobilizado, embora esse modo de treinamento seja contraindicado para deficientes coronarianos e indivíduos hipertensos, porque a contração estática pode produzir grandes aumentos da pressão arterial, mesmo com cargas reduzidas, pois reduz o retorno do sangue venoso ao coração, aumentando seu trabalho. Contudo, resultados positivos podem ser obtidos mediante o aumento do tempo de diástole[1] quando a prescrição individualizada do treinamento leva em consideração as particularidades de cada sujeito.

Como resultado adicional da pesquisa, o exercício isométrico original de Hettinger e Muller[7] foi modificado. A Tabela 6.1 apresenta os indicadores gerais para estruturar programas de treinamento de força estática e desenvolvimento da resistência.

Tabela 6.1 – Parâmetros para estruturar programas de treinamento isométrico

Tipo	Intensidade	Duração	Repetição	Frequência	Duração do programa
Força Estática	100% CVM*	5 segundos contração	5-10	5 dias/semana	4 semanas ou mais
Resistência Estática	60% CVM* ou menos	Até a fadiga	1/sessão	5 dias/semana	4 semanas ou mais

* CVM – contração voluntária máxima.
Fonte: *Medicina do Esporte*. Hollmam & Hettinger.

6.1.3.2 Treinamento dinâmico com pesos

O treinamento dinâmico com pesos envolve ações concêntricas e excêntricas do grupo de músculos visados em contraposição a uma resistência constante ou variável. Pesos livres, halteres e máquinas de resistência constantes e variáveis são, normalmente, usados neste tipo de treinamento.

De Lorme e Watkins[8] planejaram o primeiro programa de treinamento dinâmico com pesos para uso em exercícios de reabilitação. Três conceitos importantes são usados para descrever os programas dinâmicos de treinamento com pesos: repetição máxima (RM), repetições e série. A repetição máxima é o maior peso que pode ser levantado para um dado número de repetições do exercício. A série consiste no número de repetições consecutivas do exercício. O programa de De Lorme e Watkins[8] usa 10 RMs como o peso máximo que pode ser levantado em 10 repetições do exercício e prevê 3 séries. A primeira e a segunda séries servem para aquecimento, porque usam resistência submáxima (1/2 e 3/4 10 RMs de carga). A terceira série usa o total de 10 RMs, sobrecarregando o grupo de músculos. Por esse motivo, o programa de De Lorme e Watkins[8] pode ser resumido assim:

- Série 1: 10 repetições com 1/2 10 RMs.
- Série 2: 10 repetições com 3/4 10 RMs.
- Série 3: 10 repetições com 10 RMs.

Na década de 1960, muitas pesquisas procuraram determinar o número ótimo de séries e repetições necessárias para desenvolver a força[9-11] e a resistência musculares.[12] Os resultados de cada pesquisa estão sumarizados em outros trabalhos.[13] Podem-se notar significativos ganhos de força, exercitando-se 3 a 5 dias por semana usando de 1 a 10 séries com 2 a 10 RMs. Para ganhos de resistência, repetições superiores a 10 RMs são mais efetivas.

A Tabela 6.2 apresenta parâmetros para estruturar um programa prático de treinamento com pesos para força e resistência. A intensidade é expressa em RM e em porcentagens de 1 RM:[14]

- 60% 1 RM = 15 a 20 RMs.
- 65% 1 RM = 14 RMs.
- 70%1 RM = 12 RMs.
- 75% 1 RM = 10 RMs.
- 80% 1 RM = 8 RMs.
- 85% 1 RM = 6 RMs.
- 90% 1 RM = 4 RMs.
- 95% 1 RM = 2 RMs.
- 100% 1 RM = 1 RM.

Tabela 6.2 – Parâmetros para estruturar programas de treinamento com pesos

Tipo	Séries	Intensidade	Repetições	Frequência	Duração
Força	3	6 RMs	6*	3 -5 dias/semana	6 semanas ou mais
Resistência	3	15 RMs	15**	3 - 5 dias/semana	6 semanas ou mais

* Aumentar a carga quando completar 10 RMs com a mesma carga de 6 RMs. / ** Aumentar a carga quando completar 20 RMs com a mesma carga de 15 RMs.
Fonte: *Medicina do Esporte*. Hollmam & Hettinger.

Programas de treinamento em circuito com pesos são designados para incrementar a força, a resistência muscular, a capacidade e a resistência cardiorrespiratória. O treinamento em circuito com pesos pode ser comparado favoravelmente a outros programas dinâmicos de treinamento com pesos para incrementar a força muscular, especialmente se forem usados exercícios de baixa repetição e alta intensidade.[1]

Programas de treinamento em circuito com pesos normalmente têm de 6 a 15 estágios por circuito (Quadro 6.1). O circuito é repetido de 2 a 3 vezes para que o total de exercícios atinja 20 a 30 minutos. A cada estágio do exercício, é selecionada a carga que atinge a fadiga do grupo de músculos em aproximadamente 30 segundos (muitas repetições são possíveis com, aproximadamente, 40% a 55% de 1 RM).

Quadro 6.1 – Programas simples de treinamento em circuito com pesos

Supino Reto - Abdominais - Cadeira Extensora - Puxada no *Pulley* Alto - Extensão de Tronco - *Leg Press* - Rosca Bíceps - Cadeira Flexora - Tríceps na Máquina.

Prescrição do Exercício

Intensidade: 40% - 55% 1 RM

Repetições: o máximo possível em 30 segundos

Descanso: 15 segundos entre as estações

Número de exercícios por circuito: 8-12

Tempo em cada circuito: média de 30 minutos

Número de séries: 3-6

Tempo total da sessão: média de 30 minutos

Frequência: 3 dias por semana

Duração: média de 8 semanas

Sobrecarga: determinação de 1 RM a cada semana

Fonte: *Medicina do Esporte*. Hollmam & Hettinger.

Há um período de descanso de 15 a 20 segundos entre os estágios de exercícios. O treinamento em circuito com pesos é normalmente recomendado 3 dias por semana durante no mínimo 6 semanas.

6.1.3.3 Treinamento isocinético

Métodos de treinamento isocinético podem ser usados para incrementar a força e a resistência muscular. O treinamento isocinético envolve dinâmicas e contrações de um grupo de músculos em oposição a uma acomodada resistência de igual valor, produzido por esse grupo durante a extensão do movimento. A velocidade do movimento é constante e controlada mecanicamente pelo aparelho de exercício isocinético.

O treinamento isocinético é completado se a velocidade varia entre 24° e 300° seg^{-1}, dependendo da necessidade do indivíduo. As pesquisas indicam que o treinamento em altas velocidades é normalmente entre 180° e 300° seg^{-1}, e em baixa velocidade de 30° a 60° seg^{-1}. Em alguns estudos, os ganhos de força estão limitados às velocidades ou condicionados à velocidade do treinamento.[15] Outras pesquisas relataram significativos ganhos de força em todas as velocidades testadas (30° a 300° seg^{-1}) para grupos treinados com altas velocidades (240° a 300° seg^{-1}).[16] Os parâmetros para designar programas de treinamento isocinético para desenvolvimento da força e da resistência são apresentados na Tabela 6.3.

Tabela 6.3 – Parâmetros para estruturar programas de treinamento isocinético

Tipo	Séries	Intensidade	Repetições	Frequência	Duração	Velocidade
Força	3	Contrações máximas	2-15	3-5 dias/ semana	6 semanas ou mais	24º-180º/segundo
Resistência	1	Contrações máximas	Até a fadiga	3-5 dias/ semana	6 semanas ou mais	Pelo menos 180º/ segundo

6.1.4 Comparação entre métodos de treinamento com pesos

Todos os métodos de treinamento com pesos mostram benefícios efetivos no desenvolvimento da força e da resistência muscular. Comparar métodos fica difícil, porque o montante de trabalho exigido durante os exercícios estáticos, dinâmicos e isométricos não é facilmente equacionado; além disso, por causa das especificações do treinamento, é difícil encontrar um teste imparcial. Por exemplo, se compararmos programas estáticos e dinâmicos, e usarmos um aparelho específico para efetuar o teste, o resultado será muito mais favorável ao grupo que treinou usando esse equipamento.

O Quadro 6.2 sumariza as vantagens e as desvantagens dos métodos de treinamento estático, dinâmico e isocinético.

Quadro 6.2 – Vantagens e desvantagens dos métodos de treinamento estático, dinâmico e isocinético

	Taxa de comparação		
Critério	**Isocinético**	**Estático**	**Dinâmico**
Taxa de ganho de força	Excelente	Pobre	Bom
Taxa de ganho de resistência	Excelente	Pobre	Bom
Ganho de força sobre a amplitude do movimento	Excelente	Pobre	Bom
Tempo por sessão de treinamento	Bom	Excelente	Pobre
Valor	Pobre	Excelente	Bom
Facilidade de desempenho	Bom	Excelente	Pobre
Facilidade de verificar os progressos	Pobre	Bom	Excelente
Adaptabilidade a padrões específicos de movimento	Excelente	Pobre	Bom
Possibilidade de dor muscular	Excelente	Bom	Pobre
Possibilidade de lesão	Excelente	Bom	Pobre
Melhoria da habilidade	Excelente	Pobre	Bom

Nota. Reimpresso com permissão da Macmillan Publishing Company a partir do livro Physiology of Exercise (2ª edição) de David R. Lamb. Copyright© 1984, por David Lamb.

6.1.4.1 Método de treinamento estático versus dinâmico

Numa revisão das pesquisas mostrando várias formas de treinamento para força e resistência muscular, Clarke[17] relatou as seguintes conclusões:

- O treinamento dinâmico é preferível ao isométrico porque o primeiro tende a ser superior para o desenvolvimento da força e da resistência muscular.
- A motivação geralmente é superior no treinamento dinâmico, porque o indivíduo recebe *feedback* visual concernente ao total dos pesos levantados e às metas específicas de cada série.
- Exercícios isométricos podem ser usados efetivamente para desenvolvimento da força, em especial quando as circunstâncias não permitirem o uso dos exercícios dinâmicos (por exemplo, espaço e equipamentos limitados).

A força pode ser incrementada efetivamente usando qualquer dos dois métodos de treinamento; portanto, é difícil estabelecer se um método é superior ao outro. Fatores como tempo, custo e propostas de treinamento devem ser levados em consideração.

6.1.4.2 Treinamento dinâmico *versus* isocinético

Teoricamente, o treinamento isocinético poderá ser superior aos métodos tradicionais de treinamento, porque o método isocinético combina vantagens dos métodos dinâmico (total extensão do movimento) e estático (máxima força exigida). Também, porque a resistência é acomodada para superar a fraqueza do uso de ambos os modos, constante ou variável.

Pesquisas comparando formas tradicionais com o treinamento isocinético são limitadas. Thistle, Hislop e Moffroid[18] relataram picos de ganhos de força de 47%, 29% e 13%, respectivamente, nos treinamentos isocinético, dinâmico e estático. Comparando os métodos dinâmico, isocinético e de calistenia em mulheres jovens, Sharkey[19] notou que o grupo de treinamento dinâmico apresentou melhores resultados nos testes de levantamento, ao passo que o grupo de calistenia apresentou melhor *performance* nos testes de calistenia. O grupo de treinamento isocinético não apresentou grandes resultados em ambos os testes. É necessário fazer mais pesquisas antes de se afirmar com segurança que o método isocinético é superior.

A maior vantagem do treinamento isocinético sobre as formas tradicionais de treinamento é o baixo índice de lesões musculares. Somando-se a isso, o treinamento isocinético, aparentemente com rápidas acelerações, produz ganhos de força não somente em treinos de velocidade, mas também em baixas acelerações do treinamento de velocidade.[15]

6.1.5 Efeitos dos programas de treinamento com pesos

Está mais do que provado que o treinamento com pesos promove o desenvolvimento da força e da resistência muscular. Há várias teorias concernentes aos mecanismos fisiológicos que esboçam esses ganhos. Alguns desses fatores são descritos a seguir.

6.1.5.1 Fatores morfológicos

Está documentado que a força muscular está diretamente relacionada à área da seção transversal do tecido muscular. Ikai e Fukunaga[20] mostraram que a força estática por unidade de área da seção dos flexores do cotovelo é similar em homens e mulheres jovens. Esses valores variam entre 4,5 e 8,9 kg/cm^2 e entre 6,2 e 6,7 kg/cm^2 para mulheres e homens, respectivamente. Cureton et al.[21] também relataram que a força dinâmica por unidade de área da seção transversal (AST) era similar para homens e mulheres. Depois do treinamento, resultados da AST do flexor e do extensor do cotovelo eram 1,65 kg/cm^2 e 1,85 kg/cm^2, respectivamente, para homens e mulheres. Igualmente, as razões pós-treinamento da força da perna para a AST da coxa era 1,10 kg/cm^2 para homens e 0,90 kg/cm$_2$ para mulheres.

Uma consequência do treinamento de força é o incremento no tamanho do tecido muscular. O exercício induz hipertrofia por causa do incremento total da proteína contrátil, do número e do tamanho da miofibrila por fibra, bem como por causa da soma dos tecidos conjuntivos que circundam as fibras musculares.[1] O exercício induz hipertrofia, intervindo mediante os mecanismos hormonais. A intensidade do exercício é fundamental e desempenha um importante papel na resposta hormonal ao exercício de força.[22] Treinamento de força de alta intensidade produz no homem significativos incrementos na testosterona e no crescimento hormonal.[1] Entretanto, o nível sérico de testosterona que acompanha exercícios de alta intensidade não tem aumentos significativos em mulheres. Além disso, os crescimentos hormonais decorrentes dos exercícios de alta intensidade não têm sido estudados intensivamente em mulheres.[22] Adicionalmente, a massa óssea e a densidade,[23] bem como o tamanho e a força dos ligamentos e dos tendões, melhoram com o treinamento de força.[1]

O treinamento de força tem sido indicado para produzir um incremento no número de fibras musculares em animais em virtude de divisões longitudinais (hiperplasia). Tais processos nem sempre foram claramente demonstrados em tecidos musculares humanos.[24] Assim, a melhor contribuição do exercício que induz o aumento da massa muscular para humanos é o incremento do tamanho das fibras musculares existentes (hipertrofia).

O treinamento de força aparentemente produz maior hipertrofia em fibras musculares rápidas (tipo II) que em fibras musculares lentas (tipo I).[1,24] Seja como for, ele não altera a porcentagem das fibras musculares. Nenhuma evidência sustenta a interconversão das fibras lentas em rápidas por causa do treinamento com pesos.[1]

No passado, acreditava-se que a mulher que treinava com pesos obtinha menor hipertrofia dos músculos que o homem, ainda que os relativos ganhos de força fossem similares.[25] Nesses estudos, a hipertrofia dos músculos era obtida indiretamente, usando-se antropometria e medidas de composição corporal. A tomografia computadorizada foi usada para medir diretamente no homem e na mulher a hipertrofia muscular comprometida com a alta intensidade (70% a 90% 1 RM) nos programas de treinamento com pesos, 3 dias por semana durante 16 semanas. Incrementos significativos foram verificados na seção transversal dos braços de homens (7 cm^2 ou 15%) e mulheres (5 cm^2 ou 23%). Embora a mudança maior pareça ocorrer no homem, o grau relativo de hipertrofia é similar para homens e mulheres. [21]

Contudo, os ganhos de força num homem idoso (> 60 anos), engajado num programa de treinamento com pesos, estão mais relacionados à adaptação neural que à hipertrofia muscular. Baseados na evidência EMG, Moritani e DeVries[25] concluíram que esse incremento de força em homens idosos treinados com pesos pode ser grande, dependendo das mudanças neurais. Contudo, Frontera *et al.*[26] relataram recentemente que o treinamento com pesos também produz hipertrofia muscular em homens com idades entre 60 e 72 anos. A tomografia computadorizada foi usada para medir hipertrofia muscular em homens idosos que participaram de um programa de alta intensidade (3 séries com 80% 1 RM) de exercícios com pesos para extensores e flexores dos joelhos. Após 12 semanas de treinamento, 3 vezes por semana, incrementos significativos foram observados na área do quadríceps (9,3%). O incremento relativo na área muscular total foi similar aos valores informados para homens jovens.[27] Essa descoberta sugere que esses exercícios de indução da hipertrofia muscular são um importante mecanismo para obter ganhos de força tanto em jovens quanto em idosos. Talvez seja mais importante para um homem idoso que esteja engajado num programa de treinamento com pesos de alta intensidade reter sua capacidade para incrementar a massa muscular. Isso implica que o fato de a massa muscular diminuir com a idade pode ser efetivamente contornado, segundo a participação vigorosa em um programa de treinamento com pesos.[1]

6.1.5.2 Fatores neurais

A taxa de força ganha durante o treinamento com pesos não acontece só por causa das mudanças morfológicas no tecido muscular.[25] Fatores neurais podem contribuir para desinibir neurônios motores e incrementar a ativação de unidades motoras que estão envolvidas.[14] Moritani e DeVries,[25] monitorando durante 8 semanas um progressivo treinamento de força com pesos, concluíram que há uma contribuição dos fatores neurais e da hipertrofia nos ganhos de força. Eles concluíram que, para o homem jovem, os fatores neurais são predominantemente responsáveis pelos ganhos de força durante as primeiras 3 a 4 semanas de treinamento, ao passo que a hipertrofia passa a ter maior participação nas semanas seguintes.

6.1.5.3 Fatores bioquímicos

Além da hipertrofia das fibras musculares, o treinamento de força produz algumas mudanças bioquímicas importantes para a geração de ATP. A resposta enzimática para o treinamento com pesos depende da carga, da intensidade e da duração do treinamento.

Treinamento de força usando alta intensidade e exercícios de potência resulta em atividade crescente da hexoquinase, miosina ATPase e citrato sintetase.[24] Uma exceção são as enzimas ATP, como a fosfofrutoquinase (PFK), que não aumenta significativamente com o treinamento de força.[28]

Relatou-se que o volume e a densidade da mitocôndria, acompanhando treinamento de alta intensidade, decrescem em virtude do crescimento desproporcional entre a proteína contrátil e a mitocôndria. Embora, em teoria, isso possa ser em detrimento da capacidade aeróbia e da *performance* de resistência, uma revisão desses estudos concluiu que a participação no treinamento intenso de força não afeta negativamente a capacidade aeróbia.[14]

Em resumo:

Fatores morfológicos

- hipertrofia muscular em virtude do aumento de proteínas contráteis, aumento do número e do tamanho dos miofilamentos, aumento do tecido conjuntivo e aumento das fibras musculares lentas e rápidas;
- nenhum aumento significativo no número de fibras;
- aumento de força nos ligamentos e tendões;
- aumento na massa óssea.

Fatores neurais

- aumento da descarga na frequência dos motoneurônios;

- aumento no recrutamento neural;
- diminuição da ação dos órgãos proprioceptivos protetores.

Fatores bioquímicos
- aumento da fosfocreatina e concentração de ATP;
- aumento da atividade da miosina ATPase;
- diminuição da densidade do volume das mitocôndrias.

Outros fatores adicionais
- pouca ou nenhuma mudança na redução da gordura corporal;
- aumento da massa magra;
- aumento de força, flexibilidade e potência musculares;
- aumento da capacidade de atividades físicas diárias.

6.2 Efeitos adicionais do treinamento de força

Para produzir mudanças morfológicas, neurais e bioquímicas no tecido muscular, o treinamento de força é um efetivo coadjuvante para alterar a composição corporal.[1] O treinamento com pesos também é efetivo para incrementar velocidade, força e flexibilidade e boa *performance* motora. A flexibilidade pode ser aumentada incorporando-se exercícios de flexibilidade no regime de treinamento com pesos e executando-se exercícios com pesos por meio da amplitude do movimento das articulações.[1]

6.3 Lesões musculares

As lesões musculares podem ocorrer como resultado do treinamento de força, porque um isolado grupo de músculos foi forçado acima do uso normal. Lesões agudas ocorrem durante ou imediatamente após o exercício e normalmente são provocadas por isquemia e acumulação de resíduos metabólicos no tecido muscular. A dor e o desconforto podem persistir por horas depois do encerramento do exercício.

A dor muscular tardia (DMT) ocorre 24 a 48 horas depois do exercício. Uma grande revisão da teoria proposta e da pesquisa sobre DMT indica que as causas não são conhecidas. Entretanto, DMTs aparecem sempre relacionados mais enfaticamente ao tipo de contração muscular.

Exercícios excêntricos produzem maior quantidade de lesões musculares que exercícios concêntricos ou isométricos.[1,14] Pequenas ou nenhuma lesão muscular ocorrem nos exercícios isocinéticos.[29] Isso é o mais provável em razão de os aparelhos de exercícios isocinéticos não oferecerem resistência na fase de recuperação do movimento, assim o músculo não se contrai excentricamente.

6.3.1 Teorias sobre DMT

6.3.1.1 Espasmo muscular

Embora as causas exatas do aparecimento das lesões musculares não sejam conhecidas, várias teorias já foram propostas. A teoria do espasmo muscular foi defendida por DeVries.[30] De acordo com esta teoria, o exercício produz isquemia, resultando numa acumulação de substâncias residuais no músculo. Esse resíduo provoca contrações musculares reflexas ou espasmos que produzem mais isquemia com a continuação do ciclo. A distensão estática (alongamento) reduz os espasmos e as lesões musculares, como evidenciado pelo decréscimo na eletromiografia (EMG).[31]

6.3.1.2 Lesões nos tecidos conjuntivos

Abraham[32] estudou exaustivamente os fatores relacionados às lesões musculares provocadas pelo treinamento com pesos. Os dados obtidos não sustentam a teoria dos espasmos porque não há mudanças na atividade EMG dos músculos lesados. A distensão estática não provoca mudanças sistemáticas na atividade EMG, mas alivia a dor dos músculos atingidos. O autor sugeriu que essas lesões são mais parecidas com uma ruptura no tecido conjuntivo do músculo e na fixação dos tendões. Ele notou que a excreção urinária da hidroxiprolina, que é um produto específico da ruptura do tecido conjuntivo, aumentou nos indivíduos que tiveram lesões musculares em comparação com não lesionados.

Como um significativo aumento nos níveis de hidroxiprolina na urina indica um aumento na degradação e na síntese de colágeno, Abraham[32] concluiu que lesões agudas no tecido aumentam a degradação do colágeno e criam um desequilíbrio no metabolismo do colágeno. Para compensar esse desequilíbrio, a taxa de síntese de colágeno aumenta.

6.3.1.3 Lesões musculoesqueléticas

Lesões musculoesqueléticas provocadas por exercícios podem ser verificadas pelo exame micrográfico das fibras obtidas para amostras de biópsia. Friden, Sjoströn e Ekblom[33] relataram uma lesão estrutural da banda Z da miofibrila, resultado de um exercício excêntrico intenso. Era uma lesão maior nas fibras tipo II que nas fibras do tipo I; evidências do músculo lesionado como soro CK (creatinequinase), lactato desidrogenase e mioglobina também foram examinadas.

Schwane et al.[34] notaram um significtivo aumento nos níveis de plasma CK produzidos por corrida ladeira abaixo. Eles sugeriram que esse estresse mecânico dos exercícios excêntricos causa danos celulares que resultam num fluxo da enzima.

Clarkson et al.[35] relataram aumentos similares nos níveis de soro CK durante exercícios curtos e intensos para os braços, concêntricos (37,6%), excêntricos (35,8%) e isométricos (34%). Eles concluíram que as lesões musculares ocorreram com os três tipos de contração; observa-se que os exercícios excêntricos e isométricos podem provocar um grande número de lesões musculares.

Da mesma forma, Byrnes, Clarkson e Katch[29] observaram que ambos os exercícios com pesos, concêntricos e excêntricos elevavam os níveis de soro CK, mas os indivíduos que treinavam concentricamente não desenvolveram DMT.

6.3.1.4 Modelos Armstrong de lesões

Armstrong,[36] baseado em extensa revisão da literatura, propôs o seguinte modelo de DMT:

- A estrutura das proteínas nas células dos músculos e dos tecidos conjuntivos é rompida por altos esforços mecânicos produzidos durante o exercício, especialmente exercícios excêntricos.
- Lesão estrutural do sarcolema altera a permeabilidade da membrana celular, permitindo um fluxo capilar do cálcio pelo espaço intersticial. Níveis anormais de cálcio inibem a respiração celular, diminuindo a capacidade de a célula produzir ATP para ativar a remoção desse cálcio.
- Altos níveis de cálcio na célula ativam a dependência de cálcio da enzima proteolítica que degrada a linha-Z, a troponina e a tropomiosina.
- Essa destruição progressiva do sarcolema (pós--exercício) permite que componentes intercelulares se difundam no espaço intersticial e no plasma. Essas substâncias atraem monócitos e ativam células mastócitas e histócitas na área lesada.
- Histamina e potássio acumulam-se no espaço intersticial, provocando a fagocitose e a necrose celular. Essas substâncias podem provocar edema no tecido e aumento de temperatura, simulando dor nos receptores e resultando numa sensação de DMT.

6.3.2 Prevenção de lesões musculares

Para prevenir lesões musculares, os exercícios de aquecimento parecem importantes. O aquecimento é ministrado no início do treinamento com pesos, com exercícios normalmente leves, incluindo aquecimento específico da maioria dos grupos musculares. Usando uma progressão gradual da intensidade dos exercícios, quando iniciamos um programa de treinamento com pesos, pode-se evitar lesões musculares.

Evitar contrações excêntricas máximas durante o treinamento dinâmico com pesos pode diminuir as possibilidades de lesão muscular, devendo haver um assistente ou parceiro que traga o peso à posição inicial.

6.4 Desenvolvimento de programas de treinamento com pesos

Depois de avaliar a força e a resistência musculares, o profissional de Educação Física deve ir ao encontro das necessidades e dos nteresses do indivíduo para que ele siga as recomendações para o desenvolvimento do programa de treinamento com pesos:

- determinar a proposta do programa, isto é, ganhos de força e resistência;
- determinar o tipo de programa, ou seja, dinâmico, estático ou isocinético;
- identificar o grupo de músculos a desenvolver;
- além disso, no conjunto de exercícios para a parte superior e inferior do corpo, selecionar exercícios em que sejam trabalhados todos os músculos identificados no item;[3]

- a ordem dos exercícios para o mesmo grupo de músculos não deve ser consecutiva;
- determinar cargas de iniciação para cada exercício;
- fornecer parâmetros de sobrecargas progressivas para cada grupo de músculos.

6.5 Sumário e sugestões

- A condição específica para o desenvolvimento da capacidade muscular é determinar os grupos de músculos, o tipo de contração, a intensidade do treinamento, a velocidade e a extensão do movimento.
- O princípio da sobrecarga condiciona que o grupo de músculos pode ser exercitado acima do trabalho normal para promover o desenvolvimento de força e da resistência.
- O princípio da resistência progressiva condiciona que a carga de trabalho pode ser periodicamente aumentada para continuar sobrecarregando o grupo de músculos.
- Exercícios de treinamento com pesos devem ser organizados de forma a evitar exercícios sucessivos para o mesmo grupo de músculos.
- Métodos de treinamento estático, dinâmico e isocinético com pesos podem ser usados para desenvolver força e resistência.
- Ganhos de força e resistência são resultantes de treinamento com pesos por causa das mudanças morfológicas, neurais e bioquímicas do tecido muscular.
- Mudança morfológica em razão do treinamento com pesos implica a hipertrofia das fibras tipo I e II, aumentando o tamanho e a força dos ligamentos, dos tendões, da massa muscular e da densidade dos ossos.
- Os fatores neurais relacionados aos ganhos de força são: desinibição dos neurônios motores, recrutamento de unidades motoras e aumento da frequência nas descargas dos neurônios motores.
- As mudanças bioquímicas resultantes do treinamento com pesos são: aumento de CP, ATP e atividade da mioquinase com decréscimo do volume e da densidade da mitocôndria.
- Efeitos adicionais do treinamento com pesos são a diminuição do peso e a porcentagem da gordura corporal, aumentando o peso e a porcentagem de massa magra, velocidade, força, flexibilidade e habilidade motora.
- O treinamento excêntrico com pesos produz maior quantidade de DMT que o treinamento concêntrico, isométrico ou isocinético.
- O treinamento isocinético produz pouca ou nenhuma lesão.
- A verdadeira causa da DMT é desconhecida. Espasmos musculares, ruptura de tecidos conjuntivos e lesões musculares têm sido considerados como hipóteses.

Referências

1. Simão R. Fundamentos fisiológicos para o treinamento de força e potência. São Paulo: Phorte; 2003.
2. McArdle WD, Katch FI, Katch VL. Exercise Physiology. Energy, Nutrition and Human Performance. Philadelphia: Lea & Febiger; 1981.
3. Stone WJ, Kroll WA. Sports Conditioning and Weight Training. Boston: Ally & Bacon; 1978.
4. Stone MH, Wilson D. Resistive Training and Selected Effects. Med Clin North Am. 1985 Jan;69(1):109-22.
5. Kraemer WJ, Adams K, Cafarelli E, Dudley GA, Dooly C, Feigenbaum MS, et al. American College of Sports Medicine Position Stand. Progression Models in Resistance Training for Healthy Adults. Med Sci Sports Med. 2002 Feb;34(2):364-80.
6. Sforzo GA, Touey PR. Manipulating Exercise Order Affects Muscular Performance During a Resistance Exercise Training Session. J Strength Cond Res. 1996;10(1):20-4.
7. Hettinger T, Müller EA. Muskelleistung and Muskeltraining. Eur J Appl Pysiol. 1953;15(2):111-26.
8. DeLorme TL, Watkins AL. Technics of Progressive Resistance Exercise. Arch Phys Med Rehabil. 1948 May;29(5):263-73.
9. Berger RA. Comparison of Static and Dynamic Strength Increases. Res Q. 1962;33(3):334-8.
10. Berger RA. Optimum Repetitions for the Development of Strength. Res Q. 1962;33(3):334-8.

11. Berger RA, Hardage B. Effect of Maximum Loads for Each of Ten Repetitions on Strength Improvement. Res Q. 1967 Dec;38(4):715-8.
12. Clarke D, Stull G. Endurance training as a determinant of strength and fatigability. Res Q. 1970 Mar;41(1):19-26.
13. Clarke D. Adaptations in strength and muscular endurance resulting from exercise. New York: Academic Press; 1973.
14. Fleck SJ, Kraemer WJ. Designing resistance training programs. Champaign: Human Kinetics; 1987.
15. Lesmes GR, Costill DL, Coyle EF, Fink WJ. Muscle strength and power changes during maximal isokinetic training. Med Sci Sports. 1978 Winter;10(4):266-9.
16. Jenkins WL, Thackaberry M, Killian C. Speed-specific Isokinetic Training. J Orthop Sports Phys Ther. 1984;6(3):181-3.
17. Clarke HH. Development of muscular strength and endurance. Washington: President's Council on Physical Fitness and Sports; 1974.
18. Thistle HG, Hislop HJ, Moffroid M, Lowman EW. Isokinetic Contraction: a new concept of resistive exercise. Arch Phys Med Rehabil. 1967 Jun;48(6):279-82.
19. Sharkey BJ. Physiology of fitness. Champaign: Human Kinetics; 1990.
20. Ikai M, Fukunaga T. Calculation of Muscle Strength per Unit Cross-sectional Area of Human Muscle by Means of Ultrasonic Measurement. Int Z Angew Physiol, 1968;26(1):26-32.
21. Cureton KJ, Collins MA, Hill DW, McElhannon FM Jr. Muscle Hypertrophy in Men and Women. Med Sci Sports Exerc. 1988 Aug;20(4):338-44.
22. Kraemer WJ. Endocrine Responses to Resistance Exercise. Med Sci Sports Exerc. 1988 Oct;20(5 Suppl):S152-7.
23. Stone MH. Implications for Connective Tissue and Bone Alterations Resulting from Resistance Exercise Training. Med Sci Sports Exerc. 1988 Oct;20(5 Suppl):S162-8.
24. Tesch PA. Skeletal Muscle Adaptations Consequent to Long-term Heavy Resistance Exercise. Med Sci Sports Exerc. 1988 Oct;20(5 Suppl):S132-4.
25. Moritani T, DeVries HA. Neural factors versus hypertrophy in the time course of muscle strength gain. Am J Phys Med. 1979 Jun;58(3):115-30
26. Frontera WR, Meredith CN, O'Reilly KP, Knuttgen HG, Evans WJ. Strength conditioning in older men: skeletal muscle hypertrophy and improved function. J Appl Physiol. 1988 Mar;64(3):1038-44.
27. Lüthi JM, Howald H, Claassen H, Rösler K, Vock P, Hoppeler H. Structural Changes in Skeletal Muscle Tissue with Heavy Resistance Exercise. Int J Sports Med. 1986 Jun;7(3):123-7.
28. Costill DL, Coyle EF, Fink WF, Lesmes GR, Witzmann FA. Adaptations in Skeletal Muscle Following Strength Training. J Appl Physiol. 1979 Jan;46(1):96-9.
29. Byrnes WC, Clarkson PM, Katch FI. Muscle soreness following resistive exercise with and without eccentric contraction. Res Q. 1985;56(3):283-5.
30. DeVries HA. Quantitative Electromyographic Investigation of the Spasm Theory of Muscle Pain Am J Phys Med. 1966;45:119-34.
31. DeVries HA. Physiology of Exercise for Physical Education and Athletics. Dubuque: Brown Company; 1980.
32. Abraham WM. Factors in Delayed Muscle Soreness. Med Sci Sports Exerc. 1977;9:11-20.
33. Friden J, Sjoström M, Ekblom B. Myofibrillar damage Following Intense Eccentric Exercise in Man. Int J Sports Med. 1983;4:170-6.
34. Schwane JA, Johnson SR, Vandenakker CB, Armstrong RB. Delayed-onset Muscular Soreness and Plasma CPK and LDH Activities after Downhill Running. Med Sci Sports Exerc. 1983;15(1):51-6.
35. Clarkson PM, Byrnes WC, McCormick KM, Turcotte LP, White JS. Muscle Soreness and Serum Creatine Kinase Activity Following Isometric and Concentric Exercise. Int J Sports Med. 1986 Jun;7(3):152-5.
36. Armstrong RB. Mechanisms of Exercise-induced Delayed Onset Muscular Soreness: A Brief Review. Med Sci Sports Exerc. 1984 Dec;16(6):529-38.

Capítulo 7

Treinamento de força em cardiopatas

A proposta deste capítulo é prover diretrizes para a implementação apropriada do treinamento de força de forma efetiva para a prescrição para indivíduos com doença e enfraquecimento cardiovascular. A força muscular é um importante componente da forma relacionada à saúde, e o incremento na força é vital para facilitar a volta do indivíduo às atividades diárias. A eficácia própria e o bem-estar social podem ser melhorados por meio do treinamento de força.[1] O exercício com pesos também pode modificar favoravelmente alguns fatores de risco para a doença coronária.[2,3]

O treinamento de força se tornou popular recentemente para o aumento da força muscular e o incremento da resistência em programas de reabilitação cardiovascular e pulmonar. Entretanto, questões frequentemente feitas e debatidas incluem:

- Que carga pode ser levantada com segurança?
- Que pacientes deveriam participar do treinamento de força?
- Quanto tempo depois do evento cardíaco deve ser iniciado o treinamento de força?
- Que tipo de treinamento de força deveria ser feito pelo paciente?
- Qual é o tipo de teste mais seguro e a forma de progressão para o paciente, uma vez que o programa de treinamento de força tenha sido iniciado?

Essas e outras questões similares têm sido difíceis de serem respondidas previamente por causa da pesquisa limitada direcionada apenas para o treinamento de força em populações cardíacas. Recentemente, a pesquisa tem sido intensificada nessa área, e diretrizes para o treinamento de força em cardíacos têm sido apresentadas.[4,5]

7.1 Pesquisas e seus direcionamentos

O treinamento de força tem sido previamente observado como hemodinamicamente inseguro para pacientes com doença cardiovascular ou com risco de eventos cardíacos futuros; também tem sido associado a grandes aumentos na frequência cardíaca (FC) e na pressão arterial (PA) em indivíduos saudáveis.[6] Estudos iniciais têm associado o exercício isométrico com maiores aumentos na pressão diastólica final ventricular esquerda (PDFVE) e PA, maior incidência de disritmias cardíacas, e descompensação ventricular em indivíduos com doença cardiovascular ou função ventricular esquerda prejudicada. Portanto, o exercício isométrico de alta intensidade, ou sustentado, tem sido genericamente contraindicado para pacientes cardíacos em razão do aumento abrupto da demanda de oxigênio do miocárdio e potencial para isquemia do miocárdio ou anormalidades do movimento da parede do ventrículo esquerdo.

Segundo Butler, Beierwaltes e Rogers,[7] também houve questões relacionadas ao tipo e à quantidade dos exercícios de força para populações idosas com baixa capacidade funcional ou função ventricular esquerda severamente prejudicada. Com a idade, o débito cardíaco (DC), a FC, o volume de ejeção (VE) e o volume máximo de oxigênio (VO_2máx) declinam, enquanto a PA aumenta.[8] Além disso, uma FC exagerada ou resposta da PA e um elevado duplo-produto (DP) poderiam colocar um fardo excessivo no sistema cardiovascular do paciente geriátrico. Pacientes com baixa fração de ejeção (FE) e/ou pobre função VE também podem correr risco de complicações cardiovasculares no treinamento de força intensa ou de trabalho isométrico.[9]

A maioria dos estudos recentes tem demonstrado que os programas de treinamento de força usando cargas leves, moderadas ou altas são seguros e efetivos para o desenvolvimento da força em pacientes com doença da artéria coronária (DAC) ou que tenham tido infarto do miocárdio anteriormente (IM).[7,10] A segurança do treinamento de força foi bem documentada em pacientes selecionados.[11] Além disso, o exercício com pesos, se feito sob supervisão apropriada e com monitoramento cardiovascular apropriado, parece ser uma forma segura e viável de treinamento para pacientes cardíacos e um complemento importante para programas de reabilitação cardiopulmonar. Pesquisas recentes que examinaram as adaptações fisiológicas agudas e crônicas no treinamento de força de intensidade moderada a alta em populações cardíacas e geriátricas demonstraram, também, que esse treinamento não é perigoso, como se acreditava previamente. Investigações com populações mais idosas mostraram que treinamento a 50%-80% de uma repetição máxima (1 RM) aumenta significativamente o tamanho do músculo e a força, e é seguro fisiologicamente.[12] Pacientes cardíacos treinados aerobiamente também mostraram ganhos de força significativos (12% a 53%) seguindo o treinamento de alta intensidade (80% de 1 RM) sem complicações cardiovasculares durante o teste ou o treinamento.[13] Dada a natureza benéfica do exercício de força de intensidade alta, os programas de reabilitação cardiopulmonar podem oferecer o treinamento de força de nível relativamente alto para pacientes selecionados. Entretanto, é preciso haver mais pesquisa para identificar plenamente os riscos cardiovasculares, os benefícios e as taxas de complicação no treinamento de força de alta intensidade em relação a populações cardíacas e especificamente as que marcadamente prejudicaram a função cardiovascular.

Recomenda-se em programas de reabilitação cardiopulmonares que se incorporem exercícios isométricos e dinâmicos dos braços e das pernas em sessões para aumentar a força muscular e a resistência. Esses exercícios devem corresponder a tarefas desempenhadas pelo paciente durante as atividades diárias.[14] Muitos pacientes perdem a força física e a confiança para desempenhar atividades diárias depois de um evento cardiovascular. Pacientes que têm atividades que requerem trabalho manual moderado ou levantamentos frequentes devem ser preparados para essas atividades pelo treinamento de força. Pacientes com níveis maiores de confiança com tarefas de força específicas, que foram reportados ao treinamento de força, foram beneficiados nas suas atividades diárias.[14]

O American College of Sports Medicine (ACSM) tem apresentado recentemente diretrizes recomendadas para o treinamento de força para adultos sadios e pacientes cardíacos de baixo risco.[15,16] O Comitê de Ciência do Exercício da Associação de Reabilitação Cardiopulmonar da Carolina do Norte incorporou essas e outras diretrizes e recomendações para providenciar uma avaliação compreensiva do treinamento de força para indivíduos de várias categorias de risco cardiovascular.[4]

7.2 Efeitos agudos

7.2.1 Pressão arterial

Estudos iniciais relataram elevações marcantes nas pressões sistólica e diastólica com levantamento de pesos em exercícios intensos e também nos exercícios isométricos.[6,17] Pressões elevadas poderiam aumentar bastante a percepção do esforço (PE), podendo, também, aumentar a probabilidade de disritmias, isquemia do miocárdio ou disfunção do ventrículo esquerdo em pacientes com doença cardíaca.[18]

Reciprocamente, as pressões diastólicas elevadas poderiam facilitar um incremento da perfusão coronariana.[1,19] Elevações relativamente pequenas na PA têm sido encontradas durante o treinamento de força em circuito (8 a 16 repetições com 30% a 60% de 1 RM) em pacientes cardíacos seletos e de alto risco.[1,19,20] Harris e Holly[21] examinaram adaptações ao treinamento de força em circuito em indivíduos hipertensos da linha limítrofe (140/90 a 160/95 mmHg) e descobriram que as pressões sistólica e diastólica durante o exercício não excederam 190 e 106 mmHg, respectivamente. Haslam et al.[22] relataram respostas aceitáveis de PA com levantamento de pesos em pacientes pós-IM com pressão intra-arterial e ECG monitorando indivíduos que desempenham exercícios de membros superiores e inferiores com cargas a 20%, 40%, 60% e 80% de 1 RM. Embora as pressões arteriais e a PE tenham aumentado com a carga relativa, os valores foram clinicamente aceitos, sobretudo as cargas de 60% de 1 RM, comparadas a valores observados durante o teste ergométrico cíclico limitado de sintoma máximo. Apenas no exercício de *leg press* uni e bilateral a 80% de 1 RM foi observado maior PE que o observado no exercício ergométrico máximo. Entretanto, não ocorreram mudanças isquêmicas no ECG, nem sintomas de anginas ou disritmias ventriculares marcantes durante o levantamento de peso, e a função ventricular esquerda não foi comprometida com qualquer carga de trabalho.

Outras investigações têm relatado descobertas similares em populações com complicações cardíacas. Usando cargas de 40% a 60% de 1 RM, Vander et al.[23] descobriram que pacientes com doenças cardíacas apresentaram picos mais baixos de DP e valores sistólicos durante o treinamento em circuito do que durante o teste de exercício ergométrico máximo. Esses pesquisadores identificaram que as pressões diastólicas máximas excederam aquelas atingidas durante o teste de exercício ergométrico máximo (100% a 136%); entretanto, a pressão diastólica média relatada foi de apenas 100 mmHg durante as sessões de treinamento em circuito. Butler, Beierwaltes e Rogers[7] notaram anormalidades no movimento da parede ventricular esquerda segmental isquêmica em 5 de 61 segmentos usando medidas ecocardiográficas tomadas imediatamente após o teste de exercício ergométrico, comparadas a só um segmento isquêmico com anormalidade no movimento da parede seguindo o treinamento de força em circuito. Eles também relataram pressões sistólicas (127 ± 6 mmHg) e diastólicas (73 ± 3 mmHg)[91] aceitáveis clinicamente. Squires et al.[24] também descobriram respostas aceitáveis da PA durante o exercício supino horizontal, ou *leg press*, em pacientes de 17 a 60 dias pós-cirurgia de IM. As pressões arteriais sistólicas mais altas observadas foram de 30 a 58 mmHg maiores que os valores pré-exercício para o tronco e as pernas, respectivamente. A maior PA sistólica medida para qualquer indivíduo durante o treinamento de força foi 150 mmHg para o exercício *leg press*. Ghilarducci, Holly e Amsterdam[13] observaram respostas da PA aceitáveis em pacientes em reabilitação cardíaca treinados aerobiamente que desempenharam treinamento de força em alta intensidade (80% de 1 RM). Indivíduos foram continuamente monitorados pela FC e pelo ECG, via radiotelemetria, durante o treinamento de força. Indivíduos também foram sistematicamente monitorados pela FC e pela PA por 10 semanas de treinamento com pesos. Não se observaram sintomas de isquemia, FC ou PA anormais durante um teste de 1 RM ou treinamento de força. Haennel, Quinney e Kappagoda[20] também observaram pressões sistólicas (152 ± 3 mmHg) e diastólicas (83 ± 4 mmHg) aceitáveis durante 3 séries de treinamento em circuito com máquinas hidráulicas (intervalos de repouso de 20 a 60 segundos) em homens, de 9 a 10 semanas depois da cirurgia de angioplastia. Não se observaram complicações cardiovasculares com esse tipo de treinamento de força de baixa resistência e alta repetição.

Deve-se notar que as respostas de PA observadas nesses estudos podem refletir o tempo depois da elevação em que elas foram medidas. Wiecek et al.[25] demonstraram que tanto a pressão sistólica quanto a diastólica decrescem rapidamente seguindo os levantamentos de peso entre 40% e 60% de 1 RM em pacientes com doença cardíaca. Dessa forma, medidas indiretas de PA depois do levantamento de pesos podem não refletir seguramente as pressões arteriais realmente geradas durante o levantamento de pesos por causa do rápido decréscimo.

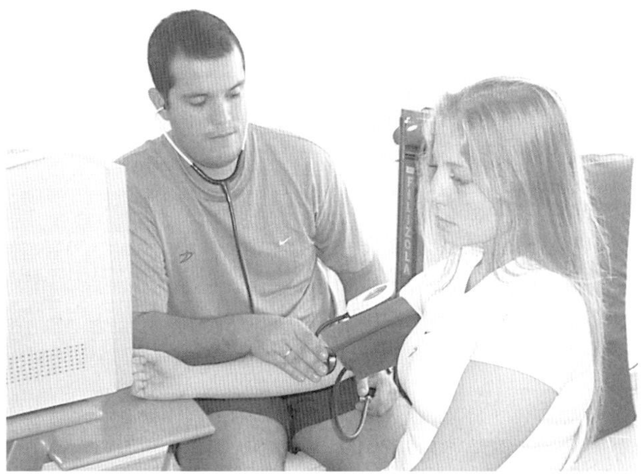

FIGURA 7.1 – Mensuração da pressão arterial.

7.2.2 Frequência cardíaca e consumo de oxigênio

Em indivíduos sadios, as respostas agudas de FC e VO_2máx, durante o treinamento de força em circuito, têm sido variadas, indo de 60% a 83% de FC máxima e 30% a 50% do VO_2máx, respectivamente.[5,26] FCs mais baixas têm sido observadas durante o treinamento com pesos (quando comparado ao exercício aeróbio) em pacientes cardíacos.[20,23] Vander et al.[23] registraram respostas de FCs máximas durante o exercício de força (40% a 60% de 1 RM) e observaram valores de 56% a 64% da FC máxima. Esses valores foram considerados bem abaixo da ordem da FC-alvo para a prescrição de exercício aeróbio. Haennel, Quinney e Kappagoda[20] descobriram respostas de FCs similares (56% da reserva da FC) durante 3 séries em circuito com pacientes recém-submetidos a cirurgia de angioplastia. Kelemen et al.[27] observaram picos de FC 12% abaixo da zona de treinamento aeróbio, alvo prescrito durante o treinamento de força, comparado a picos de FC durante o exercício de caminhada que foi 4% abaixo da zona-alvo. Essa relação permaneceu verdadeira para pacientes em terapia com betabloqueador, embora as FCs fossem compreensivelmente mais baixas. Squires et al.[24] registraram que as respostas individuais mais altas de FC observadas antes e depois do treinamento de força foram 37 e 30 bpm com exercício de *leg press* e supino horizontal, respectivamente, comparadas com valores pré-exercício. Reciprocamente, Butler, Beierwaltes e Rogers[7] não registraram diferenças marcantes entre as respostas de FC no meio, no fim e depois do exercício de força desempenhado de 40% a 60% de 1 RM e FCs mensuradas durante exercício aeróbio desempenhado a 85% da FC máxima em pacientes cardíacos selecionados. Além disso, Haslam et al.[22] descobriram que a FC de pico máxima aumentou progressivamente com a quantidade elevada de 20% a 80% de 1 RM em pacientes com doença cardíaca. Hurley et al.[28] também observaram FCs significativamente maiores durante o treinamento de força de alta intensidade com intervalos curtos entre as séries que, em situações comparadas a FCs mensuradas durante a caminhada, contínua no mesmo VO_2máx em indivíduos sadios.

Poucos pesquisadores têm examinado parâmetros respiratórios durante o treinamento de força em pacientes com problemas cardíacos. Sheldahl et al.[29] descobriram que pacientes dois meses após cirurgia de IM ou angioplastia tinham valores de VO_2 que mediavam 85% de VO_2máx durante o levantamento repetitivo de caixas de 13,5 a 23 kg. Esses pesquisadores também registraram flutuações evidentes na PA nessa população de pacientes durante o levantamento de peso. Exames clínicos que empregam monitoramento de parâmetros respiratórios precisam ser desenvolvidos e assessorados para determinar respostas respiratórias ao levantamento de peso em populações com complicações cardíacas. A FC e as respostas de VO_2máx durante o exercício de força dependem de vários fatores, incluindo:

- o tipo de exercício de força;
- a quantidade de carga;
- a duração dos intervalos de repouso entre os exercícios;
- a forma cardiovascular do indivíduo;
- medicamentos prescritos.[7]

Níveis mais altos de noradrenalina e adrenalina têm sido observados durante o treinamento de força intenso do que durante a caminhada contínua com o mesmo VO_2.[28] Dessa forma, a resposta elevada de FC observada no treinamento de força intenso pode ser atribuída à ativação adrenérgica simpática maior, resultando em liberação maior de catecolaminas. Componentes isométricos poderiam facilitar uma resposta pressórica e vasoconstrição quando os músculos são exercitados, os quais, por sua vez, poderiam ativar o sistema adrenérgico. Um recrutamento maior de fibras musculares de contração rápida com exercícios mais intensos também pode contribuir para a resposta pressórica mais elevada.[26]

Em resumo, essas descobertas sugerem que o treinamento de força desempenhado a ± 60% de 1 RM gera respostas cardiovasculares aceitáveis clinicamente e parece ser um modo seguro de exercício para pacientes enquadrados adequadamente. Embora estudos recentes mostrem que o exercício de força intenso (acima de 80% de 1 RM) é seguro, os profissionais da área cardiopulmonar podem preferir usar cargas de trabalho em torno de 60% de 1 RM até mais pesquisas serem desenvolvidas. Muitos investigadores descrevem as medidas de auscultação da PA, tomadas em 1 minuto, seguindo a compleição do levantamento de peso.[27] A PA tem mostrado cair rapidamente (dentro de 10 a 15 segundos) depois da execução dos exercícios.[6,22,25] Dessa forma, valores da PA previamente registrados podem não ser indicativos da PA de pico verdadeira durante a contração muscular. Os profissionais da reabilitação cardiopulmonar deverão mensurar as medidas de FC e de PA durante os movimentos, em um membro estacionário ou em um segmento corporal durante o exercício, para assegurar a medida da PA. Geralmente, no treinamento de força, as FCs não deverão exceder as FCs prescritas para o exercício aeróbio e podem cair abaixo da zona-alvo.

O treinamento de força parece produzir uma elevação de PAS, com menos contribuição da FC em pacientes cardíacos. Portanto a PE pode ser um melhor indicador da fadiga cardiovascular durante o exercício de força.[30]

Não se registraram significativas disritmias, sintomas de angina, frequências respiratórias anormais ou outras indicações de isquemia do miocárdio durante o exercício de força em pacientes selecionados depois de IM ou de angioplastia, ou com frações de ejeção baixas, que tenham participado de programas de reabilitação cardiopulmonar.[7,10,13,20,22-24] Entretanto, episódios de hipotensão sintomática[27] e hipotensão não sintomática[29] têm sido relatados durante o treinamento de força. Dessa forma, os profissionais de reabilitação cardíaca devem monitorar frequentemente a PA e a FC de pacientes para sinais de sintomas de danos cardiovasculares durante o exercício de força.

7.3 Adaptações fisiológicas: efeitos do treinamento

7.3.1 Força muscular

Aumentos na força muscular têm sido universalmente registrados seguindo o treinamento de exercício resistido de baixo a moderado, dinâmico, isocinético e de circuito em indivíduos sadios[1,15,16,19] e em pacientes com danos cardíacos e de alto risco.[10,11,20,24,27] Aumentos médios em forças corporais mais altas e mais baixas geralmente atingem de 20% a 50% em indivíduos sadios e 20% a 30% em populações com danos cardíacos. Indivíduos hipertensos têm mostrado resultados similares sem efeito significativo da terapia por betabloqueador ou inibidores dos canais de cálcio.[21,31] Maiores incrementos globais (acima de 63%) têm sido registrados seguindo programas de maior intensidade que usam cargas de trabalho acima de 80% de 1 RM em homens sem treinamento sadios e em pacientes cardíacos selecionados.[13] Além disso, adultos sadios que treinam 3 dias por semana mostram maiores ganhos em força que aqueles que treinam 2 dias por semana (28% *versus* 21%, respectivamente).[32] Baseados em recomendações do ACSM (Pollock et al.),[15,16] pacientes cardíacos deverão desempenhar o exercício resistido num mínimo de 2 dias por semana para incrementos adequados na força e não mais que 3 dias por semana para permitir restabelecimento adequado. Embora a adição de maiores séries, repetições, cargas e dias de treinamento possa melhorar o desenvolvimento da força, a magnitude dos ganhos é relativamente pequena e os pacientes podem ter menos concordância com o treinamento resistido por causa das sessões mais longas exigidas para completar os circuitos. Incrementos globais na força corporal mais alta e na menos alta permitem ao paciente cardíaco desempenhar atividades de levantamento a um custo mais baixo de energia e com maior eficiência de movimento. A tolerância de trabalho incrementada de adaptações periféricas no músculo esquelético treinado pode melhorar a habilidade de pacientes resumirem atividades rotineiras depois de um evento cardíaco. Esses melhoramentos também podem dar ao paciente maior confiança em atividades ocupacionais e melhorar a autoimagem. Maiores resistências e menores repetições podem ser recomendadas para pacientes de reabilitação cardíaca, pois estudos não registraram complicações cardiovasculares com levantamento de peso. Entretanto, embora alguns estudos tenham registrado maior incremento na força com levantamento mais intenso, isso certamente representa uma relação curvilínea ao contrário de uma relação linear, como é o caso do condicionamento cardiovascular, isto é, além de uma certa intensidade, os incrementos parecem planos. Por exemplo, embora 10 semanas de treinamento resistido a 80% de 1 RM deduzissem um aumento médio de 29% na força global,[13] o treinamento de 30% a 40% de 1 RM sobre o mesmo período resultou em um incremento relativo similar (24%).[27] Essas descobertas sugerem que o treinamento resistido pesado, que potencialmente pode aumentar a resposta hemodinâmica e o risco do treinamento em circuito, oferece um benefício adicional pequeno na força para essa população.

FIGURA 7.2 – Agachamento no *smith*.

7.3.2 Consumo máximo de oxigênio (VO_2máx)

A maioria dos estudos indica que o treinamento de força também não aumenta o VO_2máx[33] ou mostra somente aumentos suaves a moderados (4% a 15%) do VO_2máx,[5,34,35] em indivíduos sadios e em pacientes hipertensos.[36]

O aumento pequeno no nível da forma cardiovascular observado com treinamento de força pode ser atribuível a muitos fatores, incluindo:

- nível relativamente baixo de consumo de oxigênio durante o exercício em circuito;
- diferenças nos protocolos de treinamento;
- duração dos intervalos de repouso entre as séries;
- características da população examinada;
- volume total de trabalho desenvolvido;
- especificação do treinamento muscular;
- capacidade inicial de exercício dos indivíduos examinados.

Quaisquer desses fatores e seus efeitos nas adaptações centrais e/ou periféricas poderiam afetar o VO_2máx.

Três estudos relatados examinaram a capacidade cardiovascular seguindo o treinamento de força em pacientes com doença coronariana.[2,20,27] Haennel, Quinney e Kappagoda[20] registraram um suave incremento no VO_2máx (11%) seguindo 8 semanas de treinamento de força em aparelho hidráulico em oito pacientes de 9 a 10 semanas depois da cirurgia de angioplastia. Os indivíduos desempenharam 3 séries em estações com exercícios para membros inferiores e superiores (8 a 16 repetições com intervalos de repouso de 20 a 60 segundos entre as séries) por 3 dias por semana. Esses pesquisadores atribuíram o aumento em picos de VO_2máx a um aumento no VE máximo, DC e respostas de FC. Kelemen et al.[27] também relataram incrementos suaves na resistência cardiovascular (12% de aumento no tempo de trabalho contínuo Bruce) seguindo o treinamento de força em pacientes com uma história de IM, angioplastia ou angina. Esses incrementos foram baseados apenas em mudanças na duração do teste contínuo, e quando a medição direta do consumo de oxigênio não foi desempenhada. Além disso, o grupo experimental do treinamento de força participou do exercício aeróbio. Em um estudo similar, McCartney et al.[2] observaram que o treinamento de força e o treinamento aeróbio combinados eram mais efetivos para melhorar a força e o desempenho aeróbio que o treinamento de exercício aeróbio sozinho em pacientes com doença cardiovascular. Esses pesquisadores descobriram que a produção máxima de potência na bicicleta ergométrica aumentou em 15% (1.030 a 1.180 kpm/min) e o tempo cíclico máximo aumentou em 109% (541 a 1.128 segundos), seguindo 10 semanas (20 sessões) de exercício aeróbio com 60% a 85% da FC máxima e treinamento de força de 40% a 80% de 1 RM. Eles atribuíram esses incrementos ao aumento da força nos membros inferiores e à potência muscular. Medições metabólicas diretas não foram obtidas nessa investigação. É prematuro recomendar o exercício de força, incluindo o treinamento em forma de circuito, para a melhora significativa da resistência cardiovascular em populações cardíacas. Entretanto, o treinamento força/aeróbio combinado pode facilitar mudanças cardiovasculares centrais e/ou periféricas que podem incrementar a resistência aeróbia, melhor que apenas o treinamento aeróbio. Protocolos de pesquisa sobre períodos estendidos de tempo com estrita observação do volume de trabalho, intervalos de repouso e medições respiratórias precisam ser conduzidos em pacientes com várias formas de complicações cardiovasculares antes que o exercício de força possa ser recomendado para melhorar a forma cardiovascular em populações cardíacas. O treinamento de força não deverá ser substituído por exercício aeróbio em programas de reabilitação cardiopulmonar, mas ser usado para incrementar mudanças esperadas na função cardiovascular seguindo treinamento aeróbio regular.

7.3.3 Componentes do sangue

O risco de doenças cardiovasculares está diretamente relacionado a níveis de plasma de colesterol total (CT) e colesterol-lipoproteína de baixa densidade (LDL-C), e inversamente relacionado às concentrações de colesterol-lipoproteína de alta densidade (HDL-C).[19] O treinamento de força pode alterar favoravelmente fatores de risco para o desenvolvimento de doenças cardiovasculares, incluindo níveis de lipídio e lipoproteína no sangue, tolerância à glicose e sensibilidade à insulina.[3,4] Entretanto, dados conflitantes têm sido apresentados e poucos estudos têm examinado a modificação do fator de risco em populações de alto risco sobre períodos estendidos, ou seguindo o exercício de força exclusivo. Estudos que têm avaliado a influência dos regimes de exercício de força em perfis de lipídio e lipoproteína são polêmicos por causa do inadequado controle ou responsabilidade de variáveis suplementares. Há também uma falta de pesquisa nesse tópico em populações cardíacas.

Investigações prévias da seção transversal têm associado o treinamento de força com níveis suprimidos de HDL-C e elevados de CT para atletas treinados. Entretanto, esses estudos deverão ser vistos com cautela por causa do controle inadequado para idade, gordura corporal, regime de treinamento, uso de esteroides anabólicos e dieta.[1,19] Mudanças agudas de lipídio e lipoproteína têm sido observadas seguindo o exercício de força de nível moderado a alto em indivíduos sadios. Foram detectados aumentos moderados nos níveis de HDL-C e HDL3-C (11% e 12%, respectivamente) 24 horas depois do treinamento com pesos em circuito de baixa resistência e alta repetição. Níveis de triglicérides mais baixos também foram observados 24 horas depois do levantamento concomitante, com um decréscimo significativo na atividade da lecitina-colesterol-aciltransferase (LCAT), a enzima que converte HDL3-C em HDL2-C. Shoup e Durstine[37] concluíram que as enzimas, ao mediar o metabolismo da lipoproteína, foram alteradas de 24 a 48 horas depois do treinamento em circuito em homens sedentários, de meia-idade, sem mudanças associadas aos parâmetros de lipoproteína.

As relações de LDL-C e CT/HDL-C têm sido registradas seguindo o treinamento de força crônico em indivíduos sadios. Aumentos no HDL-C e na sua subfração de HDL2-C também têm sido observados seguindo-se 16 semanas de treinamento em circuito.[33] Outros pesquisadores não têm registrado importantes mudanças no CT[33] ou em qualquer parâmetro de lipoproteína.[38] Kokkinos et al.[38] não registraram mudanças significativas em qualquer parâmetro de lipoproteína seguindo 20 semanas de treinamento em circuito (2 séries de 11 exercícios para membros inferiores e superiores de 12 a 15 RMs por série) em indivíduos com risco de doença cardiovascular. Kokkinos et al.[38] também não registraram mudanças significativas na atividade da lipase da lipoproteína (enzima que regula o catabolismo de lipoproteínas ricas em triglicérides) medida a 20, 48 ou 72 horas depois do treinamento em circuito. Manning et al.[39] não acharam mudanças em quaisquer parâmetros de lipoproteína seguindo 12 semanas de treinamento com pesos (3 séries para membros inferiores e superiores desempenhados entre 60% e 70% de 1 RM, 3 vezes por semana) em mulheres obesas sedentárias. Outros pesquisadores têm registrado tolerância à glicose e sensibilidade à insulina melhorada seguindo o treinamento de força.[33]

Sob certas condições, o exercício de força pode alterar beneficamente a química do sangue. Entretanto, limitações de projeto e/ou metodológicas impedem conclusões definidas concernentes à eficácia do exercício de força para o risco de fator de intervenção.[34,38] O treinamento pode produzir mudanças positivas nos soros de lipídios, com o volume de treinamento sendo o fator primordial.[13] Exames de longo tempo que controlam o exercício de força (tipo, intensidade, volume, trabalho, taxa de repouso, duração), o nível da forma física do indivíduo, o sexo, os valores fronteiriços de lipoproteína, a situação (*status*) do volume de plasma, o uso de medicação e o regime de dieta precisam ser desenvolvidos e assessorados em populações cardíacas e de alto risco, antes que esse modo de exercício possa ser recomendado para alterar favoravelmente variáveis selecionadas de risco cardiovascular.[34]

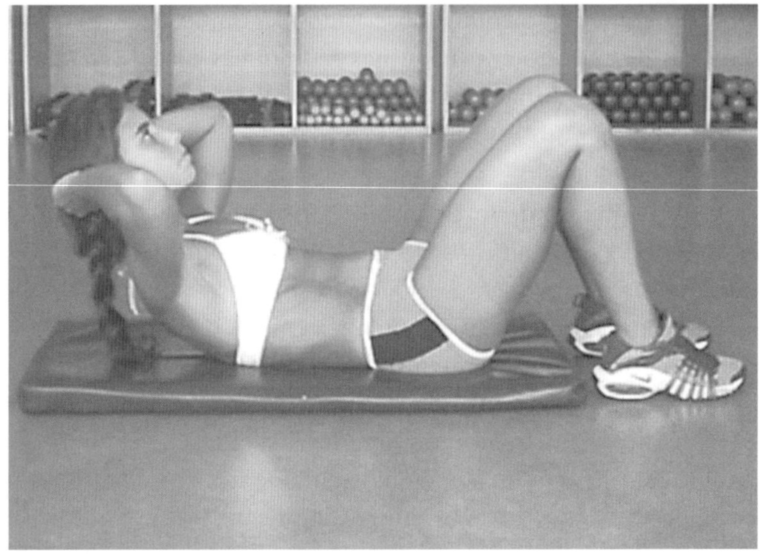

FIGURA 7.3 – Exercício abdominal.

7.3.4 Composição corporal

Tem-se estabelecido que o treinamento de força pode aumentar o peso livre de gordura em razão da hipertrofia muscular em indivíduos sadios.[1,19] Porém, o treinamento de força não parece produzir mudanças significativas no peso total do corpo[1,28,33-36,39,40] e pode,[36,40] ou não,[33] baixar o conteúdo de gordura corporal em indivíduos sadios ou naqueles com risco de um evento cardíaco. Em pacientes cardíacos selecionados, estudos longitudinais têm mostrado que não há mudanças significativas no peso corporal ou gordura seguindo 24 semanas entre 30% a 40% de 1 RM,[10] em 10 semanas de treinamento dinâmico de intensidade alta a 80% de 1 RM[13] ou em 8 semanas de treinamento em circuito hidráulico de volume alto.[20] Kelemen et al.[27] registraram um decréscimo pequeno, mas significativo nos valores médios de gordura corporal, 20,8% ± 4,4% a 19,4% ± 3,3% seguindo 10 semanas de treinamento em circuito em pacientes que participaram de reabilitação cardíaca, embora não fossem observadas mudanças no peso corporal. Os programas de reabilitação cardíaca têm enfatizado tradicionalmente o exercício aeróbio e seus efeitos benéficos. Portanto, tem sido difícil assessorar parâmetros de composição corporal seguindo exclusivamente o treinamento de força em pacientes com doença cardiovascular. Desde que foi documentado que o exercício aeróbio mantém a massa magra do corpo e diminui o conteúdo de gordura em pacientes que participam regularmente de reabilitação cardíaca, o exercício de força pode ser considerado um suplemento para mudanças esperadas na composição corporal e pode realmente incrementar essas mudanças.

7.3.5 Frequência e função cardíaca

Com o condicionamento aeróbio, a FC de repouso é reduzida para aproximadamente 10 a 15 bpm. Isso pode ocorrer em virtude da ação parassimpática incrementada, do VE ventricular esquerdo aumentado ou da descarga simpática diminuída, resultando em um decréscimo na ação do nódulo de SA. O treinamento de força tem sido apresentado a deduzir, estatisticamente, significativos e não significativos decréscimos na FC de repouso (4% a 13%) em jovens seguindo o treinamento de força. As FCs de repouso e de exercício submáximo também se apresentaram mais baixas ou permanecem estatisticamente inalteradas em populações adultas seguindo o treinamento de força em forma de circuito. As FCs de repouso e exercício mais baixas observadas seguindo treinamento de força crônico podem ser acompanhadas por um aumento no volume sistólico por causa da diástole mais longa (retorno venoso aumentado), mas podem não refletir necessariamente um aumento no tamanho da câmara.[1,19] O exercício máximo de volume sistólico e DC mostrou aumentos acima de 8%, seguindo um treinamento em circuito intenso em indivíduos sadios.[34,35] Outros pesquisadores não encontraram mudança no exercício submáximo do DC seguindo 16 meses de treinamento em circuito de alta intensidade em adultos sadios.[28] Em pacientes cardíacos selecionados, as FCs de repouso e de exercício submáximo mais baixas, o volume sistólico de repouso aumentado e o DC de exercício máximo e repouso aumentado foram observados seguindo 8 semanas de circuito em máquinas hidráulicas e de alto volume de treinamento.[20]

7.3.6 Pressão arterial

O treinamento de força crônico mostrou PA de repouso baixa em adultos de meia-idade, adultos hipertensos e adolescentes hipertensos. Outros relatórios mostram não haver mudança em PA de repouso seguindo o treinamento de força em atletas universitários, e adultos hipertensos, ou seguindo treinamento em circuito de alta intensidade em indivíduos de meia-idade, sem treinamento.[1,19,41] Stone et al.[42] descobriram uma significativa redução na PA sistólica de repouso, mas nenhuma mudança na PA diastólica depois de 8 semanas de treinamento de peso estilo olímpico em jovens. Hagberg et al.[43] registraram decréscimos significativos na PA sistólica em adolescentes hipertensos seguindo um programa de corrida. Os indivíduos então completaram um programa de treinamento de peso de 20 semanas que resultou em manutenção e, em alguns casos, em maior redução na PA sistólica. Hurley et al.[33] observaram um decréscimo significativo na PA diastólica de repouso em adultos de meia-idade após 16 semanas de circuito, enquanto a PA sistólica de repouso permanecia constante. Harris e Holly[21] registraram um decréscimo médio na PA diastólica (98,8 a 91,3 mmHg) em homens hipertensos seguindo o treinamento em circuito. Reciprocamente, Cononie et al.[44] não acharam mudanças significativas nas PA sistólica, diastólica ou média em homens e mulheres hipertensos ou normais de 70 a 79 anos seguindo 24 semanas de exercício de treinamento. Blumenthal, Siegel e Applebaum[36] registraram um decréscimo de 7 mmHg na PA sistólica (143 ± 10,3 a 136 ± 11,6 mmHg) e decréscimo de 6 mmHg na PA diastólica (95 ± 5,4 a 89 ± 6,4 mmHg) seguindo 16 semanas de treinamento de força e flexibilidade em adultos hipertensos. Entretanto, o grupo-controle mostrou mudanças similares e esses pesquisadores concluíram que o treinamento de força não altera favoravelmente a PA de repouso nessa população de indivíduos. Sparling et al.[10] também não encontraram diferenças marcantes nas medidas auscultatórias da PA de repouso nem nas de exercício em pacientes cardíacos e de alto risco, seguindo 24 semanas de treinamento em circuito. Entretanto, em seus estudos, as PAs foram medidas por 1 minuto seguindo cada execução do exercício, que pode ter mascarado os valores reais do exercício.[25]

Em resumo, o treinamento de exercício aeróbio convencional deduz uma redução da FC nas cargas de trabalho submáximas. Estudos têm fornecido a evidência de que as adaptações cardiovasculares periféricas e/ou centrais benéficas também podem ser resultante do treinamento de força ou resistido/aeróbio combinado em populações cardíacas. Alguns desses benefícios incluem VO_2máx aumentado, volume sistólico de repouso aumentado e FC e volume sistólico de exercício submáximo diminuídos. Outros pesquisadores não encontraram mudanças na FC ou na PA seguindo o treinamento de força crônico. Poucos pesquisadores têm examinado as adaptações do treinamento de longo prazo em populações cardíacas e de alto risco. Portanto, o treinamento de força pode aumentar o desempenho cardiovascular por meio da melhora dos parâmetros cardiovasculares e musculares selecionados. Essas mudanças podem alterar beneficamente o risco de desenvolvimento de doenças cardiovasculares. Entretanto, são necessárias mais investigações.[1,19,41]

7.4 Exercício isométrico

O exercício isométrico ocorre repetidamente com muitas atividades na vida diária e é a forma dominante de exercício em muitas tarefas diárias. O trabalho isométrico (levantamento de peso, compressão) envolve a contração constante do músculo de uma massa relativamente pequena deste e é primariamente anaeróbio, desde que o fluxo de sangue do músculo e o fornecimento de oxigênio sejam associados à compressão sustentada dos vasos arteriais durante a contração. Em indivíduos sadios, a contração muscular dinâmica causa o crescimento na FC e no DC, ao passo que pequenas artérias dentro do músculo contraído se dilatam e reduzem a resistência vascular sistêmica (RVS). Durante o trabalho muscular isométrico, a FC, o DC e o VO_2 aumentam sem um declínio na RVS, o que produz um rápido aumento (particularmente diastólico) na PA e impõe maior pressão que a carga volumétrica no ventrículo esquerdo.[1,19] Essa resposta pressórica deduz um aumento na pressão arterial média (PAM)[19] que está diretamente relacionado tanto à intensidade e à duração da contração muscular quanto ao tamanho do músculo.[17,19] A PAM para o exercício isométrico é muito mais alta para qualquer VO_2 dado no exercício dinâmico equivalente.[45] A resposta pressórica é um reflexo de eventos metabólicos no músculo isquêmico e o tempo de fadiga muscular é inversamente proporcional à porcentagem de contração voluntária máxima.[19]

Pesquisadores clínicos têm registrado que pacientes com danos no ventrículo esquerdo suaves a severos e/ou falência cardíaca congestiva podem demonstrar decréscimo de DC, volume sistólico e FE, aumento de anormalidades de movimento da parede regional, regurgitação mitral e disritmias durante o exercício isométrico sustentado com testes de preensão manual e de sustentação com pesos.[14] Dessa forma, o exercício isométrico de alta intensidade ou sustentado tem sido observado como arriscado para pacientes com função ventricular esquerda pobre por causa do nível excessivo do trabalho da pressão no miocárdio e tem sido tradicionalmente contraindicado para pacientes cardíacos. Entretanto, estudos que têm comparado exercícios isométricos (preensão manual) com dinâmicos em pacientes com doenças cardiovasculares no ventrículo esquerdo mostraram que a preensão manual (*hand grip*), sozinha ou em combinação com o exercício dinâmico, produz menos respostas de segmento ST isquêmico quando comparada ao exercício aeróbio. Além disso, vários pesquisadores têm especulado que o exercício isométrico pode realmente favorecer a perfusão no miocárdio e normalmente produz mudanças de ECG isquêmicas durante o exercício dinâmico.[14] As elevadas PA diastólicas, o retorno venoso decrescido e a tensão da parede, observados durante o exercício isométrico, podem aumentar a pressão da perfusão coronária e incrementar o fluxo de sangue nas áreas estenóticas coronárias e colaterais durante a diástole, reduzindo o desenvolvimento da isquemia no miocárdio.[4,13]

Pesquisas adotando componentes isométricos, dinâmicos ou isométricos/dinâmicos combinados (isto é, caminhada combinada com peso, carregamento de peso e levantamento ou simulação de trabalho diários) não mostraram respostas cardíacas adversas, como angina, depressão do segmento ST, ou disritmias significativas em pacientes com doenças cardiovasculares ou com IM.[11] Portanto, pacientes cardíacos podem ser capazes de desempenhar o exercício isométrico submáximo limitado com segurança, e os profissionais de reabilitação cardíaca podem considerar a oferta de mais exercícios isométricos não sustentados para preparar pacientes para tarefas de emprego específico, que exigem contrações musculares isométricas frequentes. As prescrições de exercício individual para o exercício isométrico de baixa intensidade podem ser desenvolvidas, o que leva em consideração as metas do paciente, o *status* cardiovascular (isto é, a função ventricular esquerda), exigências ocupacionais e de lazer.[14] O teste de preensão manual ou de sustentação de pesos de forma isométrica pode ser útil a esse respeito. Entretanto, até que as diretrizes para o exercício isométrico tenham sido claramente estabelecidas e mais pesquisas desenvolvidas, os pacientes deverão continuar a ser instruídos a evitar o trabalho isométrico puro durante o levantamento de peso. Os pacientes deverão evitar atividades diárias que envolvam trabalho isométrico pesado (isto é, empurrar carro, carregar uma mala pesada) e continuar a se informar acerca dos perigos da expiração forçada contra a glote fechada durante o esforço (manobra de Valsalva).[19,41]

FIGURA 7.4 – Abdução de braços.

7.4.1 Indicações e contraindicações

O treinamento de força pode colocar em risco pacientes predispostos a complicações cardiovasculares ou aqueles com condições médicas específicas. Portanto, é importante enquadrar apropriadamente indivíduos para participar do exercício. Geralmente, pacientes que têm:

- resposta hemodinâmica anormal ou mudanças isquêmicas ECG durante o exercício progressivo;
- função ventricular esquerda baixa;
- história de falha congestiva do coração;
- disritmias, anginas ou hipertensão descontroladas.

Se houver características associadas ao risco aumentado de eventos cardíacos durante o exercício os pacientes não deverão participar do treinamento de força.

O ACSM[15,16,30] tem especificado critérios de alto risco para pacientes que deverão ser usados como diretrizes para a exclusão de pacientes para o treinamento de força. Os profissionais da reabilitação cardíaca também seguem as contraindicações relativas e absolutas para o teste de exercício e/ou para a entrada em programas de exercício de pacientes dentro e fora do apresentado pelo ACSM e pela Associação Americana do Coração (AHA).[48] Outros critérios de exclusão para a participação de pacientes podem incluir:

- doença severa das artérias coronarianas;
- doença severa do pulmão, restritiva ou obstrutiva;
- sobrevivência da fibrilação ventricular não associada ao IM;
- defeitos severos múltiplos do tálio inicial e/ou múltiplas áreas mostrando redistribuição do tálio.[46]

Todos os pacientes deverão ter uma capacidade funcional maior ou igual a 6 ou 7 METs (1 MET = 3,5 ml/kg/min) durante o teste do exercício progressivo limitado de sintoma antes do treinamento de força.[30] Pacientes com síndrome de prolapso da válvula mitral podem ser encorajados a desempenhar o treinamento de força moderado.[30]

Finalmente, é responsabilidade do diretor da reabilitação pulmonar e do professor de Educação Física do paciente assessorar quem deverá participar de um programa de exercícios de força. Outras contraindicações para a participação do paciente podem existir e deverão ser discutidas pelo diretor médico e pela equipe de reabilitação pulmonar individualmente. Pacientes que falham em categorias de estratificação de risco baixo ou intermediário podem ser bem encaminhados para o treinamento de força e a participação deverá ser encorajada.

7.4.2 Prescrição de exercícios

Uma vez adequadamente estruturado, o treinamento de força deverá ser iniciado observando-se o *status* cardiovascular do paciente e sua capacidade funcional. Exercícios com pesos de nível baixo (0,5 a 2,5 kg), pesos de arranque/mão, halteres e elásticos podem ser desempenhados tanto na fase II quanto 2 a 8 semanas depois da cirurgia de IM ou de angioplastia, fornecidos ao paciente que tenha desempenhado um teste graduado limitado de sintoma.[30] A razão para isso é que a maioria dos pacientes precisa desempenhar vários tipos de levantamento, carregamento ou empurrões em suas atividades diárias, portanto deverão ser preparados para voltar aos padrões de vida diários logo depois do evento cardíaco. Os exercícios deverão ser desempenhados por meio de uma extensão de movimento para o máximo benefício e não impedir a respiração normal.[1,5,16] Pacientes que tiveram cirurgia no tórax deverão evitar exercícios que coloquem pressão indevida no externo. O exercício elástico é um modo resistivo excelente para pacientes que passaram por cirurgias recentes de angioplastia ou outros tipos de cirurgia no tórax por causa do potencial para o incremento da extensão do movimento. Os músculos abdominais deverão ser condicionados por meio de exercícios abdominais simples.[47] Vários exercícios calistênicos são indicados usando movimentos rítmicos, dinâmicos de grupos musculares grandes, também podendo ser desempenhados com ou sem mecanismos resistivos para suplementar o incremento de força global. O equipamento aeróbio (isto é, bicicletas ergométricas, máquinas de regatas, ergômetros de mão) deverá ser usado para condicionamento de força adicional por meio do braço, da perna ou do exercício combinado braço/perna.[47]

Sobre a compleição de um teste de exercício graduado seguindo limite de sintoma, os pacientes podem estar aptos a participar em exercício de peso livre mais pesado ou de máquina. Tem sido recomendado que pacientes participem regularmente de sessões de reabilitação cardíaca por no mínimo 12 a 16 semanas antes de começarem o exercício de força mais pesado.[10] Esse tempo permite a observação clínica suficiente, a educação do paciente e adaptações cardiorrespiratórias e do músculo esquelético antes do exercício de força mais pesado. Entretanto, alguns autores sentem que o exercício em máquinas pode ser iniciado tão logo quanto 17 dias a 6 semanas depois da cirurgia de IM ou de angioplastia.[47] Squires et al.[24] demonstraram que o exercício de força em máquina é indicado durante a reabilitação cardíaca de pacientes desde que não sejam observadas respostas cardiovasculares anormais com monitoramento contínuo de ECG e PA durante o teste e o treinamento em pacientes depois da cirurgia de IM ou angioplastia ou com frações de ejeção < 40%. Aqueles que tiveram angioplastia coronária transluminal percutânea ou outro evento cardíaco não cirúrgico também podem se capacitar a começar o exercício de força o mais cedo possível.[47] O ACSM não especifica um período de tempo para a participação na fase II/III antes do treinamento de força; portanto, isso pode ser um fator mais bem determinado pela equipe de reabilitação cardiopulmonar em uma base individual do paciente.

7.4.2.1 Prescrição de exercícios para treinamento de força

Depois de análise do paciente e liberação médica para a realização do treinamento com pesos, normalmente os programas incluem uma simples série de oito a dez diferentes exercícios que treinam a maioria dos grupos musculares; em 2 a 3 dias por semana poderão proporcionar adaptações favoráveis e melhorias ou manutenção das capacidades físicas. Embora maior frequência de treinamento e mais séries possam ser usadas, os ganhos adicionais entre os adultos de um programa de condicionamento objetivando saúde geralmente são pequenos. Para alcançar um aumento equilibrado na força e na resistência, são recomendáveis repetições entre 8 a 12 para participantes saudáveis com menos de 50 a 60 anos e 10 a 15 repetições para quem tem baixa resistência e para pacientes cardíacos e participantes saudáveis com mais de 50 a 60 anos. O incremento nas repetições com um relativamente baixo esforço para idosos ou pacientes mais frágeis é designado para a prevenção de contusões. A simples e grande causa das lesões musculoesqueléticas com treinamento de força é a existência de uma lesão prévia. Também esforços de alta intensidade (poucas repetições com cargas muito pesadas) podem causar efeitos nas articulações de indivíduos destreinados.

Os princípios do treinamento de força são similares a todos os grupos, mas sua aplicação pode ser diferente de acordo com os indivíduos, as metas, a idade e a presença de doenças crônicas. Usualmente, idosos, indivíduos mais frágeis e pacientes cardíacos iniciam com baixo esforço, progredindo mais devagar e podem estabelecer o limite quando atingem um ponto de fadiga, isto é, submáximo *versus* máximo esforço até atingir a fadiga. Embora esforço ou sobrepeso de qualquer tipo possa fornecer um estímulo à melhora, a alta intensidade dá enorme resultado. Portanto, o próprio peso corporal pode ser adaptado para muitos participantes. As vantagens de pesos graduados e máquinas de pesos é que elas fornecem a resistência, o que facilita o acompanhamento da progressão do treinamento. Além disso, máquinas são mais seguras que pesos avulsos para participantes de meia-idade e idosos por causa dos problemas associados com visão fraca, perda de equilíbrio, dor nas costas e risco de queda dos pesos. Para pacientes que têm dor nas articulações, desconforto ou amplitude de movimento limitada, as máquinas podem ser reguladas para melhor desempenho. Isso permite aos pacientes que exercitem sem dor e ainda obtenham um significativo efeito do treinamento. Contudo, desempenho em pesos livres não deve ser descartado em hipótese nenhuma em virtude de melhora do equilíbrio e fortalecimento da musculatura sinergista que são indispensáveis nas atividades físicas diárias.

Atividades de flexibilidade podem ser executadas depois de 24 horas ou 2 dias após o infarto do miocárdio. Pacientes são atendidos apenas um dia depois da operação, podendo executar 10 a 15 repetições com baixa percepção de esforço. Os exercícios usados num programa típico para esses pacientes incluem flexão dos ombros; abdução e rotação interna e externa; flexão dos cotovelos; flexão dos quadris; abdução e rotação interna e externa; flexão plantar e dorsal; e inversão e eversão do tornozelo.

Outro fato que se deve ressaltar é que os pacientes submetidos à cirurgia provavelmente devem evitar exercícios de treinamento de força que possam causar tração ao esterno, depois de três meses da cirurgia. Além disso, o esterno deverá ter a estabilidade avaliada por um profissional da saúde experiente antes do treinamento de força ser iniciado por qualquer paciente, ou a qualquer tempo se aparecerem sintomas de desconforto peitoral. O paciente poderá iniciar com pesos leves e fazer uma série de 10 a 15 repetições até a fadiga moderada. O peso é aumentado lentamente se o paciente se adaptar ao programa. Embora sejam recomendadas 10 a 15 repetições para todos os pacientes, aqueles com risco moderado poderão se exercitar com menos repetições, ao passo que os de baixo risco podem progredir até próximo da fadiga após 4 a 6 semanas de adaptação. Entretanto deve-se enfatizar que a prescrição do treinamento de força para pacientes com doenças cardiovasculares pode ser ligeiramente diferente, dependendo do grau da disfunção no ventrículo esquerdo, concomitantemente com outras condições (por exemplo, hipertensão ou diabetes) e associado com limitações neurológicas, vasculares e ortopédicas.

FIGURA 7.5 – Crucifixo reto.

Treinamento em circuito

Um acesso do treinamento em circuito em máquina tem sido recomendado porque foi relatado como mais seguro que pesos livres, mais fácil de aprender, e pode aumentar a força muscular.[5,23] A capacidade de começar com uma baixa resistência em muitas máquinas e peso graduado a incrementos aceitavelmente pequenos também é um benefício.[47] O potencial para a prevenção de lesão muscular e a melhora da flexibilidade da articulação com treinamento de pesos em circuito também tem sido discutida.[1] O treinamento em circuito pode deduzir incrementos suaves na resistência cardiovascular em pacientes com doença cardíaca.[2,20] Entretanto, esse evento tem de ser estudado mais adiante. Se programas não podem fornecer máquinas ou têm limitações de espaço, excelentes circuitos resistivos podem ser desenvolvidos usando-se halteres mais pesados, elásticos, barras, pesos livres ou equipamento aeróbio. Se forem usadas barras, os pacientes deverão ter tempo adequado para a correta orientação e acompanhantes podem ser exigidos. Os pacientes também podem escolher simplesmente desempenhar exercícios de máquina ou pesos livres sem ênfase no circuito.

Os parâmetros de treinamento em circuito são carga, repetições, duração do exercício, duração do período de descanso entre séries e o número de circuitos a serem completados em cada sessão.[47] O treinamento com pesos em circuito deverá ser desempenhado em dias alternados, 2 a 3 dias por semana, em conjunto com as sessões de reabilitação cardiopulmonar, regularmente programado e supervisionado. Um circuito de exercício composto de 6 a 12 exercícios pode ser desempenhado inicialmente com cargas de peso baixas a moderadas. As cargas de treinamento deverão ser 30% a 60% de 1 RM, se esse método for usado para determinar a resistência do treinamento.[23,30,47]

Adultos considerados de risco para desenvolver doenças cardíacas e pacientes cardíacos de baixo risco deverão desempenhar uma carga de peso inicial que possa ser levantada confortavelmente por 12 a 15 repetições. A resistência muscular é mais bem desenvolvida elevando-se mais levemente a resistência com um grande número de repetições, e a força muscular é mais bem desenvolvida usando-se cargas mais pesadas com menores repetições.[15,16,47] Normalmente, os pacientes deverão desempenhar de 8 a 15 repetições por série com 30 a 60 segundos de descanso entre as séries, dependendo do *status* cardiovascular. Intervalos de descanso de 30 segundos facilitaram os níveis de VO_2 mais altos que períodos de descanso de 60 segundos em indivíduos sadios. Períodos de descanso de 60 segundos ou maiores podem permitir a recuperação da FC e da PA entre as séries, mas também podem diminuir a capacidade do exercício de circuito de melhorar a resistência cardiovascular.[7,20] Uma vez que a segurança é de vital importância na reabilitação cardíaca, intervalos de descanso mais longos e/ou repetições com pesos mais leves podem ser prescritos para alguns pacientes.

Cada sessão de treinamento em circuito deverá durar de 20 a 30 minutos e ser preferivelmente desempenhada depois da fase aeróbia da sessão do exercício. Os pacientes deverão fazer a respiração de forma confortável durante as fases concêntricas e excêntricas da contração muscular. Se eles se tornam confusos com essas instruções, dizer a eles para "respirar regularmente e não segurar a respiração" pode bastar para evitar a manobra de Valsalva. A progressão das cargas pode ser iniciada quando forem conduzidas 12 a 15 repetições de uma dada série facilmente. Uma vez que os pacientes executaram cargas desejadas de peso em cada máquina, a taxa de progressão deverá ser iniciada com o aumento do número de séries desempenhado em cada sessão. O número de séries será determinado pelo nível de forma física do participante, os intervalos de repouso durante as séries e as limitações de tempo para a sessão de treinamento de força. Recomenda-se de 2 a 3 séries de cada exercício.[30] Os pacientes podem trabalhar em séries por sessão, mas o tempo pode não permitir essa quantidade de trabalho. Os exercícios de flexibilidade podem ser executados, mas somente buscando a amplitude articular. Todo treinamento de força deverá ser visualizado como suplementar e não ser substituído pela fase aeróbia da sessão do exercício.

Com relação ao tipo de equipamento de treinamento de força usado, o circuito deverá incluir exercícios de reforço para todos os grandes grupamentos musculares.

Determinando a carga do treinamento de força

Várias técnicas para estabelecimento das cargas de treinamento para pacientes com danos cardiovasculares foram apresentadas. Sendo assim, considero a melhor forma de obtenção das cargas no treinamento o teste por repetições que inclui tentativa e erro.

O método de tentativa e erro envolve, simplesmente, aumento ou diminuição do peso usado em cada exercício ao longo de várias sessões de treinamento, até que se encontre o peso correto para determinada zona de treinamento ou número de repetições. Por exemplo, se o objetivo for treinar com um peso de 10 RMs em determinado exercício e o praticante executar apenas 8 repetições por série com 50 kg, a carga será diminuída em aproximadamente 5 kg na próxima sessão de treinamento ou série para atingir o objetivo proposto. Essa redução deve resultar em uma carga próxima à usada para o peso em 10 RMs para a série. Se o indivíduo puder executar 12 repetições com 50 kg, o peso deverá ser aumentado em 5 kg na próxima sessão de treinamento ou série. O aumento da carga deve resultar em um desempenho próximo a 10 RMs. Ao longo das várias sessões de treinamento, o processo de ajuste das cargas resultará em uma carga de 10 RMs para cada exercício, como estipulado inicialmente. Quando o praticante conseguir executar 10 repetições por série, com o número de séries estipulado em 2 sessões de treinamento consecutivas, o peso será aumentado de maneira que forneça o verdadeiro peso para 10 RMs. Sempre que houver alteração no número de repetições por série ou zona de treinamento, será possível encontrar novamente o peso ideal pelo método de tentativa e erro. Vale ressaltar que, muitas vezes, ao aumentar a carga para 10 RMs, por exemplo, é de extrema dificuldade executar 2 ou 3 séries com essa mesma carga para 10 repetições. Se a carga realmente for para 10 RMs, talvez na primeira série se consiga fazer as 10 repetições. No entanto, na segunda e terceira série com essa mesma carga, a tendência é que ocorra redução do número de repetições. Portanto, uma boa opção de treinamento é realmente manter um número de repetições em uma zona de treinamento. Como exemplo, as cargas podem ser determinadas para que se faça no mínimo 8 repetições e no máximo 12, ou seja, as cargas são estipuladas para que o treinamento ocorra entre 8 e 12 repetições (faixa de treinamento).

FIGURA 7.6 – Supino 300.

Instrução e monitoramento

Baseadas em pesquisas previamente citadas, as recomendações para instrução do paciente e monitoramento durante o treinamento de força sugeridas são:

- Pacientes deverão ser totalmente orientados a cada porção do aparato pelo médico especialista do exercício, fisioterapeuta ou professor de Educação Física. Uma descrição completa da função mecânica do equipamento, posição correta do corpo e alertas sobre o risco de uso impróprio deverão ser providenciadas. Pacientes deverão ser instruídos a manter uma posição confortável durante a contração muscular, ou a desempenhar o levantamento sem grandes componentes do exercício isométrico. Os pacientes também deverão mostrar como fazer movimentos de levantamento apropriados em máquinas individuais por meio de uma extensão de movimento pleno. A limitação da extensão de movimento pode ser garantida para aqueles com limitações ortopédicas.
- A demonstração da técnica de respiração apropriada e os perigos da manobra de Valsalva deverão ser enfatizados nas sessões iniciais de treinamento. Pacientes deverão ser instruídos a executar a fase concêntrica em 2 segundos e a fase excêntrica em 2 a 4 segundos. Grupos musculares grandes deverão ser exercitados antes dos grupos menores.
- Desfibrilador, oxigênio e aparelho de sucção/ar comprimido deverão estar prontamente disponíveis para eventuais complicações cardiopulmonares. Os profissionais de apoio deverão estar prontos para responder a situações de emergência.
- A PA deverá ser gravada antes e periodicamente durante as sessões de treinamento. Tem-se recomendado que as pressões sejam gravadas na metade e no fim do circuito. Por causa da rápida queda na PA, vista imediatamente depois das gravações de levantamentos tomadas em locais do corpo sem movimentos durante o levantamento, pode-se fornecer uma medida mais acurada das pressões arteriais. As medidas também podem ser tomadas em um braço enquanto o paciente continua a exercitar-se com o outro braço ou com as pernas. As unidades de PA ambulatoriais e análise com Doppler de ultrassom também podem ser benéficas para monitorar pressões durante o exercício de levantamento.
- A FC deverá ser gravada antes e periodicamente durante as sessões de treinamento. Os pacientes deverão ser instruídos a não exceder sua zona-alvo de FC, e verificações periódicas devem ser reforçadas. Verificações de faixa rítmica pe-

riódicas, radiotelemetria ou monitoramento de Holter ambulatorial também podem ser úteis para monitorar a FC e o ritmo durante o exercício resistido em pacientes com disritmias conhecidas.

- A percepção de esforço deverá ser determinada durante os movimentos reais de levantamento e pode fornecer melhor indicação da fadiga cardiovascular que a FC ou a PA. O treinamento de força deduzirá um aumento da resposta de pressão sistólica mais alta, e a FC pode ser mais baixa que no exercício aeróbio tradicional.

FIGURA 7.7 – Exercício *cross over*.

- Estimativas do esforço percebido deverão ser gravadas durante o exercício resistido em cada parte do equipamento. Estimativas de 15 (ou acima) na escala de categoria Borg ou 5 (ou acima) na escala CR-10 demonstram tensão excessiva. Geralmente, os valores deverão alcançar de razoavelmente leve a algo intenso na escala de categoria Borg.
- A orientação do paciente e os testes deverão ser desempenhados numa base individual. O paciente é responsável pela gravação de sua FC, PA, PE, peso levantado e repetições em máquinas individuais ou com outras modalidades resistivas. Um tempo amplo deve ser permitido para questões, testes e prática em cada parte do equipamento durante a sessão inicial do exercício.
- Um profissional de saúde especializado em exercícios deverá ser designado para supervisionar a área de treinamento de força durante o exercício. Essa pessoa deverá garantir que o paciente esteja usando técnica apropriada de treinamento e que a prescrição de exercício esteja sendo seguida. Essa pessoa também deve garantir que a FC e a PA estejam sendo medidas corretamente. A equipe de reabilitação cardíaca deverá periodicamente revisar os catálogos de exercício para monitorar a taxa de progressão e especificar mudanças na prescrição do exercício de resistência. O avanço da resistência não deverá ser maior que 2,5 kg para o exercício do braço e acima de 4,5 kg para o exercício da perna por sessão. A progressão da resistência variará dependendo da capacidade funcional do paciente, peso corporal e força.
- Critérios de encerramento do exercício resistido deverão ser idênticos aos do exercício cardíaco, como especificado pelo ACSM e pela American Heart Association. A observação estrita dos sintomas cardíacos comuns (isto é, angina, vertigem, palpitações e fadiga) deverá ser seguida. Excessiva alta ou baixa na PA ou o desenvolvimento de disritmias significativas também garantem o encerramento do exercício de força.[30,47]

Referências

1. Simão R. Fundamentos fisiológicos para o treinamento de força e potência. São Paulo: Phorte; 2003.
2. McCartney N, McKelvie RS, Haslam DR, Jones NL. Usefulness of Weightlifting Training in Improving Strength and Maximal Power Output in Coronary Artery Disease. Am J Cardiol. 1991 May 1;67(11):939-45.
3. Stone MH, Fleck SJ, Triplett NT, Kraemer WJ. Health and performance related potential of resistance training. Sports Med. 1991 Apr;11(4):210-31.
4. Franklin BA, Bonzheim K, Gordon S, Timmis GC. Resistance Training in Cardiac Rehabilitation. J Cardiopulm Rehabil. 1991;11:99-107.
5. Gettman LR, Pollock ML. Circuit Weight Training: a Critical Review of its Physiological Benefits. Phys Sports Med. 1981;9:44-60.
6. MacDougall JD, Tuxen D, Sale DG, Moroz JR, Sutton JR.Arterial Blood Pressure Response to Heavy Resistance Exercise. J Appl Physiol. 1985 Mar;58(3):785-90.
7. Butler RM, Beierwaltes WH, Rogers FJ. The cardiovascular response to circuit weight training in patients with cardiac disease. J Cardiopulm Rehabil. 1987;7(9):402-09.
8. Miles DS, Cox MH, Bomze JP. Cardiovascular responses to upper body exercise in normals and cardiac patients. Med Sci Sports Exerc. 1989 Oct;21(5 Suppl):S126-31.
9. Keren G, Katz S, Gage J, Strom J, Sonnenblick EH, LeJemtel TH. Effect of isometric exercise on cardiac performance and mitral regurgitation in patients with severe congestive heart failure. Am Heart J. 1989 Nov;118(5 Pt 1):973-9.
10. Sparling PB, Cantwell JD, Dolan CM, Niederman RK. Strength training in a cardiac rehabilitation program: a six-month follow up. Arch Phys Med Rehabil. 1990 Feb;71(2):148-52.
11. Wake NA, Sheldahl LM, Levandoski SG, Hoffman MD, Dougherty SM, Tristani, Felix E.Transfer effect of upper extremity training to weight carrying in men with ischaemic heart disease. J Cardiopulm Rehabil. 1991;11(6):365-72.
12. Fiatarone MA, Marks EC, Ryan ND, Meredith CN, Lipsitz LA, Evans WJ. High Intensity strength training in nonagenarians. JAMA. 1990 Jun 13;263(22):3029-34.
13. Ghilarducci LE, Holly RG, Amsterdam EA. Effects of high resistance training in coronary artery disease. Am J Cardiol. 1989 Oct 15;64(14):866-70.
14. Hanson P, Nagle F. Isometric exercises: cardiovascular responses in normal and cardiac populations. Cardiol Clin. 1987;5:157-70.
15. Pollock ML, Gaesser GA, Butcher JD, Després JD, Dishman RK, Franklin BA, et al. American College of Sports Medicine Position Stand. The recommended quantity and quality of exercise for developing and maintaining cardiorespiratory and muscular fitness in healthy adults. Med Sci Sports Exerc. 1990 Apr;22(2):265-74.
16. Pollock ML, Gaesser GA, Butcher JD, Després JD, Dishman RK, Franklin BA, et al. American College of Sports Medicine Position Stand. The recommended quantity and quality of exercise for developing and maintaining cardiorespiratory and muscular fitness, and flexibility in healthy adults. Med Sci Sports Exerc. 1998 Jun;30(6):975-91.
17. Mitchell JH, Schibye B, Payne FC 3rd, Saltin B. Response of arterial blood pressure to static exercise in relation to muscle mass, force development and electromyography activity. Circ Res. 1981 Jun;48(6 Pt 2):I70-5.
18. Stewart KJ. Resistive training effects on strength and cardiovascular endurance in cardiac and coronary prone patients. Med Sci Sports Exerc. 1989 Dec;21(6):678-82.
19. Fleck SJ, Kraemer WJ. Fundamentos do treinamento da força muscular. Porto Alegre: ArtMed; 1999.

20. Haennel RG, Quinney HA, Kappagoda CT. Effects of hydraulic circuit training following coronary artery bypass surgery. Med Sci Sports Exerc. 1991 Feb;23(2):158-65.
21. Harris KA, Holly RG. Physiological response to circuit weight training in borderline hypertensive subjects. Med Sci Sports Exerc. 1987 Jun;19(3):246-52.
22. Haslam, DRS, McCartney N, McKelvie RS, MacDougall JD. Direct measurements of arterial blood pressure during formal weightlifting in cardiac patients. J Cardiopulm Rehabil. 1988;8(6):213-25.
23. Vander LB, Franklin BA, Wrisley D, Rubenfire M. Acute Cardiovascular Responses to Nautilus Exercise in Cardiac Patients: Implications for Exercise Training. Ann Sports Med. 1986;2:165-69.
24. Squires RW, Muri AJ, Anderson LJ, Allison TG, Miller TD, Gau GT. Weight training during phase II (early outpatient) cardiac rehabilitation, heart rate and blood pressure responses. J Cardiopulm Rehabil. 1991;11(6):360-4.
25. Wiecek EM, McCartney N, McKelvie RS. Comparison of direct and indirect measures of systemic arterial pressure during weightlifting in coronary artery disease. Am J Cardiol. 1990 Nov 1;66(15):1065-9.
26. Collins MA, Cureton KJ, Hill DW, Ray CA. Relationship of heart rate to oxygen uptake during weight lifting exercise. Med Sci Sports Exerc. 1991 May;23(5):636-40.
27. Kelemen MH, Stewart KJ, Gillilan RE, Ewart CK, Valenti SA, Manley JD, et al. Circuit weight training in cardiac patients. J Am Coll Cardiol. 1986 Jan;7(1):38-42.
28. Hurley BF, Seals DR, Ehsani AA, Cartier LJ, Dalsky GP, Hagberg JM, et al. Effects of high-intensity strength training on cardiovascular fuction. Med Sci Sports Exerc. 1984 Oct;16(5):483-8.
29. Sheldahl LM, Wilke NA, Tristani FE, Kalbfleisch JH. Response to repetitive static-dynamic exercise in patients with coronary artery disease. J Cardiac Rehabil. 1985;5:139-45.
30. ACSM – American College of Sports Medicine. Guidelines for Exercise Testing and Prescription. 4. ed. Philadelphia: Lea & Febiger; 1991.
31. Stewart KJ, Effron MB, Valenti SA, Kelemen MH. Effects of diltiazem or propranolol during exercise training of hypertensive men. Med Sci Sports Exerc. 1990 Apr;22(2):171-7.
32. Braith RW, Graves JE, Pollock ML, Leggett SL, Carpenter DM, Colvin AB. Comparison of 2 vs 3 days/week of variable resistance training during 10- and 18-week programs. Int J Sports Med. 1989 Dec;10(6):450-4.
33. Hurley BF, Hagberg JM, Goldberg AP, Seals DR, Ehsani AA, Brennan RE, et al. Resistive training can reduce coronary risk factors without altering VO2máx or percent body fat. Med Sci Sports Exerc. 1988 Apr;20(2):150-4.
34. Haennel R, Teo KK, Quinney A, Kappagoda T. Effects of hydraulic circuit training on cardiovascular function. Med Sci Sports Exerc. 1989 Oct;21(5):605-12.
35. Petersen SR, Haennel RG, Kappagoda CT, Belcastro AN, Reid DC, Wenger HA, et al. The influence of high-velocity circuit resistance training on VO2max and cardiac output. Can J Sport Sci. 1989 Sep;14(3):158-63.
36. Blumenthal JA, Siegel WC, Appelbaum M. Failure of exercise to reduce blood pressure in patients with mild hypertension. JAMA. 1991 Oct 16;266(15):2098-104.
37. Shoup EE, Durstine JL. Acute circuit weight lifting and its effect on postheparin lipoprotein lipase activity. Med Sci Sports Exerc. 1991;23(Suppl. 1):4.
38. Kokkinos PF, Hurley BF, Smutok MA, Farmer C, Reece C, Shulman R, el al. Strength training does not improve lipoprotein-lipid profiles in men at risk for CHD. Med Sci Sports Exerc. 1991 Oct;23(10):1134-9.
39. Manning JM, Dooly-Manning CR, White K, Kampa I, Silas S, Kesselhaut M, et al. Effects of a resistive training program on lipoprotein lipid levels in obese women. Med Sci Sports Exerc. 1991 Nov;23(11):1222-6.

40. Gettman LR, Ward P, Hagan RD. A comparison of combined running and weight training with circuit weight training. Med Sci Sports Exerc. 1982;14(3):229-34.
41. Farinatti PTV, Assis BFCB. Estudo da frequência cardíaca, pressão arterial e duplo-produto em exercícios contrarresistência e aeróbio contínuo. Rev Bras Ativ Fís Saúde. 2000;5(2):5-16.
42. Stone MH, Wilson GD, Blessing D, Rozenek R. Cardiovascular responses to short-term Olympic style weight training in young men. Can J Appl Sport Sci. 1983;8:134-9.
43. Hagberg JM, Ehsani AA, Goldring D, Hernandez A, Sinacore DR, Holloszy JO. Effect of weight training on blood pressure and hemodynamics in hypertensive adolescents. J Pediatr. 1984 Jan;104(1):147-51.
44. Cononie CC, Graves JE, Pollock ML, Phillips MI, Sumners C, Hagberg JM. Effect of exercise training on blood pressure in 70 to 79-year-old men and women. Med Sci Sports Exerc. 1991 Apr;23(4):505-11.
45. Asmussen E. Similarities and dissimilarities between static and dynamic exercise. Circ Res. 1981 Jun;48(6 Pt 2):I3-10.
46. Balady GJ, Weiner DA. Risk stratification in cardiac rehabilitation. J Cardiopulm Rehabil. 1991;11:39-45.
47. Pollock ML, Wilmore JH. Exercícios na saúde e na doença. Rio de Janeiro: MEDSI; 1993.
48. Williams MA, Haskell WL, Ades PA, Amsterdam EA, Bittner V, Franklin BA, et al. Resistance exercise in individuals with and without cardiovascular disease: 2007 Update: A scientific statement from the American Heart Association Council on Clinical Cardiology and Council on Nutrition, Physical Activity, and Metabolism. Circulation. 2007;116(5):572-84.

Capítulo 8

Treinamento de força em crianças e adolescentes

O treinamento de força tem provado ser um método seguro e efetivo de condicionamento para indivíduos com várias necessidades, metas e capacidades, embora muito do que entendemos sobre o estímulo do exercício de força tenha sido conseguido examinando respostas agudas e crônicas de adultos para vários protocolos de treinamento. O treinamento de força para crianças e adolescentes tem recebido aumento de público e atenção dos profissionais de saúde nos anos recentes. Quando projetam e avaliam programas de treinamento de força, profissionais de Educação Física precisam entender diferenças etárias e sexuais na composição corporal, no desempenho muscular, na capacidade de treinamento e suas implicações para cada indivíduo.

Cada vez mais, o treinamento de força vem ganhando espaço entre os jovens como o exercício completo e também mais fácil de ser escolhido, pois permite maior flexibilidade de horários, além de promover uma definição corporal de grande importância nessa idade para a melhora da autoestima, o que permite, consequentemente, maior adaptação da criança e do adolescente na sociedade. Não obstante a notória vantagem do exercício nessa faixa etária, até hoje ainda se questiona a validade do treinamento de força para crianças e adolescentes. Ainda é muito discutido o real benefício da prática da musculação nessa faixa etária, principalmente em relação à segurança (lesões) e à eficácia.

Baseando-se em fundamentações teóricas e práticas, pode-se dizer que, quando a criança ou o adolescente é bem orientado por um profissional de Educação Física em uma sala de musculação, não há dúvida em relação aos benefícios para a saúde desse indivíduo.

Para as propostas deste capítulo, o treinamento de força é definido como um método especializado de condicionamento que envolve o uso progressivo de resistência para aumentar a capacidade da pessoa em exercer ou resistir à força. Essa expressão deverá ser distinta dos esportes de levantamento de pesos e potência, em que os indivíduos tentam levantar quantidades máximas de peso na competição.

A expressão pré-adolescência refere-se a um período de vida anterior ao desenvolvimento das características secundárias sexuais (pelos pubianos e órgãos reprodutivos), e o termo adolescência refere-se ao período entre a infância e a fase adulta. Para facilitar a discussão, os termos criança e juventude são largamente definidos neste capítulo, incluindo os anos pré-adolescentes e adolescentes. Aqui, ainda se reforça que a força muscular é expressa em uma base absoluta, isto é, a força total medida em quilogramas, ou relativa, ou seja, relação da força absoluta para a massa total do corpo, massa livre de gordura ou área da seção transversal do músculo.

8.1 Crianças

Com o interesse crescente no treinamento de força na juventude, é importante, para os profissionais de saúde, entender os princípios fundamentais do crescimento e desenvolvimento normais. Um entendimento desses princípios e uma apreciação de como podem influir nas adaptações ao treinamento e confundir a interpretação dos dados de pesquisa são essenciais para o desenvolvimento e a avaliação dos programas de treinamento de força seguros e efetivos. Em virtude de o treinamento de jovens atletas estar se tornando mais intenso e complexo, fatores anatômicos e fisiológicos que podem ser associados às lesões agudas e crônicas também precisam ser considerados.

8.1.1 A criança em fase de crescimento

Nesta seção, os termos crescimento, desenvolvimento e maturação são usados para descrever mudanças que ocorrem no corpo em toda a vida. O termo crescimento refere-se a um aumento no tamanho do corpo ou a uma parte determinada dele; desenvolvimento descreve a progressão natural de uma vida pré-natal à adulta; e maturação refere-se ao processo de tornar-se maduro e plenamente funcional.

A puberdade refere-se a um período de tempo em que as características sexuais secundárias se desenvolvem e uma criança é transformada em um adulto jovem. Durante a puberdade, mudanças também ocorrem na composição corporal e no desempenho físico.

8.1.2 Idade cronológica *versus* idade biológica

Por causa da considerável variação nas taxas de crescimento e desenvolvimento, não é seguro definir um estágio de maturação ou desenvolvimento por idade em meses ou anos, o que é conhecido como idade cronológica. Crianças não crescem a uma taxa constante, e há diferenças entre indivíduos no desenvolvimento físico em uma dada idade cronológica. Um grupo de crianças de 14 anos tem uma diferença de altura tão grande quanto 23 cm e uma diferença de peso acima de 18 kg; além disso, uma garota de 11 anos pode ser mais alta e ter mais físico que um garoto da mesma idade. Essas diferenças correspondem a variações no tempo e na magnitude de crescimento durante a puberdade. O tempo de puberdade pode variar de 8 a 13 anos em garotas e de 9 a 15 anos em garotos, com garotas normalmente iniciando a puberdade cerca de dois anos antes dos garotos.[1]

Estágios de maturação, ou desenvolvimento da puberdade, podem ser mais bem assessorados pela idade biológica, que pode ser medida em termos da idade do esqueleto, maturidade somática (física) ou maturação sexual. Por exemplo, em uma equipe, duas garotas podem ter a mesma idade cronológica, mas idades biológicas muito diferentes; uma pode ser sexualmente madura e a outra pode não iniciar o processo de maturação sexual por anos. Em garotas, o avanço da menstruação é um registro da maturação sexual, ao passo que, em garotos, os indicadores mais próximos da maturidade sexual incluem o aparecimento de pelos pubianos, pelos na face e o engrossamento da voz. O assessoramento da maturação em crianças é importante por várias razões; pode ser usado para avaliar modelos de crescimento e desenvolvimento em crianças. Além disso, uma vez que o grau de maturação está relacionado a medidas de forma física, incluindo força muscular e desempenho de estilos motores, técnicas usadas para assessorar a maturação podem ajudar a assegurar que crianças estejam corretamente encaixadas no teste de forma física e competição atlética. Embora tenha havido inquietude em relação às consequências potenciais negativas do treinamento intensivo no crescimento e na maturação, em crianças adequadamente nutridas, não há evidência clara de que o treinamento físico retarde ou acelere o crescimento ou a maturação em meninos e meninas.[2]

Um método comum para avaliar a idade biológica foi divisado por Tanner[3] e envolve acompanhar o desenvolvimento de características sexuais secundárias identificáveis: desenvolvimento dos seios em garotas, desenvolvimento genital em garotos e desenvolvimento de pelos pubianos em ambos os sexos. A classificação de Tanner tem cinco estágios: o estágio 1 representa o estado imaturo, pré-adolescente; e o estágio 5 representa a maturação sexual plena. Embora haja, aqui, alguma variação no grau de maturidade sexual de crianças em um estágio particular, essa técnica para acompanhar a maturação sexual é frequentemente usada por médicos durante os exames físicos. Além disso, os adolescentes podem acompanhar por si próprios seus níveis de maturidade usando privativamente fotografias dos estágios Tanner.[4]

A sensibilidade às diferenças individuais em capacidades e experiências passadas é especialmente importante para crianças no quesito peso. Uma garota de 14 anos precocemente madura pode estar pronta para treinar um esporte como levantamento de pesos, ao passo que um garoto de 14 anos, ainda imaturo, pode não estar pronto para as demandas do treinamento de força intenso. Além disso, a idade de treinamento de uma criança, isto é, o tempo pelo qual a criança teve o treinamento de força, pode influenciar nas adaptações ao treinamento de força; a magnitude de ganho em qualquer medida relacionada à força é afetada pela quantidade de adaptação que já ocorreu. Por exemplo, uma criança com 12 anos, com dois anos de experiência no treinamento de força (isto é, uma idade de treinamento de dois anos), pode não obter os mesmos ganhos de força em um dado período de tempo que uma criança de 10 anos que não tenha experiência no treinamento de força. Os profissionais de saúde devem reconhecer essas diferenças e individualizar o programa de treinamento baseado em cada nível de maturidade da criança, idade de treinamento e suas necessidades específicas.

Durante o período de estirão de crescimento, jovens atletas podem estar com risco aumentado para lesão.[1] O estirão de crescimento normalmente ocorre por volta dos 12 anos, em meninas, e dos 14, em meninos. O enfraquecimento relativo do osso durante esse estágio de crescimento, desequilíbrios musculares entre os grupos flexor e extensor em volta de uma articulação e a contração relativa das unidades músculo-tendão, ocasionando rapidamente o crescimento de músculos, são fatores de risco para lesões em crianças. Os profissionais de saúde podem precisar modificar os programas de treinamento (isto é, enfatizar a flexibilidade, corrigir desequilíbrios musculares ou diminuir o volume e a intensidade do treinamento) durante períodos de rápido crescimento. Se um jovem atleta reclama de dor ou desconforto durante um esforço, o profissional de saúde deverá suspeitar de uma lesão por excesso de uso, ao contrário de rotular essas reclamações como "dores do crescimento".

8.1.2.1 Crescimento do músculo e do osso

Quando a criança cresce, a massa muscular aumenta firmemente por todos os anos de desenvolvimento. No nascimento, aproximadamente 25% do peso do corpo de uma criança é massa muscular, e, na fase adulta, cerca de 40% da massa total de uma pessoa é músculo. Durante a puberdade, um aumento na produção de testosterona em garotos resulta em aumento marcante na massa muscular, ao passo que, em garotas, um aumento na produção de estrogênio causa aumento no depósito de gordura corporal, desenvolvimento dos seios e alargamento dos quadris. Embora a massa muscular em garotas continue a aumentar durante a adolescência, o aumento ocorre a uma taxa mais baixa que em garotos, em virtude das diferenças hormonais. Por todo esse período de tempo, o aumento na massa muscular em ambos os sexos é por causa da hipertrofia das fibras musculares individuais, e não por causa da hiperplasia. A massa muscular máxima ocorre entre 16 e 20 anos em mulheres e entre 18 e 25 anos em homens, a menos que seja afetada por treinamento de força, dieta ou por ambos.[1,5]

A formação do osso ocorre na diáfise, que é o eixo central de um osso longo, e na cartilagem de crescimento, localizada em três locais na criança: a placa da epífise, a superfície da articulação e as inserções da apófise das unidades músculo-tendão. Quando a placa da epífise se torna completamente ossificada, os ossos longos param de crescer. Embora os ossos normalmente comecem a se fundir durante o início da adolescência, as garotas geralmente completam a maturidade óssea em torno de dois a três anos antes dos garotos. Apesar de a idade real variar consideravelmente, a maioria da formação óssea está completa aos 20 anos.[6]

Uma preocupação particular nas crianças é a vulnerabilidade da cartilagem de crescimento ao traumatismo e ao uso excessivo.[6] As lesões, aqui, podem romper o osso e dificultar o suprimento de nutrientes, bem como resultar em distúrbios de crescimento permanentes. O traumatismo de quedas ou de fadiga repetitiva excessiva pode resultar em ruptura do ligamento em um adulto e produzir uma fratura da placa da epífise em uma criança. Por causa da incidência máxima das fraturas da placa da epífise em crianças ocorrerem no estirão de crescimento, uma criança pré-adolescente tem menos risco de uma fratura da placa da epífise que uma criança adolescente. Tem-se sugerido que as placas da epífise de crianças mais jovens podem ser mais fortes e mais resistentes a forças de tensão e tração, podendo ser a causa de lesões da cartilagem de crescimento.[1,6] O potencial de lesão da placa da epífise durante o treinamento de força é discutido mais adiante neste capítulo.

8.1.2.2 Mudanças do desenvolvimento na força muscular

Como a massa muscular aumenta por toda a pré-adolescência e a adolescência, há um aumento na força muscular. De fato, as curvas de crescimento para a força são similares àquelas da massa muscular do corpo. Em garotos, ganhos máximos na força ocorrem, normalmente, entre um a dois anos após o estirão de crescimento e em torno de um ano depois do aumento do peso máximo, com o peso do corpo sendo o indicador mais claro. Esse modelo sugere que, durante períodos de rápido crescimento, o músculo aumenta, primeiro, na massa magra e, mais tarde, em sua habilidade de expressar a força.[7] Em garotas, ganhos máximos na força também ocorrem normalmente depois do estirão de crescimento, embora haja mais variação individual na relação da força para altura e peso do corpo para garotas que para garotos.[8] Apesar de a força de garotas e garotos ser essencialmente igual durante a pré-adolescência, as diferenças hormonais durante a puberdade são responsáveis por uma aceleração no desenvolvimento da força dos garotos e por uma continuação a aproximadamente a mesma taxa no desenvolvimento da força de garotas durante os anos da pré-adolescência. Em média, a força máxima é normalmente atingida aos 20 anos em mulheres sem treinamento e entre 20 e 30 anos em homens sem treinamento.[1,5,6]

Um fator importante para a expressão da força muscular em crianças é o desenvolvimento do sistema nervoso. Se a formação das bainhas de mielina das fibras nervosas está ausente ou incompleta, reações rápidas e movimentos habilidosos não podem ser desempenhados com sucesso, e altos níveis de força e potência são impossíveis. Quando o sistema nervoso se desenvolve, as crianças melhoram seus desempenhos em capacidades que requerem equilíbrio, agilidade, força e potência. Embora a formação da bainha de mielina (formação lipoproteica de uma substância branca num conjunto de fibras nervosas) em muitos nervos motores esteja incompleta até a maturação sexual, não se deve esperar que as crianças respondam ao treinamento do mesmo modo ou atinjam o mesmo nível de habilidade dos adultos, até atingirem a maturidade neural.[9]

Em virtude de as funções fisiológicas serem mais intimamente relacionadas à idade biológica que à cronológica, a um dado tempo, uma criança precocemente madura provavelmente terá uma vantagem nas medidas de força absoluta quando comparada a uma criança tardiamente madura do mesmo sexo que tenha menos massa muscular. Em geral, o tipo de corpo de jovens precocemente maduros tende a ser mesomórfico (ombros musculosos e mais largos) ou endomórfico (quadris mais redondos e largos), ao passo que, nos tardiamente maduros, tende a ser ectomórfico (delgados e altos) (Figura 8.1).

Evidentemente, as diferenças físicas nas proporções do corpo podem afetar a execução dos exercícios de força. Por exemplo, braços curtos e uma grande cavidade torácica são uma vantagem em flexões de braços, ao passo que pernas longas e tronco longo são uma desvantagem em agachamentos. Esses fatores têm implicações para os profissionais de saúde que tentam padronizar os testes de forma física ou desenvolver um programa de treinamento de força para um grupo de garotos e garotas que têm uma variação grande de tamanho físico. As razões para os programas individualizados de treinamento deverão ser explicadas a todos os participantes, e encorajamento especial deverá ser oferecido aos tardiamente maduros que podem ser menores e mais fracos que seus companheiros de idade cronológica que são biologicamente maduros e, portanto, mais altos e fortes. Embora os tardiamente maduros tendam a alcançar os precocemente maduros quando progredirem ao longo da adolescência, jovens atletas deverão saber que muitos fatores – incluindo motivação, treinamento e habilidade – contribuem para o sucesso nos esportes.[1]

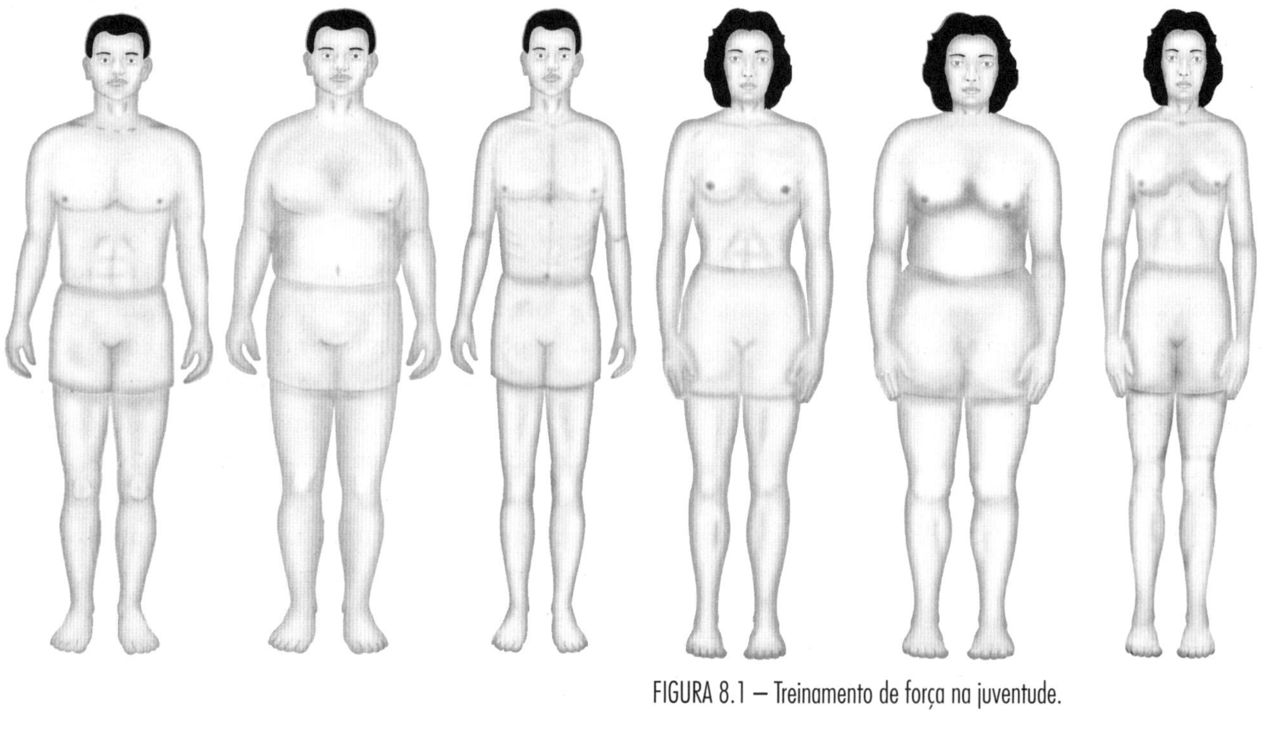

FIGURA 8.1 – Treinamento de força na juventude.

Apesar das preocupações prévias de que as crianças não se beneficiariam com o treinamento de força ou que o risco de lesão é muito grande, os clínicos e especialistas em treinamento agora concordam que o treinamento de força pode ser um método seguro e efetivo de condicionamento para crianças.[10-12] Um número crescente de garotos e garotas está participando das atividades de treinamento de força, e mais organizações de medicina esportiva agora apoiam a participação de crianças no treinamento de força, desde que os programas estejam apropriadamente planejados e competentemente supervisionados.[13-15] Além disso, os objetivos da saúde pública corrente têm por meta aumentar a participação de crianças de seis anos ou mais em atividades físicas que incrementam e mantêm a força e a resistência musculares.[16]

Primeiramente, os profissionais de saúde devem lembrar que as crianças não são adultos em miniatura. Não interessa quão grande ou forte uma criança seja, as crianças são fisicamente menos maduras e estão frequentemente experimentando atividades de treinamento pela primeira vez. Elas deverão iniciar o treinamento de força a um nível que seja mensurável a seus níveis de maturidade, capacidades físicas e metas individuais. Os programas adultos e suas respectivas filosofias de treinamento não são apropriados para populações mais jovens. Frequentemente, a intensidade e o volume de treinamento são muito severos e os períodos de recuperação são inadequados para o nível de forma física da criança. Quando crianças forem introduzidas às atividades do treinamento de força, é sempre melhor subestimar suas capacidades físicas e, gradualmente, aumentar o volume e a intensidade de treinamento do que superdimensionar suas capacidades e arriscar uma lesão.[1]

Capacidade de treinamento da criança

Muito da controvérsia em torno do treinamento de força na juventude se enraizou com base na capacidade de treinamento das crianças, isto é, a resposta ao estímulo do exercício de força. Os primeiros estudos falharam na demonstração de um aumento de força em pré-adolescentes que participaram em um programa de treinamento de força.[17] Embora as faltas de descobertas significativas nesses estudos possam ser explicadas por omissões metodológicas, como curta duração do estudo ou volume de treinamento inadequado, os resultados desses relatórios são, algumas vezes, citados como prova de que o treinamento de força é ineficaz para crianças. Como discutido previamente, a força muscular normalmente aumenta da infância para os anos da adolescência, portanto, uma conclusão mais apropriada desses relatórios pode ser que os ganhos do treinamento induzido de um programa de treinamento de baixo volume e curta duração não são distintos de ganhos atribuíveis ao crescimento normal e à maturação.

Pesquisas mais recentes têm demonstrado claramente que garotos e garotas podem aumentar sua força muscular acima e além do crescimento e da maturação, desde que a intensidade e o volume de treinamento sejam adequados.[18-20] Crianças de cerca de 6 anos têm se beneficiado com o treinamento de força,[9] e uma variedade de modalidades de treinamento – incluindo máquinas de peso dimensionadas para crianças, pesos livres (barras e halteres) e calistênicos (exercícios) de peso corporal – têm provado sua efetividade. Ganhos de força significativos de 30% a 40% têm sido normalmente observados em crianças pré-adolescentes, sem treinamento, seguindo programas de treinamento de força de curto tempo (8 a 20 semanas), embora ganhos acima de 74% tenham sido registrados.[21] A variabilidade no ganho de força pode ser por causa de vários fatores, incluindo o programa de treinamento, a qualidade de instrução e o nível de experiência da atividade física. De todo modo, parece que a melhora relativa (porcentagem) na força muscular em pré-adolescentes é quantitativamente similar (ou maior) aos ganhos obtidos por populações mais velhas. Reciprocamente, quando os ganhos de força são comparados em uma base absoluta, os pré-adolescentes parecem ser menos treináveis. Se os ganhos de força do treinamento induzido deverão ser comparados em uma base relativa ou absoluta é discutível, mas parece irreal esperar que uma criança obtenha os mesmos ganhos absolutos em força de um adulto, que provavelmente tem mais de duas vezes a força absoluta de uma criança.[1]

Crianças que participaram de programas de treinamento de força são passíveis de sofrer períodos de treinamento reduzido ou inatividade por causa dos fatores do próprio programa de treinamento, planos de viagem estendidos, horários ocupados ou diminuição da motivação. Essa redução temporária ou permanente, ou a retirada do estímulo de treinamento é chamada destreinamento. Em crianças, ao contrário de adultos, a avaliação das mudanças de força durante o período de destreinamento é complicada segundo os aumentos concomitantes de força relacionados ao crescimento durante o mesmo período de tempo. Contudo, dados limitados sugerem que os ganhos de força no treinamento induzido em crianças não são permanentes e tendem a voltar a valores de grupo de controle sem treinamento durante o período sem treinamento.[22] Em um relatório, a participação em aulas de Educação Física e Esportes organizada por todo um período sem treinamento não manteve os ganhos de força do treinamento induzido de pré-adolescentes.[22] Isso assinala a importância do treinamento contínuo ou, então, de algum tipo de programa de manutenção de treinamento para manter a vantagem da força ou, ao menos, arrefecer a perda das adaptações do treinamento induzido em crianças. Embora o mecanismo preciso responsável pela resposta da falta de treinamento permaneça pouco claro, parece que mudanças no funcionamento neuromuscular são parcialmente responsáveis.

Mudanças na hipertrofia muscular podem contribuir significativamente para ganhos de força no treinamento induzido em adolescentes e adultos, e ainda é improvável que a hipertrofia muscular seja primariamente responsável por ganhos de força no treinamento induzido (ao menos 20 semanas ou mais) em pré-adolescentes.[18] Embora algumas descobertas não concordem com essa sugestão, os pré-adolescentes parecem experimentar mais dificuldade em aumentar sua massa muscular por meio de um programa de treinamento de força por causa dos níveis inadequados de testosterona circulante. Em pré-adolescentes de ambos os sexos, a concentração de testosterona está entre 20 e 60 ng/100 ml, enquanto, durante a adolescência, os níveis no treinamento de força são variáveis em razão de um aumento de testosterona similar ao de homens adultos. Esse aumento passa para em torno de 600 ng/100 ml, enquanto os níveis em mulheres permanecem constantes.[1]

Parece que pré-adolescentes têm mais potencial para aumento na força em virtude de fatores neurais, como aumentos na ativação da unidade motora e recrutamento.[18] Também se sugeriu que adaptações musculares intrínsecas, incrementos no desempenho da habilidade motora e coordenações dos grupos musculares envolvidos poderiam ser parcialmente responsáveis por ganhos de força no treinamento induzido em pré-adolescentes.[18] Não pode ser descartado, entretanto, que o treinamento de força não resulte em hipertrofia muscular em pré-adolescentes, porque é possível que durações de estudos mais longas, volumes maiores de treinamento e técnicas de medições mais precisas possam ser necessários para descobrir a hipertrofia muscular no treinamento induzido em indivíduos jovens treinados. Durante e depois da puberdade, entretanto, os ganhos de força no treinamento induzido são normalmente associados aos ganhos na hipertrofia muscular por causa das influências hormonais. Ainda que baixos níveis de testosterona em adolescentes do sexo feminino limitem a magnitude dos aumentos no treinamento induzido na hipertrofia muscular, outro hormônio e fatores de crescimento (isto é, hormônio do crescimento e fator de crescimento do hormônio similar à insulina, IGFs) podem ser – ao menos parcialmente – responsáveis por seu desenvolvimento muscular.[23] A Figura 8.2 enfatiza os fatores que contribuem para o desenvolvimento da força muscular, especialmente massa livre de gordura, concentrações de testosterona, desenvolvimento do sistema nervoso e a diferenciação das fibras musculares rápidas e lentas.

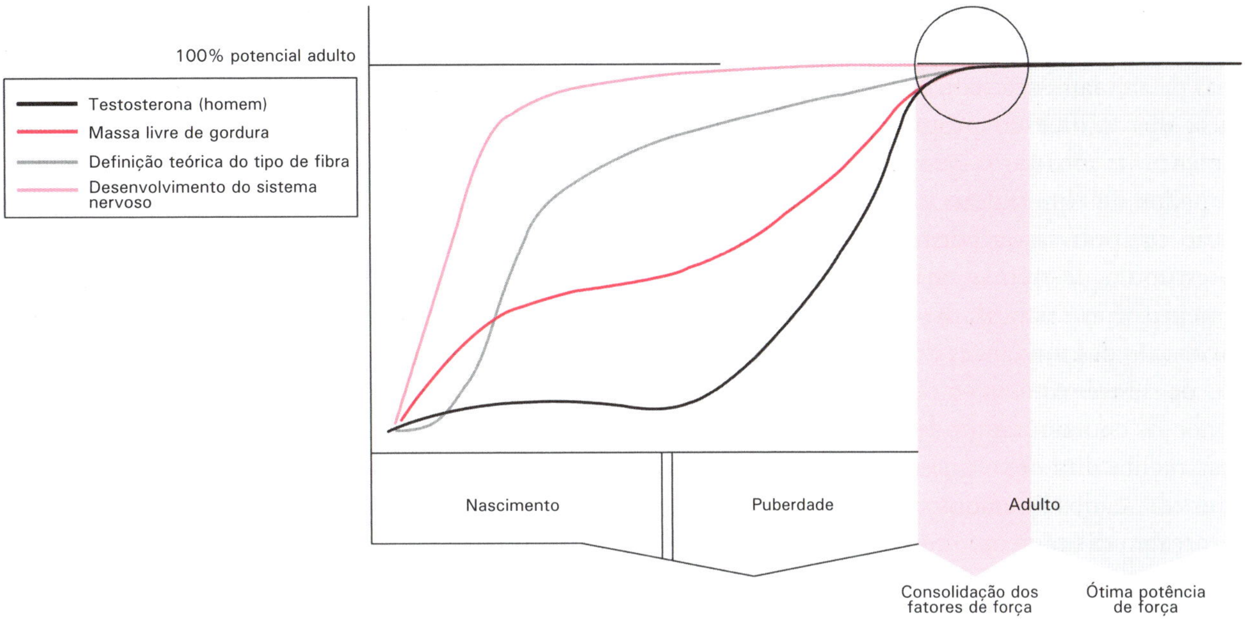

FIGURA 8.2 – Fatores do desenvolvimento muscular.

8.2 Benefícios do treinamento de força

Além da força muscular aumentada e da resistência muscular, o treinamento de força para a juventude tem o potencial de influenciar muitas medidas relacionadas à saúde e à forma física. Exercícios de força podem alterar favoravelmente parâmetros anatômicos e psicossociais selecionados, reduzir lesões em esportes e atividades de recreação e incrementar capacidades motoras e desempenho esportivo, embora essas descobertas sejam equivocadas.[1]

Uma falta de percepção comum é que o treinamento de força irá impedir o crescimento estrutural de crianças. Embora o treinamento de força não afete o fator genotípico, provavelmente tem influência favorável no crescimento em qualquer estágio de desenvolvimento, tão longa quanto as diretrizes apropriadas forem seguidas.[24] De fato, a participação regular em um programa de exercício – com uma dieta rica em cálcio – maximiza a densidade óssea em crianças, contanto que o esporte ou a atividade induza a fadiga física compressora e tensora no osso.[25] O treinamento de força mostrou aumento da densidade mineral óssea em adultos, e evidência recente sugere que esse tipo de treinamento pode ter um efeito positivo na densidade mineral óssea de crianças.[25] Isso pode ser especialmente importante para mulheres jovens que estão com alto risco de desenvolver osteoporose, condição clínica caracterizada por baixa massa óssea e suscetibilidade a fraturas.

Também tem sido sugerido que o treinamento de força possa aumentar a resistência de uma criança a lesões.[26] Todo ano, aproximadamente 3 milhões de lesões ocorrem durante a participação de crianças em esportes nos Estados Unidos, e tem-se estimado que 50% das lesões sofridas por elas poderiam ser evitadas se fossem mais bem preparadas para esses jogos. Profissionais de saúde podem desempenhar um papel fundamental no preparo de jovens atletas para os esportes e, em consequência, minimizar ou balancear a incidência e a severidade das lesões relacionadas ao esporte comum em atletas jovens. Em muitos casos, crianças que se inscrevem em programas esportivos organizados são incapazes e despreparadas para lidar com as demandas do esporte escolhido. Crianças sedentárias (isto é, pegam um ônibus para a escola e veem televisão ou jogam *video games* depois da escola e em fins de semana) não estão prontas para 1 ou 2 horas de treinamento esportivo em 4 ou 5 dias da semana. Apesar de alguns treinadores argumentarem que a especialização precoce do esporte é a chave do sucesso, parece que o desenvolvimento da capacidade da forma física fundamental e o envolvimento em uma variedade de atividades podem estar mais relacionados ao sucesso do esporte praticado mais tarde que a especialização esportiva precoce.[27] Embora a total eliminação das lesões do esporte na juventude seja uma meta irreal, a adição do treinamento de força a um programa de forma física de pré-temporada da criança pode preparar melhor o atleta jovem a lidar com a duração e a magnitude de forças que se desenvolvem durante a prática e as situações de jogo. Em razão das diferenças na fadiga, na intensidade de treinamento, no volume e na taxa de progressão, é necessária a prescrição cuidadosa assim que o treinamento de força for adicionado à fadiga repetitiva crônica colocada no sistema musculoesquelético jovem. Em alguns casos, pode ser apropriado encurtar o treinamento esportivo durante as sessões de prática da pré-temporada para permitir tempo para o condicionamento preparatório. Uma vez que as crianças não podem se "jogar" na forma, um dos maiores benefícios do treinamento de força na juventude pode ser sua capacidade de prepará-las melhor para a participação em esportes e atividades recreativas.[1]

Em razão de muitos esportes terem um componente significativo de força ou potência, é recomendável assumir que o treinamento de força acrescentará desempenho atlético. Embora comentários de pais e crianças apoiem essa alegação, relatórios científicos são limitados. Melhoras nas capacidades selecionadas de desempenho motor – como o salto em distância, salto vertical, tempo de corrida e agilidade – têm sido observadas em crianças que participaram de um programa de treinamento de força.[20] Entretanto, só alguns relatórios avaliaram diretamente os efeitos do treinamento de força na juventude no desempenho esportivo, e as descobertas são equivocadas.[1] Enquanto mais estudos são necessários, evidência direta e indireta limitada sugere que um programa esportivo específico de treinamento de força na juventude não tem um efeito negativo no desempenho esportivo e, com toda probabilidade, resulta em algum grau de melhora.

8.2.1 Riscos potenciais e preocupações

Os programas de treinamento de força na juventude são relativamente seguros quando comparados a outros esportes e atividades nas quais as crianças participam regularmente.[28] Paradoxalmente, parece que as forças colocadas nas articulações de crianças, durante a participação esportiva, podem ser bem maiores que aquelas geradas por programas de treinamento de força. A crença de que o treinamento de força é perigoso para crianças não é consistente com as necessidades delas e com os riscos documentados associados a esse tipo de treinamento. Contudo, crianças têm sofrido lesões em salas de musculação, razão pela qual profissionais de Educação Física precisam tomar diretrizes cautelosas quando trabalharem com populações mais jovens.[1]

Talvez a maior preocupação com o treinamento de força na juventude envolva o potencial de lesão na placa da epífise. Como mencionado, essa área do osso ainda não tem ossificação suficiente e é, portanto, inclinada a lesões. Embora as fraturas da placa da epífise tenham ocorrido em levantadores de pesos jovens, esses relatos foram estudos de exemplos e, normalmente, envolveram o desempenho de elevações sobre a cabeça pesada em colocações não supervisionadas.[29] Uma fratura da placa da epífise não foi relatada em nenhum estudo de treinamento de força na juventude que tenha levado a uma diretriz de treinamento estabelecida. Até mesmo o teste de 1 RM em crianças é seguro, desde que as diretrizes de teste apropriadas sejam seguidas, isto é, períodos adequados de aquecimento, progressão individual de cargas e supervisão próxima.[18]

A grande preocupação para os levantadores de pesos jovens pode ser o risco de lesões pelo uso repetitivo do tecido mole.[1,6] Em particular, o risco de lesão na parte inferior das costas (lombar)[30] e no ombro[31] é uma preocupação marcante. Além disso, uma lesão catastrófica pode acontecer se padrões de segurança para o treinamento de força na juventude – supervisão adulta qualificada, equipamento seguro e diretrizes de treinamento específicas para a idade – não forem seguidos.[32]

8.3 Considerações do programa para crianças

O treinamento de força deverá ser parte de um programa de exercício bem concatenado para crianças que objetivam outras metas de forma física. Embora não haja exigência mínima de idade para participação em um programa de treinamento de força na juventude, crianças deverão ter maturidade emocional para seguir direções e desejos de tentar esse tipo de atividade. Um exame médico pré-treinamento não é obrigatório para crianças aparentemente saudáveis; entretanto, todos os participantes deverão ser relacionados a alguma lesão ou doença que possa limitar ou prevenir sua participação segura em um programa de treinamento. A meta dos programas de treinamento de força não deverá estar limitada apenas a um aumento de força muscular, mas, também, a ensinar crianças sobre seu corpo, promovendo interesse e alegria na atividade física. Parece que desfrutar da participação em atividades físicas e esportes durante a infância contribui para que esse indivíduo continue ativo na vida posteriormente.[33]

Duas áreas importantes de preocupação no desenvolvimento de programas de treinamento de força na juventude são a qualidade de instrução e a taxa de progressão. Profissionais de saúde devem ter um entendimento de todas as diretrizes de treinamento na juventude e falar com as crianças de forma que elas compreendam. Os profissionais deverão promover competição entre os participantes e evitar a atitude "vencer é tudo". Trabalhos diários individualizados podem ajudar cada criança a focalizar seu aprimoramento.

Embora somente dados limitados estejam disponíveis a respeito da relação entre repetições e porcentagem selecionadas de 1 RM em crianças, parece que o número de repetições que podem ser desempenhadas a uma dada porcentagem do 1 RM são específicas para um dado exercício.[1] Então, o limite mínimo de força, quando expresso como uma percentagem de 1 RM, pode variar entre grupos musculares, possivelmente em virtude da quantidade de massa muscular envolvida em cada exercício. A melhor forma de prescrever um programa de treinamento de força para crianças é, primeiro, estabelecer o número de repetições (isto é, 10 a 12) e então determinar, por tentativa e erro, a carga máxima que pode ser seguramente manipulada para o alcance prescrito. Embora aumentar a força ou o número de conjuntos seja necessário para obter ganhos contínuos, isso não significa que toda sessão precise ser mais intensa ou volumosa que a anterior. Enquanto é importante manter o programa desafiador, crianças deverão ter oportunidade de desenvolver apropriadamente a forma e a técnica.

Exercícios multiarticulares como agachamentos, puxadas e supinos podem ser incorporados a um programa de criança, mas o foco deve permanecer no desenvolvimento apropriado da forma e da técnica mais que na quantidade de peso levantado.[27] A técnica não apurada pode provocar fadiga anormal nos tecidos musculares esqueléticos e levar a uma lesão. A resistência deve ser diminuída se a técnica apropriada do exercício não puder ser mantida. Quando aprenderem novos exercícios, as crianças deverão iniciar com um peso leve ou, até mesmo, com uma vareta de madeira para aprenderem a técnica correta. Profissionais de Educação Física deverão estar cientes do tempo exigido para ensinar segura e efetivamente os exercícios às crianças. Por causa do risco potencial de lesões no ombro e na parte da região lombar, exercícios de fortalecimento para o ombro e o tronco deverão ser incorporados ao programa de treinamento. Em outras palavras, exercícios que seriam prescritos para a reabilitação de lesões no ombro e na lombar deverão ser desempenhados como medida preventiva de incômodos. Um resumo de diretrizes do treinamento de força na juventude é apresentado no Quadro 8.1.

Quadro 8.1 – Diretrizes do treinamento de força

Diretrizes
Cada criança deve compreender os benefícios e os riscos associados ao treinamento de força.
Profissionais de Educação Física competentes devem supervisionar as sessões de treinamento.
O equipamento deve ser adequado ao tamanho das crianças; caso isso não seja possível, o uso de halteres e barras pode ser uma boa opção, desde que o indivíduo tenha boa coordenação.
Aquecimento específico ou geral podem ser feitos cuidadosamente.
Observar o grau de estresse na criança, evitando sobretreinamento.
As cargas iniciais devem sempre ser leves, permitindo boa adaptação.
Aumentar a carga sempre de forma progressiva (5% a 10%).
Dependendo das necessidades individuais e dos objetivos, 1 a 3 séries de 6 a 15 repetições com preferência para exercícios multiarticulares devem ser priorizadas.
A frequência deve ser de 2 a 3 vezes por semana com intervalos adequados para a recuperação da criança.
O treinamento deve ser periodizado adequadamente.
A ingestão de líquidos deve ser constante a cada 15-20 minutos.
Alimentação adequada é fundamental para a melhoria da saúde na qualidade de vida e *performance*.

Referências

1. Baechle TR, Earle RW. Essentials of Strength Training and Conditioning. Champaign: Human Kinetics; 2000.
2. Malina R. Physical Activity and Training: Effects on Stature and the Adolescent Growth Spurt. Med Sci Sport Exerc. 1994 Jun;26(6):759-66.
3. Tanner J. Growth at Adolescence. Oxford: Blackwell Scientific; 1962.
4. Duke P, Litt I, Gross R. Adolescent's Self-Assessment of Sexual Maturation. Pediatrics. 1980 Dec;66(6):918-20.
5. Simão R. Fundamentos fisiológicos para o treinamento de força e potência. São Paulo: Phorte; 2003.
6. Rosa G et al. Treinamento de força em crianças e adolescentes. Rev Baiana de Ed Fís. 2001;2(3):35-44.
7. Buenen G, Malina, R. Growth and Physical Performance Relative to the Timing of The Adolescent Spurt. Exerc Sport Sci Rev. 1988;16(1):503-40.
8. Malina R, Bouchard C. Growth, Maturation and Physical Activity. Champaign: Human Kinetics; 1991.
9. Faigenbaum AD, Westcott WL, Loud RL, Long C. The Effects of Different Resistance Training Protocols on Muscular Strength and Endurance Development in Children. Pediatrics. 1999 July 1;104(1):E5.
10. Faigenbaum A, Bradley D. Strength Training for the Young Athlete. Orthop Phys Ther Clin N Am. 1998;7:677-89.
11. Falk B, Tenenbaum G. The Effectiveness of Resistance Training in Children. A Meta-analysis. Sports Med. 1996 Sep;22(3):176-86.
12. Kraemer W, Fry AC, Frykman PN, Conroy B, Hoffman J. Resistance Training and Youth. Pediatr Exerc Sci. 1989;1:336-50.
13. American Academy of Pediatrics. Strength Training, Weight and Power Lifting, and Bodybuilding by Children and Adolescents. Pediatrics. 1990;86:801-03.

14. American College of Sports Medicine. ACSM's Guidelines for Exercise Testing and Prescription. Baltimore: Williams & Wilkins; 1995.
15. Faigenbaum AD, Kraemer WJ, Cahill B, Chandler J, Dziados J, Elfrink LD, et al. Youth resistance training: position statement paper and literature review: position statement. Strength Conditioning. 1996; 18(6):62-76
16. US Department of Health and Human Services. Physical Activity and Health: a Report from the Surgeon General. Atlanta: U.S. Department of Health and Human Services, Centers for Disease Control and Prevention, National Center for Chronic Disease Prevention and Health Promotion; 1996.
17. Vrijens F. Muscle Strength Development the Pre-and Post-Pubescent Age. J Sports Med. 1978;11:152-58.
18. Ramsay JA, Blimkie CJ, Smith K, Garner S, MacDougall JD, Sale DG. Strength Training Effects in Pre-Pubescent Boys. Med Sci Sports Exerc. 1990 Oct;22(5):605-14.
19. Sailors M, Berg K. Comparison of Responses to Weight Training in Pubescent Boys and Men. J Sports Med Phys Fitness. 1987 Mar;27(1):30-7.
20. Weltman A, Janney C, Rians CB, Strand K, Berg B, Tippitt S, et al. The Effects of Hydraulic Resistance Strength Training in Pre-Pubertal Males. Med Sci Sports Exerc. 1986 Dec;18(6):629-38.
21. Faigenbaum AD, Zaichkowsky LD, Westcott WL, Micheli LJ, Fehlandt, AF. The Effects of a Twice-a--Week Strength Training Program on Children. Pediatric Exerc Sci. 1993;5(4):339-46.
22. Faigenbaum AD, Westcott WL, Micheli LJ, Outerbridge R, Long CJ, Loud RL, et al. The Effects of Strength Training and Detraining on Children. J. Strength Conditioning Res. 1996;10:109-14.
23. Kraemer W. Endocrine Responses to Resistance Exercise. Med Sci Sports Exerc. 1988 Oct;20(5 Suppl):S152-7.
24. Bailey DA, Martin AD. Physical Activity and Skeletal Health in Adolescents. Pediatric Exerc Sci. 1994 Nov;6(4):330-47.
25. Morris F, Naughton GA, Gibbs JL, Carlson JS, Wark JD. Prospective Ten-month Exercise Intervention in Premenarcheal Girls: Positive Effects on Bone and Lean Mass. J Bone Miner Res. 1997 Sep;12(9):1453-62.
26. Hejna WF, Rosenberg A, Buturusis DJ, Krieger A. The Prevention of Sports Injuries in High School Students through Strength Training. NSCA. 1982;4(1):28-31.
27. Faigenbaum AD, Polakowski C. Olympic-style Weightlifting, Kid Style. Strength Cond. 1999;21(3):73-6.
28. Hamill B. Relative Safety of Weightlifting and Weight Training. J Strength Cond Res. 1994;8:53-7.
29. Ryan J, Salciccoli G. Fractures of the distal radial epiphysis in adolescent weight lifters. Am J Sports Med. 1976 Jan-Feb;4(1):26-7.
30. Blimkie CJR, Martin J, Ramsay J, Sale D, MacDougall D. The Effects of Detraining and Maintenance Weight Training on Strength Development in Prepubertal Boys. Can J Sport Sci. 1989;14:102.
31. Rians C, Weltman A, Cahill BR, Janney CA, Tippett SR, Katch FI. Strength Training for Prepubescent Males: Is It Safe? Am J Sports Med. 1987 Sep-Oct;15(5):483-9.
32. George D, Stakiw K, Wright CJ. Fatal Accident with Weight-lifting Equipment: Implications for Safety Standards. CMAJ. 1989 April 15; 140(8): 925–926.
33. Telama R, Yang X, Laakso L, Viikari J. Physical Activity in Childhood and Adolescence as Predictor of Physical Activity in Young Adulthood. Am J Prev Med. 1997 Jul-Aug;13(4):317-23.

Capítulo 9

Treinamento em mulheres

Mulheres que participam regularmente de atividades de treinamento de força podem melhorar sua saúde e a autoestima, reduzir o risco de doenças degenerativas, como osteoporose, e incrementar o desempenho esportivo. No passado, mulheres questionavam os valores do treinamento de força ou até mesmo o evitavam por causa dos estigmas sociais. A evidência atual indica claramente que elas são capazes de tolerar e se adaptar às exigências do treinamento de força, e que os benefícios são substanciais.[1] O interesse atual no treinamento de força por mulheres é evidenciado pelo grande número de mulheres que praticam o treinamento com pesos em academias, bem como maior número de praticantes em esportes que requerem grandes níveis de força e potência.

9.1 Diferenças sexuais

Os profissionais de saúde precisam entender as diferenças relacionadas ao sexo em termos de respostas físicas, fisiológicas e de composição corporal no treinamento de força quando projetarem e avaliarem programas de condicionamento e estética. Um entendimento dessas diferenças e áreas de preocupação que são únicas às atletas pode ajudar a otimizar o desempenho e diminuir a incidência de lesão.

9.1.1 Tamanho e composição corporal

Antes da puberdade não há diferenças essenciais no peso, na altura e no tamanho do corpo entre meninos e meninas. Quando a puberdade começa a se desenvolver, as diferenças nessas medidas tornam-se mais evidentes, primeiro por causa das mudanças hormonais. Durante a puberdade, a produção de estrogênio em garotas aumenta a quantidade de gordura corporal e o desenvolvimento dos seios, ao passo que a produção de testosterona em garotos aumenta a formação óssea e a síntese de proteína. Embora o estrogênio também estimule o crescimento ósseo, garotos têm um período maior de crescimento, e, portanto, homens tendem a ter maior estatura que mulheres. Em média, mulheres tendem a ter mais gordura no corpo, e menos músculo e osso que os homens. Além disso, as mulheres tendem a ser mais leves no peso corporal total que os homens. Embora algumas mulheres atletas possam ter porcentagens mais baixas de gordura que homens sem treinamento, porcentagens extremamente baixas de gordura em mulheres podem estar associadas a consequências adversas de saúde.[2,3] Medições antropométricas de adultos indicam que os homens tendem a ter ombros mais largos relativamente a seus quadris e mulheres tendem a ter quadris mais largos relativamente a seus ombros.[4]

FIGURA 9.1 – Exercício supino reto.

9.1.2 Produção de força e potência

Quando se comparam mudanças induzidas na força muscular entre sexos, é importante a distinção entre medidas absolutas e relativas. Em termos de força absoluta, as mulheres geralmente têm cerca de dois terços da força do homem.[4] A força absoluta das partes inferiores do corpo das mulheres é geralmente mais próxima das medidas dos homens, quando comparada com os valores da força absoluta das partes superiores do corpo. Diferenças relacionadas ao sexo na composição corporal, nas características antropométricas e na distribuição da massa livre de gordura (mulheres tendem a ter menos massa muscular acima da cintura) podem ser explicadas parcialmente.

Quando comparadas em uma base relativa, as diferenças referentes ao sexo na força muscular são reduzidas drasticamente. Em virtude de a diferença média entre homem e mulher ser considerável no tamanho do corpo, é útil comparar diferenças sexuais na força relativa entre o peso do corpo, a massa livre de gordura e a área da seção transversal muscular. Quando expressa relativamente ao peso do corpo, a força da parte inferior do corpo de mulheres é similar à do corpo dos homens, ao passo que a força da parte superior do corpo de mulheres é ainda um pouco menor. Se as comparações são feitas relativas à massa livre de gordura, diferenças na força entre homens e mulheres tendem a desaparecer.[5] Dados interessantes, mas limitados, sugerem que a força excêntrica pode ser mais similar entre homens e mulheres que a força concêntrica quando comparadas relativamente à massa livre de gordura.[6]

Quando a força é expressa relativamente à área da seção transversal muscular, não há diferença significativa entre os sexos, o que indica que a qualidade do músculo (força máxima por área da seção transversal) não é específica sexualmente.[7] Admite-se que as fibras musculares nos homens e nas mulheres também são similares na distribuição do tipo de fibra e das características histoquímicas, embora homens tendam a ter a área da seção transversal do músculo maior que a das mulheres. Não obstante a importância dessas observações, profissionais de saúde precisam lembrar que há um vasto alcance de capacidades de força e que, em alguns casos, as diferenças entre duas mulheres podem, de fato, ser maiores que entre um homem e uma mulher.

Diferenças relacionadas ao sexo em produção de potência são similares àquelas verificadas para força muscular. Medições comparando produções de potência de levantadores competitivos revelaram que, durante o fragmento inteiro ou movimentos puros de puxada, a produção de potência das mulheres relativa ao peso total do corpo foi cerca de 63% da dos homens.[8] Descobertas similares relativas à produção de potência foram observadas em mulheres presumivelmente sem treinamento.[9] O salto vertical máximo e saltos em longa distância também tendem a ser menores em mulheres que em homens,[6,10] embora quando expressa relativamente à massa livre de gordura, a lacuna entre sexos tenda a se estreitar. Apesar de os homens ainda terem, no geral, um desempenho melhor que o das mulheres, parece, entretanto, que as diferenças na massa livre de gordura não são inteiramente responsáveis por diferenças na produção de potência. Ainda que equivocadas, as diferenças relacionadas ao sexo na taxa de desenvolvimento de força e potência poderiam explicar parcialmente essas descobertas.[11]

FIGURA 9.2 – Rosca bíceps no *pulley* baixo.

9.2 Treinamento de força para atletas femininas

Apesar das diferenças relacionadas ao sexo, homens e mulheres respondem ao treinamento de força de modos similares às suas diretrizes de pré-treinamento. Embora a magnitude de mudança em variáveis selecionadas possa diferir de algum modo, as tendências gerais sugerem que o valor do treinamento de força para mulheres estenda-se bem além de um aumento na força muscular e inclua mudanças favoráveis em outras medições importantes de saúde e forma física.[4]

FIGURA 9.3 – Exercício *leg press.*

9.2.1 Treinabilidade da mulher

Por meio da participação em um programa de treinamento de força, as mulheres podem aparentemente aumentar sua força à mesma taxa ou mais rapidamente que os homens. Embora ganhos absolutos de força sejam frequentemente maiores em homens, os aumentos relativos (percentuais) são aproximadamente os mesmos ou até maiores em mulheres. Mesmo que as adaptações do sistema nervoso contribuam claramente para o desenvolvimento da força, a influência dos fatores de hipertrofia nas mulheres não deverá ser superestimada. Quando técnicas sofisticadas (por exemplo, tomografia computadorizada e ultrassom) são usadas para assegurar mudanças nas medidas na área da seção transversal muscular, ganhos em pouco tempo (acima de 16 semanas) na hipertrofia muscular são similares entre os sexos.[12,13]

A julgar pelo desenvolvimento muscular de mulheres levantadoras olímpicas, fisiculturistas e atletas de campo e trilha que não usaram esteroides anabolizantes, é óbvio que a hipertrofia muscular substancial é possível em mulheres que participam regularmente de programas de treinamento de alto volume ou alta intensidade. Embora mais estudos sejam necessários, é possível que as concentrações de testosterona em mulheres possam variar com o treinamento e que mulheres com níveis relativamente altos de testosterona possam ter maior potencial para um aumento no tamanho do músculo e na força.[14,15] Além disso, é possível que a complexidade do movimento do exercício usado durante o treinamento possa influenciar o grau de hipertrofia muscular.[16] Movimentos mais complexos, como *leg press* e supinos, quando comparados com a rosca bíceps, podem requerer um período de adaptação neural relativamente mais longo, consequentemente retardando a hipertrofia muscular no tronco e nas pernas.[16] Uma disposição genética para desenvolver uma massa muscular grande pode, também, ser um fator contribuinte.

9.3 Considerações sobre os programas para mulheres

Desde que as características fisiológicas do músculo em ambos os sexos sejam as mesmas, não há razão sensível para os programas de treinamento de força para mulheres serem diferentes daqueles dos homens. De fato, em virtude de os grupos musculares envolvidos em um esporte particular serem obviamente os mesmos em homens e mulheres, os programas de treinamento de força deverão ser planejados para melhorar o desempenho dos músculos necessários para que a prática do esporte seja bem-sucedida, independentemente do sexo. É falsa a ideia de que os programas de treinamento de força para mulheres devam ser diferentes dos programas para os homens ou que mulheres perdem flexibilidade, ou desenvolvem músculos "volumosos" se treinam com pesos. A única diferença real entre os programas é, geralmente, a quantidade de resistência usada por um dado exercício. É particularmente importante para as jovens atletas femininas desempenhar algum tipo de exercício de força regularmente, de modo a aumentar sua resistência a lesões e captar seus potenciais genéticos na força musculoesquelética e na potência durante a maturidade. As observações de que ginastas femininas de elite são capazes de fazer puxadas além do seu peso corporal e levantadoras de peso femininas competitivas podem empurrar mais de duas vezes seu peso corporal demonstram o que é possível com o treinamento de força.[4]

Duas áreas de interesse em relação à prescrição de programas de treinamento de força para mulheres relatam o desenvolvimento da força na parte superior do corpo e a prevenção das lesões relacionadas ao esporte, em particular as que envolvem o joelho. Desde que a força da parte superior do corpo das mulheres tenda a ser menor que a dos homens, enfatizar o desenvolvimento da parte superior do corpo é importante para as atletas femininas que praticam esportes que requerem força da parte superior do corpo e potência. Uma porção significativa do volume total de treinamento dessas atletas deverá focar-se no desenvolvimento da parte superior do corpo. A adição de 1 ou 2 exercícios da parte superior, ou 1 a 2 séries extras, pode ser benéfica para mulheres com dificuldade em fazer exercícios de peso livre multiarticulares, por causa das limitações na força da parte superior do corpo.[4]

É importante para os profissionais de saúde o cuidado com a incidência crescente de lesões no joelho em atletas femininas, particularmente em esportes como o futebol e o basquete.[17] Em um relatório da National Collegiate Athletic Association (NCAA), jogadoras de basquete eram seis vezes mais propícias à ocorrência de um rompimento do ligamento cruzado anterior que jogadores masculinos.[4] Embora alguns observadores tenham comentado que o número elevado dessas lesões simplesmente reflete aumento na participação de mulheres em esportes organizados, outros têm sugerido fatores causadores. É possível que a fragilidade da articulação, o alinhamento do membro, as dimensões de encaixe, o tamanho do ligamento, o movimento do corpo, a interação calçado-superfície, o nível de habilidade, as mudanças hormonais e a força muscular contribuam para a diferença observada no número de lesões no joelho entre atletas de ambos os sexos.[17] Embora seja provável que nenhum dos fatores mencionados seja o único responsável, aumentar o nível de atividade física, em uma tentativa de reforçar os ligamentos antes da participação no esporte, merece consideração. Se as estruturas dos ligamentos dos atletas tiverem menos forma física, podendo ser relativamente mais fracas e consequentemente piores em termos de preparação para encontrar as demandas de incisão e torção em esportes, a participação regular em um programa condicionante, projetado para incrementar a força e a integridade do tecido muscular e apoiar estruturas, pode reduzir o número de lesões relacionadas ao esporte.[18]

Com instrução e progressão apropriadas, um programa de condicionamento de um ano, incluindo tanto exercícios de força da parte dos membros inferiores quanto exercícios de agilidade e equilíbrio para melhorar o controle da atividade muscular, parece ser indicado. Além disso, é importante que atletas femininas evitem períodos prolongados de inatividade (por exemplo, no período fora da temporada), que levam a perdas de força, potência e resistência cardiovascular. Embora exames clínicos sejam necessários para determinar o melhor método para reduzir a incidência de lesões relacionadas ao esporte em atletas femininas, as estratégias de prevenção devem ser priorizadas.

Referências

1. Position of National Strength and Conditioning Association. Strength Training for Female Athletes. J Strength Conditioning Res. 1989;11:43-55.
2. Otis CL, Drinkwater B, Johnson M, Loucks A, Wilmore J. American College of Sports Medicine Position Stand: the Female Athlete Triad. Med Sci Sports Exerc. 1997 May;29(5):i-ix.
3. West R. The Female Athlete: the Triad of Disordered Eating, Amenorrhoea and Osteoporosis. Sports Med. 1998 Aug;26(2):63-71.
4. Baechle TR, Earle RW. Essentials of Strength Training and Conditioning. Champaign: Human Kinetics; 2000.

5. Hurley B, Hagberg JM. Optimizing Health in Older Persons: Aerobic or Strength Training? Exerc Sport Sci Rev. 1998;26:61-89.
6. Colliander E, Tesch P. Responses to Eccentric and Concentric Resistance Training in Females and Males. Acta Physiol Scand. 1991 Feb;141(2):149-56.
7. Castro MJ, McCann DJ, Shaffrath JD, Adams WC. Peak Torque per Unit Cross-sectional Area Differs Between Strength-training and Untrained Young Adults. Med Sci Sports Exerc. 1995 Mar;27(3):397-403.
8. Garhammer J. A Comparison of Maximal Power Outputs Between Elite Male and Female Weightlifters in Competition. Int J Sport Biomech. 1991;7:3-11.
9. Komi P, Karlsson J. Skeletal Muscle Fibre Types, Enzyme Activities and Physical Performance in Young Males and Females. Acta Physiol Scand. 1978 Jun;103(2):210-8.
10. Mayhew J, Salm P. Gender Differences in Anaerobic Power Tests. Eur J Appl Physiol Occup Physiol. 1990;60(2):133-8.
11. Ryushi T, Häkkinen K, Kauhanen H, Komi PV. Muscle Fiber Characteristics, Muscle Cross-Sectional Area and Force Production in Strength Athletes, Physically Active Males and Females. Scand J Sports Sci. 1988;10:7-15.
12. Cureton K, Collins MA, Hill DW, McElhannon FM Jr. Muscle Hypertrophy in Men and Women. Med Sci Sports Exerc. 1988 Aug;20(4):338-44.
13. Häkkinen K, Pakarinen A, Kallinen M. Neuromuscular Adaptations and Serum Hormones in Women during Short-term Intensive Strength Training. Eur J Appl Physiol Occup Physiol. 1992;64(2):106-11.
14. Cumming D, Wall SR, Galbraith MA, Belcastro AN. Reproductive Hormone Responses to Resistance Exercise. Med Sci Sports Exerc. 1987 Jun;19(3):234-8.
15. Häkkinen K, Pakarinen A, Kyröläinen H, Cheng S, Kim DH, Komi PV. Neuromuscular Adaptations and Serum Hormones in Females during Prolonged Power Training. Int J Sports Med. 1990 Apr;11(2):91-8.
16. Chilibeck PD, Calder AW, Sale DG, Webber CE. A Comparison of Strength and Muscle Mass increases during Resistance Training in Young Women. Eur J Appl Physiol Occup Physiol. 1998;77(1-2):170-5.
17. Arendt E, Dick R. Knee Injury Patterns among Men and Women in Collegiate Basketball and Soccer. NCAA Data and Review of Literature. Am J Sports Med. 1995 Nov-Dec;23(6):694-701.
18. Stone M. Muscle Conditioning and Muscle Injuries. Med Sci Sports Exerc. 1990 Aug;22(4):457-62.

Capítulo 10

Terceira idade

O número de homens e mulheres acima de 65 anos está aumentando, e mais oportunidades para a participação nos esportes, desde maratona até levantamento de peso, estão disponíveis para os atletas mais velhos. Enquanto a resistência cardiovascular e a força muscular de competidores mais velhos, ou atletas *master*, são verdadeiramente excepcionais, até mesmo os atletas mais treinados experimentam algum declínio de desempenho depois dos 30 anos. Por exemplo, a capacidade de levantamento de peso estilo olímpico mostrou declínio com a idade, a uma taxa de aproximadamente 1% a 1,5% por ano, até aproximadamente 70 anos; depois dessa idade ocorre uma diminuição mais drástica.[1] Profissionais da saúde deverão entender as mudanças fisiológicas que ocorrem com a idade e o treinamento de indivíduos mais velhos. Além disso, os riscos potenciais de saúde associados à atividade física em atletas idosos precisam ser considerados.

Neste capítulo, a força muscular é expressa em base absoluta (isto é, a força total medida em quilogramas) ou relativa (isto é, relação da força absoluta para a massa total do corpo, massa livre de gordura, ou área da seção transversal do músculo).

10.1 Mudanças relativas à idade na saúde musculoesquelética

Mudanças significativas na composição corporal com o avanço da idade podem levar ao desenvolvimento de danos funcionais físicos e lesão. A bem documentada perda de massa óssea e muscular com a idade não só faz as atividades da vida diária – como levantar uma cadeira e abrir uma janela mais difícil –, como aumenta o risco de quedas, fraturas do quadril e incapacidades funcionais.[2] Os ossos tornam-se frágeis com a idade por causa de um decréscimo no conteúdo mineral ósseo que causa aumento na porosidade do osso. O conteúdo mineral do osso e sua microarquitetura podem se deteriorar a uma extensão tal que até as mesmas atividades da vida diária podem causar uma fratura óssea, particularmente do quadril, da coluna ou do punho. A osteopenia é definida por uma densidade mineral óssea entre desvios-padrão (DP) de –1 e –2,5 da média dos adultos jovens; a osteoporose é definida por uma densidade mineral óssea abaixo de –2,5 DP da média dos adultos jovens. Essas condições, que resultam em ossos com menos densidade e força, são sérias preocupações em pessoas idosas, sobretudo mulheres. A lenta, mas progressiva, perda de osso com a idade tem sido relacionada à inatividade física e a fatores genéticos, hormonais, nutricionais e mecânicos.[3]

O avanço da idade também é associado a uma redução da massa muscular, chamada sarcopenia.[4] A tomografia computadorizada tem revelado que, depois dos 30 anos, há um decréscimo nas áreas da seção transversal de músculos individuais, com decréscimo na densidade muscular e aumento na gordura intramuscular. Essas mudanças parecem ser consequência previsível do avanço da idade e são mais pronunciadas em mulheres.[4] Com a idade, a hipotrofia muscular observada parece resultar da inatividade física e de uma gradual e seletiva deterioração das fibras musculares, mais notadamente das fibras do tipo II (fibras rápidas).[4,5] Portanto, pessoas mais velhas têm menos massa muscular e maior proporção das fibras musculares do tipo I (fibras lentas).

A massa muscular diminuída resulta em perda de força muscular. Em um relatório, 40% das mulheres entre 55 e 64 anos, 45% das mulheres entre 65 e 74 e 65% das mulheres entre 75 e 84 foram incapazes de levantar cerca de 4,5 kg.[6] A redução no tamanho ou no número de fibras musculares, especialmente as do tipo II, também leva à diminuição na capacidade de um músculo gerar potência (isto é, exercer força rapidamente).[4,6,7] Desde que as atividades do dia a dia exijam certo grau de desenvolvimento de potência, um decréscimo na capacidade dos músculos de produzir força rapidamente pode afetar adversamente a capacidade de adultos mais velhos de desempenhar atividades como subir escadas e caminhar. Enquanto um estudo adicional se faz necessário, fatores que podem contribuir para o declínio relativo à idade na força muscular e potência incluem reduções na massa muscular, mudanças no sistema nervoso e hormonais, nutrição pobre e inatividade física.[4] As consequências funcionais dessas mudanças relativas à idade são significativas por causa da influência da magnitude e da taxa de mudança à idade, na qual uma pessoa pode se tornar funcionalmente dependente (por exemplo, incapaz de desempenhar tarefas caseiras ou levantar uma cadeira) ou alcançar um limite de incapacidade. Um resumo de adaptações à idade e ao treinamento de resistência é apresentado no Quadro 10.1.

Quadro 10.1 – Adaptações do idoso ao treinamento de força

	Envelhecimento	Treinamento de força
Força muscular	Diminui	Aumenta
Resistência muscular	Diminui	Aumenta
Massa muscular	Diminui	Aumenta
Capacidade de hipertrofia	Diminui	Aumenta
Capacidade metabólica do músculo	Diminui	Aumenta
Taxa metabólica do músculo em repouso	Diminui	Aumenta
Composição corporal de gordura	Aumenta	Diminui
Densidade mineral óssea	Diminui	Aumenta
Funções físicas	Diminui	Aumenta

10.2 Treinamento de força para adultos mais velhos

A idade não interfere diretamente para aumentar ou reduzir a capacidade do sistema musculoesquelético de se adaptar ao treinamento de força. Melhoras significativas na força muscular, na massa muscular, na densidade mineral óssea e nas capacidades funcionais (por exemplo, flexibilidade) têm sido observadas em pessoas mais velhas que participaram de programas de treinamento de força progressiva.[4,8] Para adultos mais velhos, tais incrementos aumentam o desempenho do exercício, diminuem o potencial de lesão e tornam as atividades da vida diária mais agradáveis. Em razão das mudanças relativas à idade na saúde musculoesquelética, o treinamento de força pode ser um dos modos de treinamento de maior benefício para as populações mais idosas que precisam aumentar a força musculoesquelética, a massa muscular, a densidade mineral óssea e os desempenhos relacionados à força.

10.2.1 Capacidade de treinamento dos adultos mais velhos

Grande proporção de atenção tem se fixado em estratégias para melhorar a saúde musculoesquelética de homens e mulheres mais velhos. Se a intensidade do programa de treinamento é baixa, só incrementos modestos na força são observados, mas, se o estímulo do treinamento é adequado, os ganhos de força nos adultos mais velhos são similares ou maiores que os verificados em indivíduos mais jovens. Homens mais velhos treinados em força têm previamente mais que a força da extensão duplicada do joelho e a força tensora triplicada quando comparados aos sedentários, e observações similares têm sido feitas em mulheres mais velhas.[9] Em um estudo da capacidade de homens e mulheres muito idosos (87 a 96 anos), verificou-se incremento da força muscular em apenas 8 semanas de treinamento de força.[10] Aumentos na velocidade de andar, potência em subir escadas, equilíbrio e atividade espontânea total também têm sido associados aos ganhos de força no treinamento induzido em populações mais idosas. Em um dos poucos estudos de treinamento de força longitudinal (12 meses), a força muscular aumentou em mulheres (idade 59 ± 1 ano) por todo o período de estudo, embora os ganhos às vezes parecessem diminuir, sugerindo que os aumentos na força em pessoas mais velhas possam ocorrer de maneira discreta.[11]

A participação regular em um programa de treinamento de força também parece ter profundos efeitos anabólicos em populações mais velhas.[9,10,12] A tomografia computadorizada e a análise da biópsia muscular mostraram evidências de hipertrofia muscular em homens mais velhos que participaram de um programa de treinamento de força de alta intensidade.[12] Outras investigações, envolvendo adultos mais velhos, têm mostrado que o treinamento de força pode incrementar a retenção de nitrogênio, que pode ter um efeito positivo no metabolismo da proteína muscular.[4] O treinamento de força também tem mostrado um importante efeito no equilíbrio energético em adultos mais velhos, evidenciado por aumento na taxa de metabolismo no repouso de homens e mulheres com o treinamento de força.[13] É digno de nota que modificações na dieta (mudança na ingestão total de alimentos ou nutrientes selecionados) em homens mais velhos com treinamento de força tiveram um efeito positivo na hipertrofia muscular.[14]

Embora a resposta do osso ao treinamento de força seja influenciada por uma interação complexa de muitas variáveis (por exemplo, situação hormonal, história de atividade e nutrição), tem sido registrado que o treinamento de força tem um efeito positivo na saúde óssea em homens e mulheres mais velhos.[4,15] O treinamento de força feito regularmente pode compensar os declínios relacionados à idade na saúde óssea, mantendo-se ou aumentando-se a densidade mineral óssea. O treinamento de força também pode reduzir o risco de fraturas por osteoporose, incrementando o equilíbrio, a massa muscular e o nível global de atividade física. Enquanto não houver dúvida de que o treinamento de força possa melhorar a saúde óssea em adultos mais velhos, a interação de exercícios com fatores hormonais e nutricionais influencia o grau de benefício do programa de exercícios. Além disso, os ossos retêm os efeitos benéficos do exercício apenas enquanto o indivíduo continua a praticá-lo. Durante períodos de inatividade, a densidade óssea volta aos níveis pré-exercício muito rapidamente.[3]

10.3 Considerações do programa para a terceira idade

Visto que o exercício aeróbio tem sido recomendado por muitos anos como um meio de aumentar a forma cardiovascular, o treinamento de força é correntemente reconhecido como um importante componente de um programa de condicionamento de forma física para adultos mais velhos. Em razão de as perdas relacionadas à força e à massa musculoesquelética serem quase universais, programas projetados para manter ou incrementar a saúde musculoesquelética em adultos mais velhos deverão ser implementados. Não só a participação regular em um programa de treinamento de força pode equilibrar algumas dessas perdas, mas também ajudar as pessoas mais velhas a manter um estilo de vida ativo, de alta qualidade.[4,16]

Os princípios fundamentais de se estabelecer um programa de treinamento para uma pessoa mais velha e uma mais jovem são basicamente os mesmos, mas há várias preocupações que devem ser alertadas aos profissionais da saúde quando trabalharem com seniores. Edições observando indisposições médicas preexistentes, progressão do exercício e situação nutricional deverão ser avaliadas antes do início de um programa de treinamento de força. Embora populações mais velhas retenham a capacidade de adaptação aos níveis acrescidos de atividade física, diretrizes de exercício seguras e efetivas devem ser seguidas.

Antes de participarem de um programa de exercício, os seniores devem completar uma história médica e um questionário de fator de risco. As limitações potenciais e as possíveis restrições à atividade física podem ser certificadas por essa informação. Em alguns casos, exige-se a liberação médica antes do início de um programa de exercício moderado ou vigoroso. Todas as questões relacionadas à situação médica do participante (por exemplo, doença no coração, hipertensão, artrite, osteoporose ou diabetes) deverão ser respondidas por um profissional de saúde. Depois da obtenção dessa informação, uma avaliação pré-programada, para documentar medidas básicas e avaliar respostas às modalidades específicas de exercício, deverá ser feita. Embora um teste de exercício contínuo seja frequentemente usado para avaliar respostas cardiovasculares ao exercício aeróbio, um teste de força (preferivelmente no próprio equipamento de treinamento) deverá ser usado para avaliar respostas ao treinamento de força e ajudar na prescrição do exercício. Vários métodos de avaliar força muscular, incluindo o teste 1 RM, podem ser usados em populações seniores, desde que diretrizes apropriadas de teste sejam seguidas.[16] O teste de força máxima tem resultado em sintomas cardiopulmonares mais brandos que o teste aeróbio máximo em pacientes cardíacos com boa função ventricular esquerda. Evidências atuais sugerem que o treinamento de força pode ser notavelmente seguro para seniores se as diretrizes de treinamento apropriadas forem seguidas;[17] em contrapartida, programas mal planejados podem ser potencialmente nocivos. Muitos homens e muitas mulheres mais velhos têm, pelo menos, um problema crônico de saúde; portanto, o enquadramento de saúde apropriado (e consulta a um médico, se necessário) deverá ser parte dos programas de forma física dos seniores. O risco de lesão pode ser minimizado com professores de Educação Física especializados, recuperação adequada e instrução verbal.

Muitas pessoas mais velhas, iniciantes no treinamento de força, podem precisar de um começo a um nível muito baixo e, portanto, a prescrição do exercício deverá ser individualizada. Embora intensidades mais altas do treinamento de força possam ser toleradas por alguns homens e algumas mulheres mais velhos, a fase inicial do programa de treinamento deverá ser direcionada ao aprendizado apropriado da técnica do exercício enquanto há minimização do potencial de sensibilidade muscular e de lesão. Seguindo o período de adaptação inicial, o programa de treinamento pode progredir gradualmente, contanto que continue a identificar as necessidades e as preocupações médicas de cada pessoa. No treinamento de homens e mulheres mais velhos, é particularmente importante focalizar os maiores grupos musculares usados nas atividades diárias, como transportar carga e subir escadas.

Uma vez que os participantes dominam o desempenho dos exercícios básicos, as posturas com pesos livres (barras e halteres) e exercícios multidirecionais com *medicine ball* podem ser incorporados ao programa. Os seniores deverão progredir gradualmente de uma série de 8 a 12 repetições a volumes mais altos de treinamento (por exemplo, 3 séries). Além disso, treinamento de equilíbrio (por exemplo, posturas de uma perna e giros em círculo) e exercícios de flexibilidade deverão ser incorporados ao regime global de treinamento, contanto que uma instrução qualificada esteja disponível. Um programa de treinamento de força para homens e mulheres mais velhos, particularmente atletas *master*, deverá variar em volume e intensidade por todo o ano para reduzir a probabilidade de excesso de treinamento e assegurar que o progresso seja feito por todo o período de treinamento. Em razão de a possibilidade de recuperação de uma sessão de treinamento tornar-se mais longa em populações mais velhas, uma frequência de treinamento de 2 vezes por semana é recomendada, pelo menos durante o período inicial de adaptação. Com instrução competente e apoio dos amigos, homens e mulheres mais velhos ganham confiança em sua capacidade de treinamento de força, podendo ser suficiente para assegurar boa adaptação ao programa.[16]

Uma consideração adicional relacionada ao treinamento de força em homens e mulheres mais velhos é a nutrição apropriada. A qualidade e a quantidade de ingestão de alimento (ou talvez nutrientes selecionados) de uma pessoa podem significar a diferença entre perder e ganhar massa muscular. Em particular, parece que as quantidades adequadas de proteína são essenciais para a hipertrofia muscular em pessoas mais velhas. Além disso, ingestões inadequadas de carboidratos, proteína, cálcio e ferro estão associadas às consequências negativas potenciais à saúde, incluindo fadiga, função imunizadora comprometida e recuperação retardada de lesão. Incrementar a ingestão de alimento de uma pessoa mais velha não apenas melhora a saúde, como também pode aperfeiçoar as adaptações ao treinamento de força.

Referências

1. Meltzer D. Age Dependence of Olympic Weightlifting Ability. Med Sci Sports Exerc. 1994 Aug;26(8):1053-67.
2. Holloway J. A Summary Chart: Age Related Changes in Women and Men and Their Possible Improvement with Training. J Strength Cond Res. 1998;12(2):67-128.
3. Drinkwater B. Weight-bearing Exercise and Bone Mass. Phys Med Rehab Clin North Am 1995;6:567-78.
4. Simão R. Fundamentos fisiológicos para o treinamento de força e potência. São Paulo: Phorte; 2003.
5. Vandervoot A, McComas A. Contractile Changes in Opposing Muscle of the Human Ankle Joint with Aging. J Appl Physiol. 1986 Jul;61(1):361-7.

6. Bassey E, Fiatarone MA, O'Neill EF, Kelly M, Evans WJ, Lipsitz LA. Leg Extensor Power and Functional Performance in Very Old Men and Women. Clin Sci. 1992 Mar;82(3):321-7.
7. Häkkinen K, Häkkinen A. Muscle Cross-sectional Area, Force Production and Relaxation Characteristics in Women at Different Ages. Eur J Appl Physiol Occup Physiol. 1991;62(6):410-4.
8. American College of Sports Medicine. Exercise and Physical Activity for Older Adults. Med Sci Sports Exerc. 1998;30:992-1008.
9. Charette SL, McEvoy L, Pyka G, Snow-Harter C, Guido D, Wiswell RA, et al. Muscle Hypertrophy Response to Resistance Training in Older Women. J Appl Physiol. 1991 May;70(5):1912-6.
10. Fiatarone M, Marks EC, Ryan ND, Meredith CN, Lipsitz LA, Evans WJ. High-intensity Strength Training in Nonagenarians. Effects on Skeletal Muscle. JAMA. 1990 Jun 13;263(22):3029-34.
11. Morganti CM, Nelson ME, Fiatarone MA, Dallal GE, Economos CD, Crawford BM, et al. Strength Improvements with One Year of Progressive Resistance Training in Older Women. Med Sci Sports Exerc. 1995 Jun;27(6):906-12.
12. Frontera WR, Meredith CN, O'Reilly KP, Knuttgen HG, Evans WJ.Strength Conditioning in Older Men: Skeletal Muscle Hypertrophy and Improved Function. J Appl Physiol. 1988 Mar;64(3):1038-44.
13. Campbel W, Crim MC, Young VR, Evans WJ. Increased Energy Requirements and Changes in Body Composition with Resistance Training in Older Adults. Am J Clin Nutr. 1994 Aug;60(2):167-75.
14. Meredith CN, Frontera WR, O'Reilly KP, Evans WJ. Body Composition in Elderly Men: Effect of Dietary Modification during strength Training. J Am Geriatr Soc. 1992 Feb;40(2):155-62.
15. Layne J, Nelson M. The Effects of Progressive Resistance Training on Bone Density: a Review. Med Sci Sports Exerc. 1999 Jan;31(1):25-30.
16. Baechle TR, Earle R. W. Essentials of Strength Training and Conditioning. Champaign: Human Kinetics; 2000.
17. McCartney N. Acute Responses to Resistance Training and Safety. Med Sci Sports Exerc. 1999 Jan;31(1):31-7.

Capítulo 11

Prescrição de exercícios em casos de diabetes melito não insulinodependente (DMNID)

O exercício pode desempenhar um papel importante na terapia de pacientes com diabetes. As motivações para o exercício, o conceito específico acerca de seu uso e os tipos de exercício aceitáveis podem se diferenciar consideravelmente entre grupos ou indivíduos.

A prescrição de um exercício precisa ser adequada a cada pessoa por causa de uma série de circunstâncias. As recomendações de exercícios podem ser muito diferentes com base no tipo de diabetes (tipo I, tipo II ou pré-diabetes), na idade do grupo ou nas características especiais do paciente (por exemplo, adolescente, feminino) e na presença ou na ausência de complicações crônicas de diabetes.

11.1 Adaptações ao treinamento

O treinamento com exercícios tem sido efetivo no tratamento da intolerância à glicose em não dependentes de insulina (diabetes melito), além de ter se mostrado útil em sua prevenção.

Aumentos na tolerância à glicose em não dependentes de insulina (diabetes melito) parecem ter manifestado, contudo, mudanças fisiológicas, bioquímicas e morfológicas no tecido regulador da insulina.

11.2 Exercício e possível prevenção do DMNID

Para indivíduos com a função insulina normal, treinamento com exercícios aeróbios prolongados resulta em baixas concentrações de insulina no plasma durante o jejum ou acompanhando a ingestão de glicose. Embora a insulina injetável seja eficaz e, em algumas situações, necessária para o controle glicêmico, resultados semelhantes sugerem que a regularidade na execução de exercícios aeróbios também pode reduzir o risco da resistência à insulina e prevenir o desenvolvimento de pioras na tolerância à glicose e de DMNID. Essa afirmação é efetivamente sustentada por recentes estudos epidemiológicos, indicando que indivíduos que mantêm um estilo de vida com atividade física estão menos expostos ao desenvolvimento de DMNID que indivíduos sedentários.[1,2] Além disso, descobriu-se que o efeito protetor da atividade física é maior em indivíduos com alto risco de DMNID;[2] isso inclui indivíduos obesos, com pressão alta e com um histórico familiar de DMNID.

A redução do risco da resistência à insulina e de DMNID por meio de exercícios regulares também é lastreada por inúmeros estudos sobre idosos. A tolerância à glicose geralmente prejudica os idosos por causa do desenvolvimento da resistência à insulina. Entretanto, idosos com treinamento vigoroso numa base regular apresentam grande tolerância à glicose e baixa resposta à insulina responsável para regular a glicose, quando comparados a indivíduos sedentários de mesma idade e peso similar.[3] Indivíduos idosos fisicamente ativos também demonstram tolerância à glicose, similar a jovens sem treinamento, que mantêm a insulina baixa em reposta à ingestão de glicose.

11.3 Exercício e tratamento de DMNID

Enquanto a evidência substancial de que exercícios de resistência podem reduzir o risco da intolerância à glicose e da DMNID, a evidência de que o treinamento de força é benéfico no tratamento da DMNID não é tão grande. Muitos estudos antigos, que investigaram os efeitos do treinamento de força em DMNID, não conseguiram demonstrar melhoras na tolerância à glicose ou nos níveis de insulina do sangue. A adequação aos programas de treinamento de força em muitos desses estudos, contudo, é questionável. Estudos mais recentes, usando o treinamento de força por períodos prolongados, têm alcançado resultados mais favoráveis; por exemplo, Reitman et al.[4] relataram significativa melhora na tolerância à glicose e à ação da insulina em indivíduos com recente início de DMNID, que se exercitaram vigorosamente 5 a 6 dias por semana depois de um período de 8 semanas; Holloszy et al.[5] também demonstraram que, em doze meses de exercícios vigorosos, 3 a 4 dias por semana, normalizaram a tolerância à glicose, em pacientes com intolerância à glicose e DMNID que usavam insulina injetável (Figura 11.1).

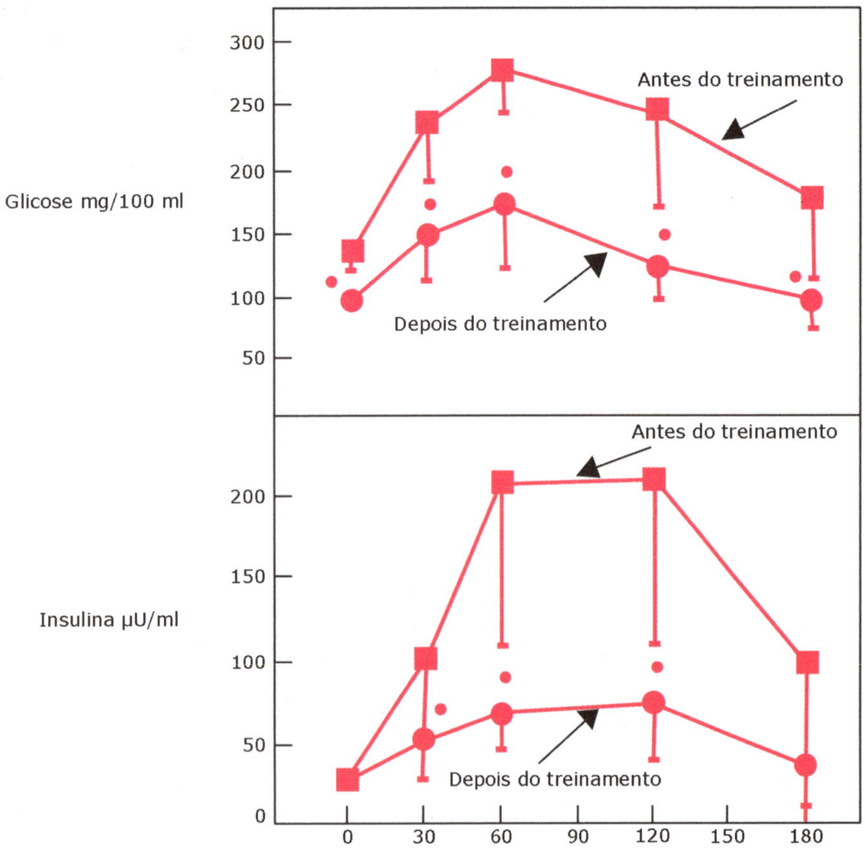

FIGURA 11.1 – Os valores são as médias ± desvio-padrão de cinco pacientes. Glicose do plasma e resposta da insulina para 100 g de ingestão de glicose, em pacientes com suave DMNID, antes e depois de 12 meses de exercícios aeróbios vigorosos. Depois do treinamento, foi feito um teste de tolerância à glicose nos pacientes 18 horas após o exercício.

Entretanto, por causa do exercício, a secreção de insulina diminui para conter um aumento da sensibilidade à insulina e, geralmente, não se efetiva como único tratamento de DMNID em pacientes que têm moderada deficiência de insulina.

11.3.1 Possíveis mecanismos de ação

As adaptações que podem contribuir para a promoção da intolerância à glicose e da DMNID são:

- aumento da ação da insulina nos tecidos periféricos;
- aumento no índice de liberação da glicose livre e reduzido valor na produção de glicose livre.

O treinamento aumenta a liberação da glicose periférica na presença da insulina; isso ocorre, sobretudo, por causa de um aumento da insulina no músculo esquelético. O aumento da ação da insulina está associado ao aumento da insulina responsável pelo transporte da glicose (GLUT4) e das enzimas que regulam o estoque e a oxidação da glicose no músculo esquelético. Mudanças na morfologia do músculo também podem ser importantes depois do treinamento. Tem-se discutido que, com o treinamento de exercícios aeróbios, há aumento na conversão de fibras do tipo IIb em fibras do tipo IIa, o que é bom para aumentar a capilaridade do músculo. As fibras do tipo IIa têm grande densidade de capilares e grande concentração de transportadores de glicose e mais insulina que as fibras do tipo IIb. Evidências apontaram que as mudanças morfológicas no músculo, particularmente a densidade dos capilares, estão associadas às mudanças nas concentrações de insulina e a tolerância à glicose.[6]

O aumento da massa muscular também pode produzir o estado de insulina resistente ao aumento do espaço para estocar glicose. Um lastro a essa hipótese é achar que o levantador de pesos tem menos glicose no sangue e resposta de insulina para a glicose ingerida do que um sujeito sedentário de mesma idade ou atletas com treinamento de resistência.[7] Também Miller, Sherman e Ivy[8] relataram que o declínio da insulina no plasma, responsável pela glicose ingerida durante vários meses de treinamento com pesos, foi amplamente relacionado ao aumento da massa muscular alcançado pelos indivíduos. Tais descobertas podem ser particularmente pertinentes para o idoso, que em geral fica exposto à grande redução da massa muscular que provoca diminuição da sensibilidade à insulina e tolerância à glicose.[8]

Ainda não foi documentado um aumento da insulina estimulando a liberação de glicose livre acompanhado por treinamento de força. Entretanto, o fígado não parece tornar-se mais sensível à insulina, resultando num maior controle da produção de glicose livre. O treinamento de força também pode promover o controle sobre a produção de glicose livre pelo aumento do controle da insulina sobre a concentração dos ácidos graxos no sangue. Um nível elevado de ácidos graxos no sangue associado à obesidade e à DMNID estimula a gliconeogênese, que, por sua vez, estimula a produção de glicose livre. Um sangue livre de elevados níveis de ácidos graxos também pode atenuar a coleta e a armazenagem da glicose pelo músculo esquelético. Portanto, um aumento do controle da concentração de ácidos graxos no sangue pode servir para aumentar a liberação de glicose periférica, o que é bom para reduzir a produção de glicose livre.

Referências

1. Manson JE, Rimm EB, Stampfer MJ, Colditz GA, Willett WC, Krolewski AS, et al. Physical Activity and Incidence of non-insulin-dependent Diabetes Mellitus in Women. Lancet. 1991 Sep 28;338(8770):774-8.
2. Helmrich SP, Ragland DR, Leung RW, Paffenbarger Jr RS. Physical Activity and Reduced Occurrence on non-insulin-dependent Diabetes Mellitus. N Engl J Med. 1991;325:147-52.
3. Seals DR, Hagberg JM, Allen WK, Hurley BF, Dalsky GP, Ehsani AA, et al. Glucose Tolerance in Young and Older Athletes and Sedentary Men. J Appl Physiol. 1984 Jun;56(6):1521-5.
4. Reitman JS, Vasquez B, Klimes I, Nagulesparan M. Improvement of Glucose Homeostasis after Exercise Training in non-insulin-dependent Diabetes. Diabetes Care. 1984 Sep-Oct;7(5):434-41.
5. Holloszy JO, Schultz J, Kusnierkiewicz J, Hagberg JM, Ehsani AA. Effects of exercise on Glucose Tolerance and Insulin Resistance. Acta Med Scand. 1986;711:55-65.
6. Lillioja S, Young AA, Culter CL, Ivy JL, Abbott WG, Zawadzki JK, et al. Skeletal Muscle Capillary Density and Fiber Type are Possible Determinants of in Vivo Insulin Resistance in Man. J Clin Invest. 1987 Aug; 80(2): 415-24.
7. Cüppers HJ, Erdmann D, Schubert H, Berchtold P, Berger M. Glucose Tolerance, Serum Insulin, Serum Lipids and Athletes. Curr Probl Clin Biochem. 1982;11:155-65.
8. Miller WJ, Sherman WM, Ivy JL. Effects of Strength Training on Glucose Tolerance and Post-Glucose Insulin Response. Med Sci Sports Exerc. 1984 Dec;16(6):539-43.

Capítulo 12

Osteoporose

A osteoporose pode ser definida como perda da densidade óssea normal, com aumento da fragilidade e da propensão às fraturas. Os ossos são remodelados constantemente por células que reabsorvem o cálcio, os osteoclastos e por outras que depositam o cálcio, os osteoblastos. Há dois tipos de ossos: os ossos corticais, que constituem mais de dois terços do esqueleto (encontrados nas diáfises dos ossos longos), e os trabeculares (encontrados nas vértebras e na pelve, nos ossos chatos e nas epífises dos ossos longos). Os trabeculares são metabolicamente mais ativos, com maior taxa de renovação.[1,2]

As mulheres atléticas em eventos de *endurance* (resistência) e as sedentárias podem ser mais vulneráveis à osteoporose, resultado do enfraquecimento do osso por causa da perda de cálcio. Isso porque certas mulheres estão envolvidas em esportes em que seu percentual de gordura é muito baixo, diminuindo a quantidade de hormônios femininos, em associação ao cessamento do fluxo menstrual, que é um fator contribuinte no futuro desenvolvimento da osteoporose. As mulheres sedentárias estimulam pouco os hormônios fixadores de cálcio no osso.[2-4]

A osteoporose pode levar a diversos tipos de fraturas, como as de punho, úmero e porção proximal do fêmur. Outra dolorosa consequência é a compressão de vértebras (provocando cifose progressiva) em virtude da perda óssea.[2]

12.1 Fatores de risco da osteoporose

- corpo delgado e pele clara;
- etnia (ascendência europeia, asiática);
- história familiar de osteoporose prematura;
- menopausa precoce;
- amenorreia;
- idade avançada;
- nuliparidade;
- estilo de vida sedentário;
- alto consumo de cigarro, álcool e café;
- uso de corticosteroides.

Geralmente, a osteoporose ocorre em mulheres idosas, mas em certas circunstâncias pode surgir muito mais cedo. Os homens também podem vir a sofrer com a osteoporose, mas é mais raro, ocorrendo um aumento de perda óssea só a partir dos 70 anos de idade. A mulher a partir dos 35 anos perde, em média, 0,8% de peso ósseo por ano; na menopausa, pode passar a 2%-3% de perda por ano. No homem, a perda óssea começa a partir dos 50 anos e, em média, 0,4% ao ano; a partir dos 70 anos, pode chegar a 0,8% de perda óssea anual.[3,5]

12.2 Modificações na massa óssea

A perda de peso[6] e a imobilização[7] podem causar profunda perda da densidade e da massa ósseas. A imobilização causa aumento marcante na excreção urinária de cálcio, o que reflete na perda de material ósseo.[8] O exercício de baixa intensidade não reduz a quantidade de cálcio urinário perdido em indivíduos imobilizados. A posição em pé de forma estática por três horas diminuiu a perda urinária de cálcio, mas a atividade física desempenhada em posição estirada ou numa cadeira de rodas não obteve o mesmo resultado.[8] Esses dados sugerem que os músculos antigravitacionais devem ser ativados para manter ou aumentar a densidade e a massa óssea. Fleck e Falkel[9] sugerem que o treinamento resistido pode ativar os músculos antigravitacionais.

Uma consideração importante é se o treinamento físico pode ou não aumentar a densidade mineral e o tecido ósseo fortalecido a níveis maiores que o desenvolvimento, separadamente. Ossos mais fortes podem ser benéficos por várias razões: protegem contra lesões como resultado das tarefas de trabalho diárias ou competição atlética. A perda de tecido ósseo (osteopenia) ocorre com os processos ao longo do tempo; se a densidade óssea e a força tensora máxima forem aumentadas antes do início do processo de osteoporose, então as complicações podem ser minimizadas.

O nível de aptidão do indivíduo e o tipo de atividade física também podem influenciar na densidade óssea. Comparações da seção transversal de homens e mulheres fisicamente ativos geralmente sugerem que há uma relação positiva entre o nível de atividade física, a densidade e a massa óssea. Chow et al.[10] têm demonstrado que as densidades ósseas da vértebra lombar e do fêmur estão relacionadas às medidas de forma, incluindo força muscular máxima e potência aeróbia (VO_2máx). Adicionalmente, alguma evidência sugere que a atividade física infantil pode ter uma influência subsequente marcante na densidade óssea adulta.[11] Entretanto, nem todos os programas de treinamento necessariamente produzem o mesmo resultado.[12]

Vários estudos da seção transversal sugerem que a atividade física pode afetar a densidade mineral óssea aumentada.[13] Pode-se esperar que os membros dominantes dos atletas estejam sujeitos a uma fadiga mais alta e mais trabalho total que nos membros não dominantes, e isso pode se refletir em diferenças na incorporação mineral óssea e na densidade e na massa ósseas. O úmero dominante em tenistas mostrou ter maior massa,[14] largura óssea e conteúdo mineral.[15] Resultados similares foram relatados a jogadores de beisebol.[16] Entre vários atletas, o fêmur dominante também mostra densidade óssea mais alta que a perna não dominante.[17]

12.3 Treinamento de força

Nilsson e Westlin[17] examinaram a densidade óssea do membro inferior em diferentes grupos atléticos, incluindo nove atletas de nível internacional. As densidades ósseas foram maiores em atletas internacionais quando comparadas às de atletas de nível mais baixo que tiveram densidades ósseas maiores que os não treinados. Adicionalmente, foi mostrado que atletas praticantes de esportes que exigem movimentos de alta intensidade, como levantamento de peso e arremessos, tinham densidades ósseas maiores que fundistas e jogadores de futebol. Garret et al.[18] demonstraram em oito levantadores de potência que a massa óssea era aumentada na L3. As atuações de forças compressivas na coluna estavam correlacionadas ao aumento ósseo.

Por um período de mais de cinco meses, o treinamento com o próprio peso corporal em mulheres pós-menopausa causou um aumento de 38% no osso radial na posição distal, tendo o grupo-controle diminuído sua massa óssea na mesma região em 1,9%.[19] Doze meses de treinamento produziram aumento significativo na densidade óssea lombar comparada a controles em mulheres pré-menopausa.[20] Embora esse programa de treinamento de peso não tenha ações de compressões longitudinais direta na coluna, os exercícios desempenhados causaram contração nos músculos paravertebrais. Lane et al.[21] compararam treinamento aeróbio (corrida moderada) com treinamento de peso por cinco meses. O treinamento de peso produziu aumento significativamente maior na densidade óssea lombar que o grupo aeróbio.

A importância da intensidade do exercício e do transporte de peso foi apontada por Martin et al.[22] Cães *beagles* foram exercitados em movimento contínuo na esteira a 3,3 km/h por 75 minutos, 5 dias por semana, por 71 semanas. Os cães vestiam jaquetas de peso, que eram aumentadas a aproximadamente 130% da massa do corpo dos cães por 23 semanas, mantendo-se constante pelas 48 semanas remanescentes. A taxa de incorporação mineral óssea na tíbia foi aumentada se comparada a controles sedentários. Pesquisa prévia sem jaquetas de peso não mostraram efeitos na densidade óssea ou taxa de incorporação mineral.[22] O treinamento de peso, particularmente com um componente de transporte de peso, pode alterar substancialmente a densidade mineral óssea.

12.3.1 Estímulo da incorporação mineral óssea

A remodelagem é uma função de fadiga e esforço encontrada pelo osso. A adaptação do osso é modificada por vários fatores, incluindo os nutricionais, hormonais e o esforço funcional. Tem-se sugerido que há um "esforço efetivo mínimo", que é o menor esforço necessário para manter a remodelagem balanceada e preservar o osso a valores relativamente constantes. Entretanto, a magnitude é só um fator contribuinte para o esforço funcional, que é um estímulo para a remodelagem do osso. Três fatores que modificam o osso são a magnitude do esforço, a taxa de esforço e a distribuição de esforço.[23]

FIGURA 12.1 – Cadeira extensora unilateral.

Esforços pequenos não contribuirão para a efetiva remodelagem óssea, sem consideração da distribuição.[23] Esses fatores podem explicar as mudanças relativamente pequenas nos ossos associadas ao treinamento aeróbio de baixa intensidade. Adicionalmente, mulheres amenorreicas, com baixas concentrações de estrogênio, em treinamento aeróbio, podem experimentar dois problemas: primeiro, o treinamento aeróbio pode não ser de intensidade suficiente para efetuar adequadamente a remodelagem óssea; segundo, as baixas concentrações de estrogênio podem reduzir a reabsorção de cálcio.[8]

O treinamento de força pode satisfazer mais adequadamente o critério para a remodelagem óssea. Além disso, a taxa de esforço pode ser particularmente importante na remodelagem óssea. O exercício indicado para aumentar a massa e a densidade ósseas máximas ou prevenir decréscimos, como aqueles ocorridos com a idade, deveria envolver taxas altas de esforço, mas precisa ser de duração relativamente curta. Certos tipos de treinamento de força/potência, como o treinamento de levantamento de pesos estilo olímpico, que inclui tanto movimentos rápidos quanto exercícios em todo o corpo, podem prover alta magnitude de esforço e distribuição variada de esforço e taxas altas de esforço.[8]

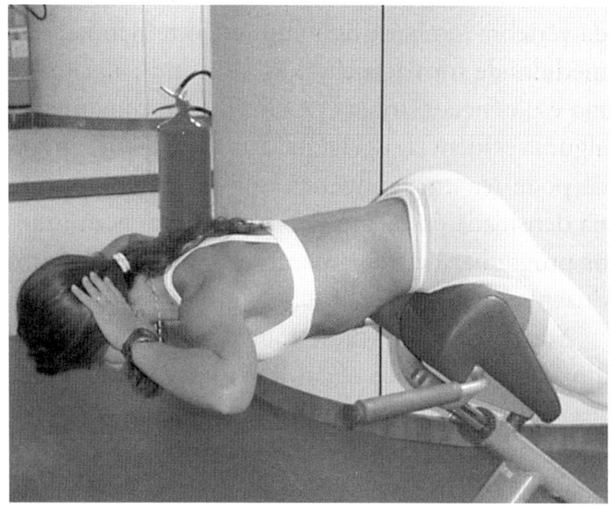

FIGURA 12.2 – Fortalecimento de paravertebral.

12.3.2 Influências hormonais

O exercício e o treinamento podem causar mudanças marcantes dos hormônios no sangue.[1] Hormônios anabólicos, incluindo testosterona e hormônio do crescimento, podem aumentar como resultado de exercício (incluindo exercícios de força) de intensidade apropriada.[24] A relação testosterona/cortisol pode refletir o estado anabólico relativo.[25] O treinamento de resistência apropriado pode aumentar essa relação, induzindo aumentos na massa magra do corpo, incluindo o tecido conjuntivo.[25] O treinamento excessivo pode tanto reduzir essa relação quanto afetar outros hormônios, isto é, estrogênio, que poderia ter um efeito adverso no crescimento e na manutenção do tecido conjuntivo.[1,25]

É relevante que altos volumes de treinamento de resistência tenham sido associados ao decréscimo da densidade óssea em homens e mulheres.[8]

A testosterona, a insulina, outros hormônios, minerais e vitaminas diretamente relacionados à deposição mineral óssea também podem ser estimulados pelo treinamento de resistência. O número de hormônios e a sensibilidade também podem afetar o tecido conjuntivo. Mecanismos endócrinos tanto quanto autócrinos e parácrinos também podem estar ativos no metabolismo do tecido conjuntivo.[8]

12.3.3 Prescrição de exercícios

A atividade física tem sido proposta como uma das estratégias para reduzir o número de fraturas e aumentar a massa óssea e muscular para a prevenção de quedas e o aumento da capacidade funcional. Estudos longitudinais demonstram que indivíduos que executam atividades com pesos, ou seja, desenvolvimento da força muscular, têm maior densidade mineral que os não atletas. Alguns estudos referem-se ao trabalho de resistência com algum mérito no aumento de massa óssea, mas muitos outros mostram que o trabalho de resistência promove um ganho de massa óssea muito pequeno ou praticamente nenhum. Outros estudos têm referido a hidroginástica como uma atividade de pouca ou nenhuma importância para as pessoas portadoras de osteoporose, por essa atividade não ter impacto sobre o esqueleto.[1,2]

O Quadro 12.1 pode ser considerado um guia para programas de treinamento com pesos, objetivando o aumento da densidade óssea, mas pode ser modificado de acordo com as necessidades individuais.

As atividades com pesos são fundamentais para evitar a perda da massa óssea e, até, um aumento desta. Os exercícios devem ser regulares, progressivos e orientados em qualquer situação, sobretudo nos indivíduos que sofrem de osteoporose.[26]

FIGURA 12.3 – Exercício afundo no *smith*.

Alguns cuidados devem ser estabelecidos, como controle de carga e certos exercícios que causam muita tensão articular e óssea. Exercício como flexão da coluna em pé e os exercícios que causam compressão longitudinal demasiada da coluna, como desenvolvimento sentado e agachamentos, devem ser evitados.[1]

Em conclusão, a osteoporose é uma doença caracterizada pela perda de massa óssea e pelo risco de fraturas. Há fortes evidências de que atividades com pesos são preventivas e terapêuticas em relação à osteoporose. Outro fator importante é a inclusão de uma dieta rica em fontes alimentares de cálcio, como leite e produtos lácteos, salmão em conserva e vegetais verde-escuros. Pode ser necessária uma suplementação vitamínica de cálcio, especialmente as de carbonato de cálcio e citrato de cálcio. A restauração do ciclo menstrual também é fundamental, sobretudo por causa do estrogênio (hormônio feminino), que é um fixador de cálcio nos ossos. A atividade física é fundamental por causa da liberação da calcitonina, que também ajuda a evitar a perda de cálcio. A prevenção da osteoporose deve ser estimulada com exercícios e alimentação adequada.

Quadro 12.1 – Esse quadro pode ser considerado um guia para programas de treinamento de força com o objetivo de aumentar a densidade óssea, mas pode ser modificado de acordo com as necessidades individuais

Variáveis	**Recomendações de exercício**
Intensidade do exercício	1-10 repetições máximas
Número de séries	3-6 séries por grupamentos
Seleção de exercícios	Supinos, puxadas, desenvolvimentos, agachamentos
Objetivo geral	Hipertrofia muscular

Referências

1. Simão R. Fundamentos fisiológicos do treinamento de força e potência. São Paulo: Phorte; 2003.
2. Mellion MB. Segredos em medicina desportiva. Porto Alegre: ArtMed; 1997.
3. Pollock ML, Wilmore JH. Exercícios na saúde e na doença: avaliação e prescrição para prevenção e reabilitação. Rio de Janeiro: MEDSI; 1993.
4. Baecchle TR, Earle RW. Essentials of Strength Training and Conditioning. Champaign: Human Kinetics; 2000.
5. Elbas M, Simão R. Em busca do corpo: exercícios, alimentação e lesões. Rio de Janeiro: Shape; 1997.
6. Vogel JM, Whittle MW. Proceedings: Bone Mineral Content Changes in the Skylab Astronauts. AJR Am J Roentgenol. 1976 Jun;126(6):1296-7.
7. Hanson TH, Roos BO, Nachemson A. Development of Osteopenia in the Fourth Lumba Vertebra during Prolonged Bed Rest after Operation for Scoliosis. Acta Orthop Scand. 1975 Sep;46(4):621-30.
8. Komi PV. Strength and Power in Sport. Oxford: Blackwell Science; 1995.
9. Fleck SJ, Falkel JE. Value of Resistance Training for the Reduction of Sports Injuries. Sports Med. 1986 Jan-Feb;3(1):61-8.
10. Chow RR, Harrison JE, Brown CF, Hajek V. Physical Fitness Effect on Bone Mass in Postmenopausal Woman. Arch Phys Med Rehabil. 1986 Apr;67(4):231-4.
11. McCulloch RG, Bailey DA, Houston CS, Dodd BL. Effects of Physical Activity, Dietary Calcium Intake, and Selected Lifestyle Factors on Bone Density in Young Women. CMAJ. 1990 Feb 1; 142(3): 221–227.
12. Stone MH. Implications for Connective Tissue and Bone Alterations Resulting from Resistance Exercise Training. Med Sci Sports Exerc. 1988 Oct;20(5 Suppl):S162-8.
13. Stillman RJ, Lohman TG, Slaughter MH, Massey BH. Physical Activity and Bone Mineral Content in Woman Aged 30 to 85 Years. Med Sci Sports Exerc. 1986 Oct;18(5):576-80.
14. Jones HH, Priest JD, Hayes WC, Tichenor CC, Nagel DA. Humeral Hypertrophy in Response to Exercise. J Bone Joint Surg Am, 1977 Mar 01;59(2):204-208.
15. Montoye HJ, Smith EL, Fardon DF, Howley ET. Bone Mineral in Senior Tennis Players. Scand J Sports Sci. 1980;2:26-32.
16. Watson RC. Bone growth and physical activity in young males. In: International Conference on Bone Mineral Measurements; 1974. Washington: US Department of Health, Education, and Welfare Publication, NIH 75-683;1974:380-5. p. 380-5.
17. Nilsson BE, Westlin NE. Bone density in athletes. Clin Orthop Relat Res. 1971;77:179-82.
18. Garret WE, Safran MR, Seaber AV, Glisson RR, Ribbeck BM. Biomechanical comparison of stimulated and nonstimulated skeletal muscle pulled to failure. Am J Sports Med. 1987 Sep-Oct;15(5):448-54.
19. Simkin A, Ayalon J, Leichter I. Increased trabecular bone density due to bone loading exercise in postmenopausal osteoporotic women. Calcif Tissue Int. 1987 Feb;40(2):59-63.
20. Gleeson PB, Protas EJ, LeBlanc AD, Schneider VS, Evans HJ. Effects of weight lifting on bone mineral density in premenopausal women. J Bone Miner Res. 1990 Feb;5(2):153-8.
21. Lane N, Bevier W, Bouxsein M, Wiswell R, Careter D, Marcus R. Effect of exercise intensity on bone mineral. Med Sci Sports Exerc. 1988;20:S51.
22. Martin RK, Albright JP, Clarke WR, Niffenegger JA. Load-carrying effects on the adult beagle tibia. Med Sci Sports Exerc. 1981;13(5):343-9.
23. Lanyon LE. Functional strain in bone tissue as an objective and controlling stimulus for adaptive bone remodeling. J Biomech. 1987;20(11-12):1083-93.

24. Stone MH, Keith RE, Kearney JT, Fleck SJ, Wilson GD, Triplett NT. Overtraining: a review of the signs, symptoms and possible causes. J Appl Sports Sci Res. 1991; 5(1):35-50.
25. Häkkinen K, Pakarinen A, Alén M, Komi PV. Serum hormones during prolonged training of neuromuscular performance. Eur J Appl Physiol Occup Physiol. 1985;53(4):287-93.
26. Howley ET, Franks BD. Health fitness instructor's handbook. Champaign: Human Kinetics; 1997.

Capítulo 13

Obesidade

A obesidade pode ser definida como o aumento excessivo de gordura corporal. Há um padrão de excesso de gordura aceito pela maioria dos estudiosos e pesquisadores que determina as pessoas que ultrapassam percentuais de gordura de seu peso total. Esse padrão foi estabelecido em 20% de gordura para os homens e em 30% de gordura para as mulheres. Além do total percentual de gordura corporal, o tamanho e o número das células adiposas foram sugeridos como um meio de identificar e estudar o que é normal e anormal no que diz respeito à gordura corporal. O corpo aumenta a quantidade do tecido adiposo de duas formas: a primeira é aumentando ou "enchendo" as células adiposas existentes com mais gordura, o que é chamado hipertrofia. A segunda é aumentando o número total de células adiposas, o que é denominado hiperplasia da célula adiposa.[1]

Há três fases determinantes no aumento do número das células adiposas:[1,2]

• Fase 1: O primeiro ano de vida

O número de células adiposas é cerca de três vezes maior no primeiro ano de vida do que no nascimento. Esse dado confirma o fato de que, durante o primeiro ano de vida, o número de células no organismo aumenta, razoavelmente, rápido. Os cientistas acreditam que as células adiposas existentes antes do nascimento são formadas durante os últimos três meses da gestação. Portanto, na gestação, a mãe deve evitar engordar mais de 9 kg. Deve-se evitar dar alimentos sólidos ao bebê até um ano de idade. O dogma de que a criança gordinha é saudável deve acabar, pois sua saúde pode ficar comprometida no futuro.

• Fase 2: Depois do primeiro ano de vida

Depois do primeiro ano de vida, o número de células aumenta de forma mais gradual, até mais ou menos dez anos e continua aumentando durante o impulso do crescimento e na adolescência.

• Fase 3: A adolescência

Por causa das alterações psicofísicas, os adolescentes tendem a ver aumentado o número de células em virtude de três grandes fatores: as alterações hormonais, a ingestão de alimentos altamente calóricos (*fast-food*) e inatividade física.

A partir da fase adulta parece haver pouco ou nenhum aumento no número de células, mas sim do "enchimento" das células adiposas já existentes. Desse modo, a melhor forma de evitar a obesidade é controlar a alimentação nos três períodos considerados críticos, a fim de evitar aumento no número de células adiposas. Lembre-se de que a obesidade é uma doença e de que também tem um fator hereditário; por isso, modifique seus hábitos alimentares e procure uma nutrição sadia, pois é a base do seu bem-estar físico.

13.1 Obesidade: outros fatores de influência

Como foi dito anteriormente, as maiores fases da hiperplasia celular não parecem ser o único problema. Uma ingestão excessiva não será necessariamente o único fator determinante para o desenvolvimento de padrões de obesidade na idade adulta. Até pouco tempo, acreditava-se que essa ingestão excessiva seria o único fator, mas, se isso fosse verdade seria fácil resolver essa situação: o simples corte calórico da dieta e a realização de uma atividade física seriam a solução dos problemas da obesidade, mas na verdade, não é só isso. Outros fatores são de forte influência e atuação na obesidade, como a genética, o meio ambiente, a condição social e talvez a étnica. Pesquisas também sugerem que diferenças em fatores específicos podem predispor o indivíduo à obesidade. Estão incluídos nesse caso:

- padrões alimentares;
- ambiente alimentar;
- comidas em conserva;
- imagem corporal;
- diferenças bioquímicas;
- termogênese induzida;

- nível de atividade física;
- temperatura corporal basal;
- níveis celulares de trifosfato de adenosina (ATP);
- hormônio sensitivo lipase (HSL);
- lipoproteína lipase (LPL).

É quase uma evidência o fato de que os procedimentos de tratamentos adotados até hoje não deram resultados evidentes e significativos. Dietas, cirurgias, remédios, métodos psicológicos e exercícios, tanto de forma isolada quanto em combinação, não alcançaram o sucesso desejado. Há esperanças dos pesquisadores da descoberta das facetas da obesidade para, no futuro, tentarem solucionar um dos maiores problemas de saúde.

Segundo Katch e McArdle,[3] os obesos dificilmente vão ao médico; os que vão, na maioria dos casos, não conseguem emagrecer; os que conseguem, geralmente voltam à obesidade.

13.2 Riscos da obesidade

Cerca de 37 milhões de norte-americanos apresentam 20% ou mais de excesso de peso com relação ao desejado. Mais de 12 milhões desses homens e mulheres são seriamente obesos e, têm alto risco de desenvolver uma variedade de doenças relacionadas à obesidade. Apesar da possibilidade do excesso moderado de gordura no corpo não ser prejudicial, um relatório de 1985, elaborado por 14 membros do Instituto Nacional de Saúde Americano, concluiu que a obesidade deve ser vista como uma doença. Isso porque, surpreendentemente, há múltiplos riscos biológicos mesmo com baixos níveis de excesso de gordura corporal, 2 a 5 kg acima do peso desejado. De fato, hoje se discute com maior certeza que "a obesidade é um poderoso risco para a doença coronariana, igual ao tabagismo, lipídios elevados no sangue e hipertensão".[3] Outros problemas decorrentes da obesidade são:

- hipertensão e enfarto do miocárdio;
- doenças renais;
- doenças da vesícula biliar;
- diabetes melito;
- doenças pulmonares;
- osteoartrite;
- gota;
- câncer do endométrio e de mamas;
- lipoproteínas e lipídios plasmáticos anormais;
- funções cardíacas diminuídas;
- alterações menstruais;
- toxemia na gravidez;
- problemas psicológicos;
- infecções de pele;
- reduzida tolerância ao calor.

13.2.1 Gordura localizada e sua distribuição

A distribuição da gordura localizada não parece envolver simplesmente o fator estético, mas também um fator fisiológico determinante. A obesidade androide, ou central, com maior prevalência em homens, é metabolicamente mais ativa e, portanto, mais ativa em processos relacionados à doença do coração. A obesidade ginoide ou periférica é de maior prevalência nas mulheres.[3]

13.3 Comportamento alimentar e controle de peso corporal

Estudos norte-americanos demonstram que cerca de 50 milhões de americanos estão em dieta alimentar buscando o emagrecimento e a consequente melhora estética. Em 1992, os norte-americanos gastaram 36 bilhões de dólares na indústria de perda de peso e em 1997 esse mercado não diminuiu, ao contrário, parece manter as expectativas de investimento e retorno financeiro. Os norte-americanos tentam desesperadamente perder peso e, no Brasil, parecemos seguir as mesmas tendências.

Todas as dietas que aparecem na TV, em jornais, revistas e outros meios de comunicação mostram que seus produtos são milagrosos, que se pode perder aquela "gordurinha" indesejável ou até tornar-se uma "Miss Fitness" ou um "Mister Fitness". Infelizmente, a ciência diz que isso tudo não passa de uma grande besteira. É, na verdade, uma grande panaceia, pois, se algum produto colocado no mercado consumidor funcionasse mesmo, não haveria nos Estados Unidos 50 milhões de homens e 60 milhões de mulheres, com idades entre 18 e 79 anos (e de 10 a 12 milhões de adolescentes), acima do peso ideal, precisando reduzir a quantidade de gordura.[2]

Muitas organizações profissionais se opõem fortemente à prática de dietas mirabolantes, que prometem perdas rápidas de peso. Cuidado com profissionais que cuidam de sua dieta, estes devem ser profissionais em Nutrição, ou um médico nutrólogo. Verifique cuidadosamente as credenciais. Lembre-se de que os diplomas de "Conselheiros do Peso" podem ser obtidos pelo correio ou em um curso de fim de semana. O processo de elaboração, planejamento e acompanhamento de uma dieta tem de ser acompanhado por um profissional competente.

13.3.1 Dietas não funcionam

Há três problemas significativos na maioria dos programas para perder peso:

- As dietas se preocupam em perder peso corporal como um todo, e não somente reduzir a quantidade de gordura acumulada nos tecidos adiposos.
- As dietas consomem massa muscular e promovem a perda de água e de açúcares dos músculos.
- As dietas reduzem o peso total rápido demais, colocando o organismo na defensiva e fazendo o corpo preservar a gordura corporal existente.

O único modo de perder peso saudavelmente e de forma eficiente e segura é manter a massa muscular e reduzir a quantidade de gordura armazenada no organismo.[2]

13.3.2 O que fazer para perder peso?

Até hoje não se criou nada que substituísse a atividade física e a nutrição adequada para reduzir o peso corporal. Os outros diversos produtos criados e comercializados de nada adiantam ou simplesmente têm presença coadjuvante. Portanto, há dois passos fundamentais para aqueles que querem perder peso de forma saudável:

- modificar os hábitos alimentares;
- iniciar um programa de atividade física prazerosa.

13.3.3 Fisiologia da dieta

Toda vez que iniciamos uma dieta, temos como objetivo principal a redução da ingestão de calorias diárias. Cientistas da nutrição demonstram há décadas que dietas hipocalóricas tendem a preservar a gordura e canibalizar os músculos. Sempre que iniciamos uma dieta hipocalórica, atingimos uma glândula chamada hipotálamo, que é controladora do nosso organismo. Quando ocorre a redução alimentar, essa glândula diminui o nosso metabolismo, fazendo que o corpo preserve energias. Essa restrição deprime o metabolismo em até 45%. Esse mecanismo de economia de calorias pode tornar-se ainda mais aparente em períodos repetidos e intermitentes de data, de modo que a diminuição do metabolismo basal aumente a cada tentativa subsequente de reduzir a ingestão calórica. Esse mecanismo conserva a energia e torna a dieta cada vez menos eficiente.[1]

13.3.4 Ajudando a ficar obeso

A vida sedentária e a ingestão excessiva de calorias são os grandes vilões da obesidade. A hipocinesia (ausência do movimento) hoje é tratada como uma doença que deve ser erradicada. A obesidade ainda não está bem esclarecida em vários aspectos, mas sabe-se que um nível elevado de atividade física diária pode influir de forma importante no emagrecimento.

No passado, a maior preocupação era a ingestão excessiva de calorias, mas essa teoria não é mais fidedigna.

> Nos Estados Unidos, a ingestão calórica *per capita* diminuiu nos últimos oitenta anos, embora a massa corporal e a gordura tenham aumentado. Os americanos ingerem hoje de 5% a 10% menos calorias que há vinte anos e seu peso é, em média, 2,3 kg maior. Com certeza, se o consumo de alimentos fosse o culpado, essa redução de ingestão colocaria a massa corporal nacional a um nível mais baixo, mas não ao contrário, mais alto![3]

Esses conceitos também são aplicados às crianças. Assistir a TV é a atividade preferida dos adolescentes; segundo estudo feito, assistir a TV tem a preferência de 87% dos adolescentes de 18 anos. Então, diante de tudo isso, parece que a solução é estimular o gasto calórico diário por meio de atividades físicas.

13.3.5 Dietas famosas

Por meio da mídia, todos os dias recebemos informações sobre como emagrecer, ficar forte, bonito, saudável, com alimentos mágicos e poções milagrosas. Por causa dessa massificação de informações, somos levados a acreditar que essas ideias realmente funcionam; mas, ao revermos a literatura científica e, aguardando o "sucesso" dessas dietas, somos levados a crer que essas dietas têm um sucesso muito curto e que na maioria das vezes as pessoas que delas se valem, em vários casos, perdem saúde.

Vamos rever algumas dietas famosas no nosso meio acadêmico.

13.3.5.1 Dietas de gordura ou cetogênicas

Essas dietas referem-se à restrição de carboidratos e à liberação de alimentos gordurosos, como bacon, carne vermelha, presuntos e outros, ignorando a ingestão total de calorias e lipídios. A argumentação fisiológica para essas dietas é assim resumida: em uma quantidade mínima de carboidratos para suprir o organismo de energia, o corpo acelerará o metabolismo de gordura para manter essa demanda de energia. Isso supostamente gera corpos cetônicos (coprodutos da metabolização de gorduras) para suprimir o apetite e provocar perda urinária dessas calorias "não queimadas", contribuindo para a perda de peso. Na verdade, isso não tem fundamentação fisiológica apropriada. Na melhor das hipóteses, as calorias perdidas por meio da urina pelos corpos cetônicos não ultrapassariam 100 a 150 calorias diárias. Essa contribuição valerá em média 450 g por mês, mas, na verdade, o balanço calórico se manterá positivo por causa de uma alta ingestão de lipídios (60%-70%). Como se não fosse o suficiente, esse excesso de lipídios pode causar uma desidratação por uma carga extra de soluto nos rins, que aumenta a perda urinária de água, aumento nos níveis séricos de ácido úrico e redução nos níveis de potássio, causando arritmia cardíaca, aumento nos riscos de doenças cardiovasculares, depleção das reservas de glicogênio, causando fadigas, danos no sistema nervoso central e morte. Portanto, essa dieta é contraindicada pelos especialistas da área nutricional.

13.3.5.2 Dietas hipocalóricas

Cientistas da nutrição têm demonstrado que dietas com baixo teor calórico, em média de 800 a 1.200 calorias por dia, provocam perda de até 45% do peso corporal, sendo oriunda do tecido muscular. Essas dietas são recomendadas pelos médicos somente para obesos graves que necessitam de intervenções cirúrgicas. Segundo Katch e McArdle:[3]

> A abordagem de dietas hipocalóricas foi publicada pela primeira vez em 1929. No fim da década de 1970, o interesse foi renovado e passaram a ser vistas como um método viável para ajudar a tratar a obesidade. A primeira e mais importante questão foi se as dietas hipocalóricas seriam ou não realmente eficientes como um tipo de tratamento. Embora ainda não haja resposta concreta para essa e outras questões, os cientistas de todo o mundo continuam a estudá-las na esperança de obter mais informações teóricas e práticas sobre esse método de tratamento de obesidade. O que se sabe é que essas dietas causam rápida perda de peso e também rápido ganho de peso quando interrompidas. Parece ser universalmente aceito o fato de que alterações dramáticas no estilo de vida (que incluem modificações de comportamento e de atividades físicas) provavelmente oferecem a oportunidade mais eficiente para um sucesso a longo prazo.

13.3.5.3 Dietas hiperproteicas

O argumento dessas dietas é que, ingerindo grandes quantidades de proteína e suprimindo os carboidratos, o organismo tende a metabolizar mais gordura para o fornecimento de energia. Argumenta-se também que o gasto energético é elevado para o efeito digestivo da proteína. Fisiologicamente essa solução está correta, mas há outros fatores intervenientes nessa dieta que são desfavoráveis, como sobrecarga renal e hepática, desidratação, desequilíbrio eletrolítico e perda de massa magra. Essas dietas exóticas e extremadas ainda são prejudiciais aos órgãos vitais. O coração também pode sofrer em razão da possibilidade de ocorrer perda de tecido magro.

13.3.5.4 Dietas naturais

Há outras "dietas maravilhosas" na perda de peso, mas que na verdade de nada adiantam, pois têm um sucesso curto e ainda podem levar a efeitos colaterais irreversíveis, como a morte. Serão listadas algumas dessas dietas abaixo:

- dieta do abacaxi;
- dieta da lua;
- dieta da água;
- dieta de Atkins;

- dieta de lutadores de jiu-jítsu;
- dieta do artista famoso;
- anfetaminas;
- entre outras.

Desista dessas dietas e procure sempre um nutricionista ou um médico nutrólogo.

13.3.6 Dexfenfluramina

A droga considerada do momento entrou no mercado dos obesos como uma avalanche. Depois de 23 anos, o Senado americano liberou uma droga comercial para o combate à obesidade. O mais extenso e prolongado estudo dos efeitos da dexfenfluramina, o princípio ativo do Redux, acompanhou 900 pacientes durante um ano, nos Estados Unidos. No fim da experiência, cerca de 350 dos pacientes haviam perdido 5% de peso, por volta de 370 deles perderam 10% e quase 180 estavam 15% mais magros. Essa e outras drogas perdem a eficiência entre cinco meses e um ano de uso contínuo. Os médicos acreditam que o estímulo da vitória inicial contra a obesidade proporcionada pelos remédios é vital para o controle da obesidade em casos críticos, mas não conseguem avaliar seu efeito a longo prazo. O Redux é da família dos serotoninérgicos. Isso significa que ele inunda o cérebro do usuário de serotonina, substância química que é naturalmente produzida pelo organismo em situações prazerosas, entre as quais estômago cheio, ou seja, quem toma Redux está enganando o estômago. Basta um pouco de comida e o cérebro submerso na serotonina, vinda do remédio, avisa o estômago de que não precisa mais comer, pois o organismo está satisfeito.

Há uma enorme variedade de dúvidas e riscos acerca do Redux e outras drogas similares, que "mexem" com o equilíbrio de serotonina no cérebro. Alguns efeitos colaterais detectados no uso de Redux são indesejáveis, incômodos e perigosos: diarreia, boca seca, sonolência, sonhos agitados e taquicardia.

Segundo Philip James, especialista escocês, autor de um estudo mundial sobre a questão da gordura em nações industrializadas: "Ainda estamos distantes de uma vitória completa contra a obesidade. Por uns bons anos ainda será quase impossível transformar uma pessoa gorda num indivíduo definitivamente magro".

13.4 Desordens alimentares

Os atletas são suscetíveis às desordens alimentares tanto quanto a população em geral e, em alguns casos, podem correr riscos até maiores. Competições em que o atleta tem de apresentar uma aparência "perfeita" como fisiculturismo, competidores de ginástica aeróbica, bailarinos, têm risco maior na apresentação de desordens alimentares.

Outro fator preponderante é a cobrança social da magreza, em que as consequências são maiores em mulheres. Em 1967, os modelos profissionais pesavam apenas 8% a menos do que a média da mulher norte-americana. Hoje, seu peso médio é 23% menor que a média nacional.

Isso contribui na cultura e certamente causará consequências. As duas maiores doenças causadas pelas desordens alimentares são:

- anorexia nervosa;
- bulimia nervosa.

13.4.1 Anorexia nervosa

Pesquisas mostram que 1% a 3% das garotas norte-americanas entre 12 e 18 anos desenvolvem anorexia nervosa em algum grau. A maioria dos adolescentes que tentam a dieta de restrição alimentar desiste depois de alguns dias ou semanas. Aqueles que persistem por um longo período podem desenvolver os sintomas de anorexia nervosa, que são:

- irrealístico medo de tornar-se gordo, acompanhado sempre da questão: "Você acha que eu estou gordo?";
- perda de peso ou dificuldade de aumentar o peso durante o período de crescimento;
- recusa em manter um peso corporal normal;
- alterações ou ausência do período menstrual;
- excessiva preocupação com alimentos, calorias e peso;
- abstenção de atividades sociais que estão relacionadas aos alimentos (almoços, jantares, festas etc.).

Embora 90% dos casos de anorexia ocorram em adolescentes ou jovens mulheres, cerca de 5% a 10% são homens, envolvidos normalmente em esportes que requerem baixo peso corporal (gordura).

Múltiplos fatores causam a anorexia nervosa. Alguns casos parecem ter uma predisposição biológica que podem tornar-se aparente na puberdade ou posteriormente. Fatores psicológicos, como o medo da sexualidade, pressões familiares e conflitos internos, também podem levar à anorexia. A exacerbação na cobrança da "beleza", veiculada pelos meios de comunicação, parece tomar dimensões cada vez maiores na decisão das pessoas em fazer dietas severas, podendo levar às desordens alimentares, como a anorexia.

A anorexia pode persistir por diversos anos, em casos extremos, pode resultar em morte. Em algumas situações, é necessária a ajuda da psicoterapia, e em casos extremos a hospitalização.

13.4.2 Bulimia nervosa

A bulimia nervosa envolve o consumo de enormes quantidades de alimentos (geralmente doces altamente calóricos) em um curto espaço de tempo. Depois dessa ingestão, a pessoa induz o vômito e, às vezes, abusa de laxativos para evitar o ganho de peso.

Essa desordem ocorre geralmente em pós-adolescentes e mulheres jovens. Os sinais e sintomas de bulimia são:

- ingestão de alimentos em grande quantidade e, logo depois da refeição, indução de vômito;
- medo de tornar-se gordo;
- uso de laxativos sem necessidade;
- depressão depois de fazer uma refeição;
- uso de diuréticos e laxantes.

As consequências da bulimia são perigosas, causando diversas desordens orgânicas. O tratamento é semelhante ao da anorexia (auxílio médico psicoterápico e alguns casos de internação).

13.5 Calorias e taxa metabólica de repouso (TRM)

Uma caloria é uma unidade de calor usada para expressar o valor energético dos alimentos. Uma caloria ou mais precisamente uma quilocaloria pode ser abreviada como kcal. A taxa na qual o organismo utiliza energia é sua taxa metabólica. Estimativas do gasto energético durante o repouso e o exercício baseiam-se na mensuração do consumo de oxigênio total do organismo e de seu equivalente calórico.[4]

Uma medida padronizada do gasto energético em repouso é a taxa metabólica basal (TMB). A TMB é a taxa de gasto energético de um indivíduo em repouso na posição supina, mensurada imediatamente depois de um mínimo de 8 horas de sono e de 12 horas de jejum. Esse valor reflete a quantidade mínima de energia necessária para cuidar das funções fisiológicas essenciais do corpo.[4]

A TMB está diretamente relacionada à sua massa magra (isenta de gordura) e geralmente é apresentada em quilocalorias por quilograma de massa magra por minuto ($kcal.kg^{-1}.min^{-1}$). Quanto maior a massa magra, maior a quantidade de calorias gastas por dia. Como as mulheres tendem a ter maior massa gorda que os homens, elas tendem a apresentar uma TMB menor que a dos homens.[4]

A energia contida nos alimentos (glicídios, lipídios e proteínas), quando ingeridas e digeridas, torna-se disponível para as células sob a forma de potencial energético chamado adenosina trifosfato ou ATP. A energia utilizada pelo organismo é derivada dos macronutrientes, e seu uso de forma energeticamente predominante dependerá exclusivamente da intensidade com que o organismo estará desempenhando uma atividade. As três formas metabólicas de transformação dos nutrientes em energia são: anaeróbia alática, anaeróbia lática e aeróbia.

- Anaeróbia alática: refere-se às atividades intensas que usam como substrato energético a fosfocreatina.
- Anaeróbia lática: tem como substrato energético a glicose e também predominam as atividades físicas intensas.
- Aeróbia: tem como substrato tanto a glicose quanto a gordura, dependendo da intensidade. Quanto mais intensa, maior a demanda de glicose; quanto mais moderada/leve for a intensidade, maior o uso de gordura.

A questão do emagrecimento está diretamente relacionada à quantidade de calorias que serão usadas e não com qual será o substrato energético usado primeiro. Para efeitos comparativos, veja abaixo o valor calórico dos substratos:

- 1 grama de lipídio = aproximadamente 9 calorias;
- 1 grama de carboidrato = aproximadamente 4 calorias;
- 1 grama de proteína = aproximadamente 4 calorias.

13.5.1 Equilíbrio energético

Sempre que um indivíduo se preocupar em emagrecer, sua refeição deve estar associada à "Equação do Equilíbrio Energético". Essa equação estabelece que a massa corporal permanecerá constante quando a ingestão calórica diária for igual ao gasto calórico diário.

Há três maneiras de desequilibrar a equação de equilíbrio energético para obter a perda de peso:

- manter o gasto energético e reduzir a ingestão calórica abaixo das necessidades diárias;
- manter a ingestão calórica e aumentar o gasto calórico pelas atividades físicas adicionais;
- combinar métodos 1 e 2, reduzindo a ingestão alimentar diária e aumentando o gasto energético diário.

Entrada de energia = saída de energia - massa corporal estável

Entrada de energia > saída de energia - aumento da massa corporal

Entrada de energia < saída de energia - redução da massa corporal

As calorias em excesso acumulam gordura. Cada lote de 450 g de tecido adiposo é composto de aproximadamente 87% de gordura ou aproximadamente 3.500 kcal.

13.5.1.1 Calculando as calorias

Toda vez que calculamos as calorias, precisamos de uma avaliação para predizer a ingestão e o gasto calórico. Duas técnicas, a calorimetria direta e indireta, são adotadas para fazermos o cálculo da equação calórica.

13.5.1.2 Calorimetria direta

O calor produzido pelo corpo pode ser medido em um calorímetro semelhante ao usado para a determinação do conteúdo energético dos alimentos. O calorímetro humano como medição direta é considerável na sua importância teórica, mas sua aplicabilidade ainda é extremamente limitada.

13.5.1.3 Calorimetria indireta

Todas as reações que liberam energia do corpo humano dependem, fundamentalmente, do uso do oxigênio. No corpo humano, cada litro de oxigênio consumido equivale, em média, a 5 calorias. Um litro de O_2 = 5 calorias.

Dois métodos de calorimetria indireta encontram-se disponíveis: espirometria de circuito fechado e de circuito aberto. O método de circuito aberto é o mais empregado para medir a captação de oxigênio, especialmente durante a realização do exercício. No método de circuito fechado, o indivíduo respira continuamente o oxigênio de um recipiente previamente estabelecido. As necessidades calóricas são dependentes de diversos fatores de individualidade biológica, como também de fatores externos e internos. As necessidades calóricas podem ser baseadas de acordo com a sequência abaixo:

- idade;
- sexo;
- altura;
- peso corporal;
- composição corporal (incluindo porcentagem de gordura e porcentagem de massa magra);
- hereditariedade; e
- estado de saúde.

Há diversas formas de calcular o valor calórico das necessidades diárias. Uma fórmula é apresentada pela Mayo Clinic.[5] Para aproximar-se de suas necessidades energéticas diárias, você pode adotar esta fórmula:

- **Sedentários**

  nº de calorias = [Peso corporal (kg) x 2,2] x 12

- **Moderadamente ativos**

  nº de calorias = [Peso corporal (kg) x 2,2] x 14

• Muito ativos

nº de calorias = [Peso corporal (kg) x 2,2] x 16 ou 18

Por exemplo, se você é um sedentário e pesa 57 kg, precisará de, aproximadamente, 1.500 calorias diárias. Se você tem o mesmo peso, mas joga futebol 2 a 3 vezes por semana, precisará de, aproximadamente, 1.750 calorias por dia. Se você joga todos os dias até 6 ou 7 vezes por semana, a ingestão será entre 2.000 e 2.250 calorias por dia. Uma segunda forma da estimativa de gasto energético em repouso pode ser obtida pelo nomograma.

Procedimentos

- União dos pontos da escala I e escala II. Por exemplo, indivíduo com 1,80 m e 90 kg. Escala III = 2,1 m^2.
- Escala III = 2,1 m^2. A densidade corporal deve ser multiplicada por 2 horas, para atender à estimativa do gasto calórico diário.
- Quando homem, usar o valor 38. Quando mulher, usar o valor 36. Por exemplo, 38 kcal/m^2 x 2,1 x 24 horas = 1.915,2 calorias diárias. Esse cálculo é feito para as necessidades energéticas diárias mínimas.

Um terceiro método seria o cálculo rápido para estimativa do gasto energético basal diário (Basal Energy Expenditure – BEE). O BEE pode ser avaliado pela:

- idade;
- massa corporal (kg);
- estatura.

Mulheres: BEE = 65,5 + (9,6 x massa) + (1,85 x estatura) - (4,7 x idade)

Por exemplo: mulher
Massa = 65 kg
Estatura = 170 cm
Idade = 22 anos
BEE = 65,5 + (9,6 x 65) + (1,85 x 170) - (4,7 x 22) = BBE = 65,5 + 624 + 314,5 - 103,4 = 900,6 kcal

Homens: BEE = 66,0 + (13,7 x massa) + (5,0 x estatura) - (6,8 x idade)

Por exemplo: homem
Massa = 90 kg
Estatura = 182 cm
Idade = 30 anos
BEE = 66 + (13,7 x 90) + (5,0 x 182) - (6,8 x 30) = BBE = 66 + 1233 + 910 - 204 = 2.005 kcal

Há outras fórmulas para cálculo calórico diário, mas todos têm uma margem percentual da aproximação. Portanto, ao iniciar o cálculo por uma fórmula, mantenha a mesma fórmula na reavaliação para maior exatidão de resultado.

13.5.2 Emagrecimento e atividade física

Os três principais componentes estruturais do corpo humano são os músculos, as gorduras e os ossos. O objetivo deveria ser sempre reduzir a gordura corporal e manter ou aumentar sua massa magra, que inclui os ossos, os músculos, os tecidos e os fluidos corporais.[4]

Após os 30 anos, em média, o corpo tende a perder massa magra. Um dos grandes benefícios da atividade física é prevenir essa redução de massa magra, ajudando assim o organismo a ter um metabolismo mais alto, usar mais a gordura corporal como fonte de energia, principalmente durante o repouso.

Segundo o posicionamento do American College of Sports Medicine (Jakicic et al.[6]), estima-se que aproximadamente 55% a 60% dos adultos nos Estados Unidos sejam classificados como com sobrepeso (IMC de 25 kg.m^{-2}) (IMC = índice de massa corpórea), com 20%-25% desses indivíduos encontrando-se no critério de obesidade (IMC de 30 kg.m^{-2}), e com projeções de aumento nessa taxa. Esses resultados estão estimados em dados populacionais no qual têm focado a relação entre o IMC e a medida de sobrepeso. Estudos[6] demonstram uma consistente correlação entre o IMC com a morbidade e a mortalidade, com ênfase primária em doenças cardiovasculares e outras doenças crônicas.

13.5.2.1 Estratégias apropriadas de intervenção para a perda de peso

Há também uma relação que tem a ver com o padrão de distribuição da gordura corporal e onde ela pode estar relacionada ao risco de doenças. Por exemplo, Vague[7] sugeriu que havia uma relação entre a quantidade de gordura depositada no tronco e o risco para a saúde. Depois dessas observações iniciais, estudos usando técnicas sofisticadas, como a tomografia computadorizada, confirmaram que a gordura intra-abdominal está positivamente associada a vários fatores, como hiperinsulinemia, hipercolesterolemia e hipertensão, que podem contribuir para o aumento do risco de doenças associadas à obesidade.[8] Como as técnicas sofisticadas de exames são caras e impraticáveis em locais sem recursos, técnicas antropométricas têm sido usadas para obter uma estimativa da gordura intra-abdominal. Tem sido mostrado que a medida da circunferência do abdômen fornece uma estimativa adequada da gordura abdominal e pode ser vantajoso incluí-la nos procedimentos clínicos genéricos. Assim, recomenda-se a perda de peso quando a circunferência do abdômen é de 102 cm no homem e 88 cm na mulher, de acordo com as recomendações para perda de peso do National Heart, Lung, and Blood Institute.[9]

13.5.2.2 Recomendação sobre a perda de peso corporal

Não é necessário um peso ideal para que os benefícios da boa saúde sejam atingidos, porque as pesquisas sugerem que apenas reduções modestas (5%-10%) podem produzir significativos ganhos de saúde.[6] Esses ganhos incluem diminuição de lipídios no sangue, pressão arterial e fatores relacionados ao início de diabetes do tipo II. Por exemplo, Wing et al.[10] mostraram que apenas 4,5 kg de perda de peso mantidos durante 24 meses reduzem significativamente o risco de desenvolver diabetes em adultos com sobrepeso e com história familiar dessa doença. Assim, a recomendação consistente da National Heart, Lung, and Blood Institute[9] é de que a meta inicial de perda de peso seja de 5% a 10% do peso total e que seja mantida por longo tempo. Contudo, mesmo que a perda de peso seja menor que 10% e esteja associada às melhorias nos padrões de risco, a manutenção da perda do peso perdido pode não resultar na melhoria desses fatores por um longo período. Contudo, benefícios de saúde a longo prazo podem ser maximizados com a manutenção da perda de peso de menos ou igual a 10% do peso inicial do corpo.[6]

13.5.2.3 Recomendações dietéticas

Um aspecto do balanço de energia que pode afetar o peso do corpo é a energia consumida. Os itens seguintes poderão indicar saídas para a energia ingerida em que dietas de baixa caloria e a composição de macronutrientes são citadas para a perda de peso.[6]

Energia ingerida

Ao examinarmos a literatura sobre a perda de peso, verificamos que as mudanças na energia ingerida desempenham um papel significativo na redução do peso corporal. Em termos simples, quando a energia ingerida é reduzida abaixo da energia requerida pelo corpo, ocorre perda de peso. É comum nos programas de perda de peso reduzir a ingestão de energia para 1.000 a 1.500 kcal/dia, para induzir perda de peso em adultos obesos. Isso tem mostrado ser seguro e efetivo para a perda de peso em indivíduos com média de 90 kg antes da dieta. Como a energia despendida no repouso é aproximadamente 1 kcal.kg^{-1} (1 equivalente metabólico – MET), esse nível de energia ingerido pode resultar num déficit de aproximadamente 500 a 1.000 kcal/dia, para indivíduos pesando aproximadamente 90 kg. Por causa da variação da energia despendida entre indivíduos de mesmo peso e à TMR, a perda de peso pode variar, mas há algumas vantagens em medir diretamente o consumo de energia para individualizar recomendações no tratamento de perda de peso. Entretanto, a energia absoluta ingerida pode ser ajustada com base no peso do corpo para escolher o déficit de energia de 500 a 1.000 kcal/dia. Assim, com esse valor de déficit de energia, a perda de peso mínima de 0,5 a 0,9 kg por semana pode ser real, e estudos consistentes mostram uma perda de peso de aproximadamente 9 kg em um período de tratamento de 16 a 26 semanas.[6] Correntemente, não há evidências de que uma rápida perda de peso ou uma perda de peso inicial de grande magnitude possa ser mantida por longo tempo se compararmos com metas mais conservadoras.

Dieta de baixa caloria (DBC)

Trata-se da dieta cuja energia ingerida está abaixo de 800 kcal/dia, e o uso da DBC pode incrementar o tamanho da meta da perda de peso, se comparado com métodos mais conservadores de redução de energia ingerida. Entretanto, em virtude do baixo valor de energia dessas dietas, elas devem ser prescritas por períodos curtos (12 a 16 semanas), com uma suplementação de produtos dietéticos e acompanhamento médico.[6]

O déficit de energia, quando se usa a DBC, é tipicamente alto, entre 500 a 1.000 kcal/dia, resultando numa grande perda de peso inicial, se compararmos com métodos mais conservadores. Entretanto, quando comparada com esses métodos mais conservadores, a perda de peso pode não se manter por longos períodos. Por exemplo, Wadden et al.[11] compararam as perdas de peso do grupo DBC (420 kcal/dia) com o grupo de déficit balanceado (1.200 kcal/dia). A perda de peso depois de 26 semanas de tratamento foi de 21,5 kg com o grupo DBC comparado com 11,9 kg do grupo de déficit balanceado. Entretanto após 52 semanas de tratamento, a perda total era equivalente em ambos os grupos, com o grupo DBC mantendo 10,9 kg de perda de peso e o grupo de déficit balanceado obtendo 12,2 kg dessa perda. Esses resultados sugerem que os excessivos baixos níveis de energia ingerida, produzindo grandes perdas de peso inicial, não são necessariamente os melhores métodos para manter a perda de peso por longos períodos. Portanto, o uso da DBC não deve ser recomendado para perda de peso da maioria dos indivíduos, esse método pode ser apropriado quando indicado por um médico.[6]

Composição de macronutrientes

Programas comerciais recomendam várias combinações de macronutrientes para perda de peso, como dietas incluindo alto teor de gordura, alto valor proteico e alto ou baixo teor de carboidratos. Em relação à popularidade, muitos desses programas dietéticos não apresentam uma composição ótima de macronutrientes para uma dieta de perda de peso. Entretanto, evidências científicas correntes sugerem que o nível de energia ingerido tem maior impacto na perda de peso a curto prazo e as mudanças na composição da dieta afetam a perda de peso e, finalmente, a energia ingerida.

Uma área que tem recebido atenção é o impacto da dieta com redução de gordura na perda de peso. O resultado da redução de gordura ingerida *versus* uma dieta de gordura combinada com redução de energia ingerida, na perda de peso durante um programa de 16 a 20 semanas, foi que a perda de peso foi significativamente maior com a combinação da redução em kcal e gordura ingerida (-8,8 kg) comparado com uma dieta só de gordura (-4,6 kg). Isso também é uma evidência de que as reduções pretendidas na ingestão de gordura podem resultar numa redução espontânea da energia, podendo afetar significativamente o peso corporal. Assim, a perda de peso em razão da redução de gordura na dieta, mostra, como resultado, a concomitante redução da energia total ingerida.

Continuar mantendo baixa a ingestão de gorduras pode ser muito importante para manter a perda de peso por longo tempo. Dados de observação do National Weight Control Registry (1997) mostraram que indivíduos que quiseram manter uma perda de aproximadamente 13,5 kg por um período de cerca de 5,5 anos tinham consumido aproximadamente 24% de energia de gordura, 19% de energia de proteína e 56% de energia de carboidratos. Além disso, Jeffery e Wing[12] relataram que a ingestão de gordura está inversamente associada à perda de peso, durante um programa de tratamento de 18 meses. Outro trabalho concluiu que, apesar do efeito sobre o peso do corpo ser pequeno (16 g/dia de perda de peso) uma redução de 10% na ingestão de gordura pode, a longo prazo, causar um impacto significativo no balanço de energia e no peso corporal.[6] Essa descoberta fornece a evidência de que o nível de ingestão de gordura pode ser importante para a perda de peso de longa duração, e é consistente com as recomendações de tratamento do National Heart, Lung, and Blood Institute (1998). Portanto, reduzindo a ingestão de gordura pode-se obter significativas melhoras nos fatores de risco, como taxa de lipídios no sangue, que mais adiante faculta melhor saúde em adultos com sobrepeso.[6]

Há algumas teorias racionais que sugerem dietas ricas em proteínas e carboidratos, pois podem ser boas para perder e manter o peso. Os estudos nessa área sugerem que, ao aumentar a ingestão de proteínas, pode-se aumentar a termogênese e a saciedade, podendo causar impacto no balanço de energia e alterar a ingestão ou o consumo de energia. Entretanto, outra possibilidade é a de que numa dieta similar de gordura, mudanças na ingestão de proteínas ou carboidratos, podem simplesmente reduzir a ingestão de energia, resultando numa redução do peso corporal. Esse potencial de mudanças na ingestão de proteínas provoca uma perda de peso evidente, com experiências clínicas, indicando que a otimização na ingestão de proteínas e carboidratos para a perda e manutenção do peso a longo prazo é ineficaz.[6]

Concluindo, a evidência da avaliação científica corrente indica que o conteúdo em macronutrientes de uma dieta pode diminuir o peso do corpo apenas se houver uma redução na ingestão total de energia. No contexto da redução do total de energia ingerida, demonstra-se que, reduzindo para menos 30% a energia total ingerida, o peso corporal e os fatores de risco, como o colesterol alto, serão afetados. Embora se tenha mostrado que a ingestão de proteína e carboidrato pode potencializar o efeito da termogênese, os níveis ótimos desses macronutrientes para a perda de peso ainda não foram determinados. Portanto, estão garantidas as pesquisas futuras visando à composição dos macronutrientes.[6]

13.5.2.4 Exercícios

O balanço de energia também é afetado pela energia despendida com os exercícios. Esta seção justificará a necessidade de incluir exercícios nos programas de perda de peso e fornecerá recomendações específicas visando ao tipo e ao conjunto de exercícios apropriados para a perda de peso em adultos com sobrepeso.

Exercícios para a perda de peso

Outra técnica induzindo um déficit de energia é incrementar os gastos de energia por meio do incremento da atividade física. A evidência científica sugere que a combinação da modificação da dieta com exercício é o procedimento mais efetivo para obter a perda de peso, e a manutenção do exercício pode ser um dos melhores requisitos para a permanência do peso a longo prazo.

Com relação à importância do exercício, há uma pequena evidência de que só o exercício produz uma magnitude de perda de peso similar ao atingido pela modificação da dieta. Entretanto, Ross, Freeman e Janssen[13] mostram que quando o déficit de energia é mantido constante e outros fatores que afetam o balanço de energia são controlados, os exercícios podem induzir significativas perdas de peso. Por exemplo, Ross, Dagnone e Jones[14] mostraram que 700 kcal/dia de déficit de energia produzidos só por exercício com ingestão de energia constante, resulta numa perda de peso de 7,6 kg num período de três meses. A perda de peso resultante de um déficit de energia similar, obtido com a diminuição da energia ingerida, foi de 7,4 kg. Isso é importante para verificar que o déficit de energia neste estudo foi obtido por meio do exercício estritamente supervisionado, com a duração de aproximadamente 60 minutos diários e sob fortes recomendações aos participantes para não mudar a dieta durante as 12 semanas do programa. Assim, o fracasso do exercício em produzir uma perda de peso similar ao da dieta, em estudos com indivíduos não monitorados, pode ser o resultado de indivíduos que aumentaram a energia ingerida ou diminuíram os níveis de energia despendida.

Ao se examinar o efeito do exercício no peso do corpo, fica bem evidente se ele pode ou não responder pela sua intervenção. Num estudo clássico, Bouchard et al.[15] examinaram o efeito do exercício na perda de peso entre irmãos gêmeos idênticos e entre pares de gêmeos idênticos. A variação nas mudanças do peso corporal foi 6,8 vezes maior entre os pares que entre os irmãos gêmeos idênticos, sugerindo que o efeito dos exercícios pode ser influenciado por diferenças genéticas entre os indivíduos. A eficácia do exercício para a manutenção do peso pode ser influenciada pelo gênero. Esses fatores devem ser considerados quando examinamos a eficácia do exercício em diversos indivíduos.

Prescrição de exercícios para a perda de peso

É importante considerar a quantidade, a intensidade e o tipo de exercício que pode ser recomendado para perder peso. Prever o tempo adequado que os indivíduos devem incrementar seus exercícios e o nível recomendado para adultos sedentários na fase inicial da perda de peso deve ser diferente da quantidade do exercício das fases posteriores do processo de perda de peso. Além disso, a quantidade de exercício necessária para promover o condicionamento físico deve ser diferente da quantidade de exercício necessária para o sucesso da perda de peso a longo prazo.

Duração do exercício e perda de peso

As recomendações públicas correntes para a atividade física dos indivíduos são de, no mínimo, 30 minutos de atividade física moderada e, no máximo, 60 minutos, preferivelmente todos os dias da semana. Essa recomendação tem sido, normalmente, interpretada como no mínimo 150 minutos de atividade física por semana (5 dias e 30 min/dia), e é baseada primordialmente nos efeitos dos exercícios nas doenças cardiovasculares e em outras doenças crônicas como o diabetes. Porém, exames e evidências científicas sugerem que o nível da maioria dos exercícios, com a quantidade mínima recomendada, pode ser importante para manter a perda de peso por longo prazo.

Em um estudo[16] conduzido em mulheres obesas num programa de perda de peso, que incluía modificações na dieta, mostrou que essas pessoas adotaram e mantiveram mais de 280 minutos de exercícios por semana, atingindo uma perda de peso de mais ou menos 13 kg em 18 meses. Essa quantidade de peso perdida é significativamente maior que os 6,5 kg e 3,5 kg perdidos após 18 meses mostrados com 150 a 200 minutos e menos de 150 minutos de exercícios por semana, respectivamente. Além disso, indivíduos avaliados com 280 minutos de exercícios semanais mostraram que não recuperaram o peso após 6 a 18 meses de tratamento, ao passo que indivíduos exercitados com menos de 200 minutos por semana mostraram significativa recuperação durante esse período. A recomendação dos níveis de exercícios é maior que as recomendações de saúde mínimas, com seus resultados mostrando o equivalente a 65 minutos por dia de atividade com intensidade moderada, sendo associada com incrementos na manutenção da perda de peso a longo prazo.

A recomendação para adultos obesos progredirem com 200 a 300 minutos de exercícios por semana ou mais de 2.000 kcal por semana pode significar um desafio para profissionais da saúde pública. Portanto, essa recomendação pode ser incluída no contexto do nível do exercício, para que muitos indivíduos se disponham a adotá-la e mantê-la. Em resposta a esse assunto, é recomendável que indivíduos que progrediram em seus altos níveis de exercício, gradual e periodicamente, variem as estratégias de comportamento usadas para facilitar a adaptação a esse nível de exercício. Entretanto, cada abstenção de perda de peso e obtenção desses altos níveis de exercício, em indivíduos obesos, pode obter melhoras significativas em sua saúde, seguindo as recomendações mínimas de saúde pública para a atividade física e para melhorar seu nível de capacidade cardiorrespiratória.[6]

Intensidade do exercício

Há um grande número de estudos que examinou adequadamente o impacto de várias intensidades no exercício para perda de peso. Duncan, Gordon e Scott[16] tentaram manter o volume total do exercício enquanto manipulavam a intensidade em 24 semanas de estudo em mulheres obesas. O resultado desse estudo mostrou que a intensidade do exercício afetava a magnitude das mudanças na capacidade cardiorrespiratória, com grandes melhoras demonstradas com a alta intensidade do exercício, mas essa intensidade não provocava efeitos visíveis no peso ou na composição do corpo após 24 semanas de tratamento. Dados do National Weight Control Registry sugerem que a manutenção a longo prazo pode aumentar no mínimo 26%, se o exercício for vigoroso na intensidade;[6] entretanto, esses dados são de um estudo de observação sem controle, no qual os limites de capacidade obtidos não têm qualquer significado, e as conclusões são relatadas casualmente. Normalmente, há acompanhamentos clínicos de longo prazo que foram conduzidos focalizando principalmente o impacto da intensidade do exercício na perda de peso a longo prazo e a prevenção para a recuperação do peso. Esses mostram que é suficiente um programa de intensidade moderada do exercício (55%-70% FC máxima) para se ter benefícios no gerenciamento do peso corporal, sendo poucas as evidências científicas publicadas que sustentem a necessidade de mais exercícios vigorosos (> 70% FC máxima) para manutenção do peso corporal a longo prazo.

Exercício intermitente e perda de peso

Alguns estudos examinaram o efeito dos exercícios intermitentes em programas de perda de peso.[6] Exercícios intermitentes são definidos como aqueles que totalizam 30 a 40 minutos por dia em múltiplas sessões de 10 a 15 minutos.[17] O interesse por essa forma de exercício surgiu porque estudos antigos mostravam que o exercício intermitente melhorava efetivamente a capacidade cardiorrespiratória e favorecia a prevenção de fatores de risco para doenças coronarianas.[6] Esse resultado, do Centers for Disease Control and Prevention e do American College of Sports Medicine, que recomenda a acumulação de no mínimo 30 minutos de atividade moderada por dia, ainda hoje é usado, sem nenhuma evidência de que seja uma estratégia efetiva para que adultos com sobrepeso procurem perder peso. Entretanto, Jakicic et al.[18] mostraram que essa estratégia pode ser efetiva para promover a adaptação inicial ao exercício em mulheres com sobrepeso num programa de perda de peso de 20 semanas, levando a uma tendência que pode potencializar a perda de peso. Recentemente, Jakicic et al.[17] mostraram novamente que essa estratégia pode ser efetiva para a adaptação inicial ao exercício, entretanto ela não adiciona benefícios à perda de peso, se comparada com exercícios contínuos de 18 meses com um programa de perda de peso que inclua uma dieta. Donnelly et al.[19] compararam os exercícios contínuos e os intermitentes sem inclusão de dieta, num período de 18 meses, mostrando as mudanças no peso corporal durante o tratamento. O uso de exercícios intermitentes pode ser vantajoso para indivíduos que não gostam ou têm barreiras em relação aos exercícios contínuos. Esses fatores deverão ser considerados ao se prescrever exercícios para adultos com sobrepeso que procuram tratamento para a perda de peso.

Estilo de vida e perda de peso

A atividade no estilo de vida pode ser uma opção efetiva na melhora da capacidade física e na modificação do peso corporal em adultos com sobrepeso. Andersen et al.[20] relataram que, quando combinada com uma dieta, a atividade no estilo de vida resulta em perda de peso comparável às formas aeróbias de exercício depois de 16 e 68 semanas de tratamento. Além disso, Dunn et al.[21] relataram que a atividade no estilo de vida é um meio efetivo para melhorar a capacidade cardiorrespiratória durante 24 meses de observação. Baseado nesses resultados, o exercício no estilo de vida mostra ser uma promissora alternativa de estruturar formas de exercício. Entretanto, embora esses estudos tenham documentado o tipo de atividade prescrita, não forneceram dados a respeito do tipo de atividade executada para constituir o estilo de vida. Portanto, adultos com sobrepeso podem ser encorajados a se engajarem em atividades de intensidade moderada, para que a atividade física faça parte do seu estilo de vida. Pesquisas adicionais são necessárias para examinar efetivamente as formas específicas da atividade física no estilo de vida para que haja mudança no peso do corpo e na capacidade cardiorrespiratória e os fatores de risco que são comuns em adultos obesos.

Treinamento de força, exercício e perda de peso

Embora muitas pesquisas tenham examinado o efeito dos exercícios de resistência na perda de peso, a inclusão do treinamento de força em programas de perda de peso tem vantagens claras. O treinamento de força é um potente estímulo no aumento da massa de gordura livre, força muscular e pode ser um importante componente para o sucesso do programa de perda de peso, ajudando a preservar a massa magra ao mesmo tempo que aumenta a perda de gordura.[6] Entretanto, quando o exercício de força é combinado com uma dieta de restrição de energia, ela mostra ser pouco benéfica em termos absolutos na perda de peso.[6] Esses resultados são bem consistentes em virtude dos estudos com baixa ingestão de energia, como menos de 800 kcal/dia ou mais alta como de 1.300 kcal/dia. Poucos estudos de longa duração abordam essa questão.

Estudo proposto por Wadden et al.[11] mostrou que apenas os exercícios solitários de força ou combinados com exercícios de resistência não acentuavam a perda de peso quando comparados aos exercícios solitários de resistência num programa de perda de peso, com todos os grupos prescrevendo uma dieta que variava de 900 a 1.250 kcal/dia.

Leibel, Rosenbaum e Hirsch[22] mostraram que reduções no peso corporal resultam em reduções na TMB, ao passo que aumentos no peso corporal resultam em aumentos da TMB. Esses dados sugerem que, ao preservar a massa magra, previnem-se declínios na TMB como é frequentemente observado com a perda de peso. Kraemer, Volek e Clark[23] combinaram um programa periódico de exercícios de força com um exercício de resistência e modificação da dieta. O programa periódico de exercício de força com 3 dias por semana alternava dias de treinamento pesados e moderados. Nesse exercício de força eram determinados aproximadamente 11 diferentes exercícios e os indivíduos executavam 3 séries para cada exercício durante 12 semanas de duração do estudo. Nos dias pesados, 5 a 7 repetições por série eram exigidas para fadigar, alternando com dias moderados, incluindo 8 a 10 repetições por séries até a fadiga. Os exercícios de resistência eram executados 3 dias por semana com duração e progressão de 30 a 50 minutos/dia, com uma intensidade de 70% a 80% da capacidade funcional, e a energia ingerida era de aproximadamente 1.500 kcal/dia. O acréscimo do exercício de força não determinava perda de peso ou abruptos decréscimos de TMB comparado à dieta combinada com exercício de resistência ou à condição exclusiva de dieta. Além do mais, a adição do exercício de força ao exercício de resistência e modificação da dieta não minimiza a perda de massa magra comparada ao exercício de resistência combinado com a modificação da dieta ou só a modificação dos hábitos alimentares. Assim, embora os exercícios de força promovam força muscular em adultos com sobrepeso, não há evidências científicas sugerindo que os exercícios de força sejam superiores à maioria das formas comuns de exercícios de resistência para perda de peso. Entretanto, a capacidade do exercício de força para promover a força muscular e a resistência pode ser especialmente benéfica por causa do impacto nas tarefas funcionais (por exemplo, levantar-se de uma cadeira, levantar o peso corporal) com maior facilidade de adaptação a um estilo de vida mais ativo, em indivíduos sedentários com sobrepeso ou obesos.

13.6 Sumário das recomendações do ACSM para tratamentos de perda de peso

Com base nas evidências científicas, o ACSM (Jakicic et al.)[6] recomenda que indivíduos procurem o tratamento para emagrecer e previnam a recuperação de peso, selecionando programas adequados com regras definidas.

- Recomenda-se que indivíduos com o índice de massa corporal maior que 25 $kg.m^{-2}$ considerem reduzir seu peso, especialmente se este vem acompanhado de aumento na adiposidade abdominal. Indivíduos com um índice de massa corporal igual ou menor que 30 $kg.m^{-2}$ são encorajados a seguir o tratamento de perda de peso. Há consenso de que o excesso de gordura representa alto risco para a saúde.
- Recomenda-se que indivíduos com sobrepeso e obesos devem reduzir o peso em no mínimo 5% a 10% e manter essa perda de peso por longo prazo. Essa perda total de peso é consistente se atender aos programas de emagrecimento comuns, com foco na mudança do comportamento, com dieta e exercícios, e se esse total de peso perdido for associado às melhoras nos fatores de risco e à redução das doenças crônicas, incluindo doenças coronarianas, diabetes do tipo II, hipertensão e hiperlipidemia.
- Recomenda-se que os indivíduos se esforcem a longo prazo para manter o peso e prevenir novas retomadas, especialmente quando a perda de peso não foi a desejada ou quando a meta de peso ideal não foi atingida. Se mantivermos a variação do peso corrente em 2 kg pode ser definida a prevenção de ganhos ou recuperação do peso.
- É recomendável que os programas de perda de peso tenham como alvo a mudança da dieta e do comportamento em relação aos exercícios. Manter essas mudanças resultará numa significativa

perda de peso a longo prazo. Além do mais, é importante para os programas introduzir modificações nesse comportamento para incorporar um mais forte que determine modificações na estratégia, facilitando a adaptação e a manutenção das mudanças de comportamento desejadas.

- É recomendável que os indivíduos com sobrepeso e obesos reduzam seu nível de ingestão de energia em 500 a 1.000 kcal/dia para conseguir perda de peso e que isso seja combinado a uma redução de gordura na dieta menor que 30%. É também recomendável que seja estabelecido o nível de energia ingerido para cada indivíduo de forma a prevenir ganhos de peso depois da perda de peso inicial, mantendo-se a dieta de baixa gordura (igual ou menor que 30% do total de energia ingerida). Pesquisas adicionais são necessárias com vistas às mudanças em outros macronutrientes e a perda de peso a longo prazo.
- É recomendável que os indivíduos com sobrepeso e obesos progressivamente adotem um mínimo de 150 minutos por semana de exercícios físicos de intensidade moderada, uma vez que esse nível de exercício pode ter um impacto positivo na saúde deles. Entretanto, para perda de peso a longo prazo, os adultos com sobrepeso e obesos podem eventualmente aumentar o nível dos exercícios (200 a 300 minutos ou maior que 2.000 kcal por semana de atividade física).
- É recomendável que os programas de exercícios de força suplementados em adultos com sobrepeso e obesos sejam acompanhados de modesta redução de energia ingerida para perder peso. Os exercícios de força podem focalizar o aumento da força e a resistência muscular nessa população.
- A farmacoterapia é recomendada para a perda de peso somente quando utilizada em indivíduos com um índice de massa corporal igual ou maior que 30 $kg.m^{-2}$. Além disso, é recomendável que as medicações para a perda de peso só devem ser usadas em combinação com forte intervenção no comportamento, que focalize mudanças na alimentação e nos exercícios e que seja executada sob a supervisão de um médico.

13.6.1 Recomendações para a perda de peso para o público leigo

Verificou-se que 29% dos homens e 44% das mulheres nos Estados Unidos estão tentando perder peso. Esses indivíduos confessaram que estão sempre tentando perder peso; só 22% dos homens e 19% das mulheres reduziram a ingestão de energia e se exercitaram mais de 150 minutos por semana. Considerando o que as evidências científicas sustentam, são fundamentais as modificações de ambos, alimentação e exercício para a perda de peso; é importante que essa informação seja disseminada pelo público leigo, com os outros fatores relacionados à perda de peso a longo prazo e à prevenção da recuperação do peso.[6] Portanto, recomenda-se que o público considere essas regras ao engajar-se num programa de perda de peso.

- Embora as mudanças moderadas na energia ingerida e nos exercícios sejam tipicamente seguras para a maioria dos indivíduos, é recomendável que esses indivíduos consultem seu médico ou outro profissional de saúde antes de se engajarem num programa de perda de peso.
- É recomendável que indivíduos com um índice de massa corporal maior que 25 $kg.m^{-2}$ considerem os efeitos da perda de peso ao reduzirem o peso corporal.
- Recomenda-se, para indivíduos que não tiveram supervisão médica na redução do peso, a redução da ingestão de energia entre 500 a 1.000 kcal/dia para obter uma perda de peso de aproximadamente 0,5-1,0 kg por semana. Além disso, ao reduzir o total de energia ingerida é recomendável que na dieta seja reduzida a ingestão de gordura em 30% do total de energia ingerida.
- Recomenda-se, para indivíduos que desejam perder peso, a prática de exercícios, um componente-chave em seu programa de perda de peso. É recomendável que adultos com sobrepeso e obesos comecem com um mínimo de 150 minutos de exercícios moderados por semana e, quando possível, aumentem para 200 minutos.
- É recomendável que indivíduos interessados em usar suplementos dietéticos ou controladores de

apetite só o façam sob orientação de seu médico ou de um profissional de saúde.

13.7 Conclusão

A obesidade é um grave problema de saúde pública nos Estados Unidos e está se agravando no Brasil, com um crescimento acentuado nas últimas décadas. Com base em evidências científicas, há um número de intervenções estratégicas que podem ser usadas para induzir e manter uma significativa perda de peso, e isso inclui mudanças na ingestão de energia e na composição desta, aumento da energia gasta por meio de exercícios e outras formas de atividade física e, quando indicado, o uso de remédios. Independentemente das intervenções efetuadas, são necessárias mudanças de comportamento para obter e manter a perda de peso por longo tempo. Essa posição adotada pelo ACSM (Jakicic et al.)[6] foi implantada para fornecer aos profissionais de saúde e seu público orientação nos programas apropriados para a perda de peso e para prevenir sua recuperação. Isso pode acentuar a distribuição das intervenções qualificadas para tratamento da obesidade, que pode ajudar a reduzir a sobrecarga à saúde pública, relacionada a essa condição crônica.

Referências

1. Pollock ML, Wilmore JH. Exercícios na saúde e na doença. Rio de Janeiro: MEDSI; 1993.
2. Elbas M, Simão R. Em busca do corpo: exercícios, alimentação e lesões. Rio de Janeiro: Shape; 1997.
3. Katch FI, McArdle WD. Nutrição, exercício e saúde. Rio de Janeiro: MEDSI; 1996.
4. Costill DL, Wilmore JH. Fisiologia do esporte e do exercício. São Paulo: Manole; 2001.
5. Mayo Clinic sports health and fitness. [CD-ROM]. Minneapolis, MN: IVI Pub; c1994.
6. Jakicic JM, Clark K, Coleman E, Donnelly JE, Foreyt J, Melanson E, et al. American College of Sports Medicine Position Stand. Appropriate Intervention Strategies for Weight Loss and Prevention of Weight Regain for Adults. Med Sci Sports Exerc. 2001 Dec;33(12):2145-56.
7. Vague J. The degree of masculine differentiation of obesities: a factor determining predisposition to diabetes, atherosclerosis, gout, and uric calculous disease. Am J Clin Nutr. 1956 Jan-Feb;4(1):20-34.
8. Pouliot MC, Després JP, Lemieux S, Moorjani S, Bouchard C, Tremblay A, et al. Waist circumference and abdominal sagittal diameter: best simple anthropometric indexes of abdominal visceral adipose tissue accumulation and related cardiovascular risk in men and women. Am J Cardiol. 1994 Mar 1;73(7):460-8.
9. National Heart, Lung, and Blood Institute. Clinical Guidelines on the identification, evaluation, and treatment of overweight and obesity in adults: the evidence report. National Institutes of Health. Obes Res. 1998 Sep;6 Suppl 2:51S-209S.
10. Wing RR, Venditti E, Jakicic JM, Polley BA, Lang W. Lifestyle intervention in overweight individuals with a family history of diabetes. Diabetes Care. 1998 Mar;21(3):350-9.
11. Wadden TA, Vogt RA, Andersen RE, Bartlett SJ, Foster GD, Kuehnel RH, et al. Exercise in the treatment of obesity: effects of four interventions on body composition, resting energy expenditure, appetite, and mood. J Consult Clin Psychol. 1997 Apr;65(2):269-77.
12. Jeffery RW, Wing RR. Long-term effects of interventions for weight loss using food provision and monetary incentives. J Consult Clin Psychol. 1995 Oct;63(5):793-6.
13. Ross R, Freeman JA, Janssen I. Exercise alone is an effective strategy for reducing obesity and related comorbidities. Exerc Sport Sci Rev. 2000 Oct;28(4):165-70.
14. Ross R, Dagnone D, Jones PJ, Smith H, Paddags A, Hudson R, et al. Reduction in obesity and related comorbid conditions after diet-induced weight loss or exercise-induced weight loss in men. A randomized, controlled trial. Ann Intern Med. 2000 Jul 18;133(2):92-103.

15. Bouchard C, Tremblay A, Després JP, Thériault G, Nadeau A, Lupien PJ, et al. The response to exercise with constant energy intake in identical twins. Obes Res. 1994 Sep;2(5):400-10.
16. Duncan JJ, Gordon NF, Scott CB. Women walking for health and fitness. How much is enough? JAMA. 1991 Dec 18;266(23):3295-9.
17. Jakicic JM, Winters C, Lang W, Wing RR. Effects of intermittent exercise and use oh home exercise equipment on adherence, weight loss, and fitness in overweight women: a randomized trial. JAMA. 1999 Oct 27;282(16):1554-60.
18. Jakicic JM, Wing RR, Butler BA, Robertson RJ. Prescribing exercise in multiple short bouts versus one continuous bout: effects on adherence, cardiorespiratory fitness, and weight loss in overweight women. Int J Obes Relat Metab Disord. 1995 Dec;19(12):893-901.
19. Donnelly JE, Jacobsen DJ, Heelan KS, Seip R, Smith S. The effect of 18 months of intermittent vs. continuous exercise on aerobic capacity, body weight and composition, and metabolic fitness in previously sedentary, moderately obese females. Int J Obes Relat Metab Disord. 2000 May;24(5):566-72.
20. Andersen RE, Wadden TA, Bartlett SJ, Zemel B, Verde TJ, Franckowiak SC. Effects of lifestyle activity vs. structured aerobic exercise in obese women: a randomized trial. JAMA. 1999 Jan 27;281(4):335-40.
21. Dunn AL, Marcus BH, Kampert JB, Garcia ME, Kohl HW 3rd, Blair SN. Comparison of lifestyle and structured interventions to increase physical activity and cardiorespiratory fitness. JAMA. 1999 Jan 27;281(4):327-34.
22. Leibel RL, Rosenbaum M, Hirsch J. Changes in energy expenditure resulting from altered body weight. N Engl J Med. 1995 Mar 9;332(10):621-8.
23. Kraemer WJ, Volek JS, Clark KL, Gordon SE, Puhl SM, Koziris LP, et al. Influence of exercise training on physiological and performance changes weight loss in men. Med Sci Sports Exerc. 1999 Sep;31(9):1320-9.

Revisão Científica

Marcos Doederlein Polito

- Doutor em Educação Física pela Universidade Gama Filho (2006).
- Professor Adjunto D do Departamento de Educação Física da Universidade Estadual de Londrina e Coordenador do Grupo de Estudo e Pesquisa em Respostas Cardiovasculares e Exercício (GECardio/UEL).
- Experiência na área de Educação Física, com ênfase em Respostas Cardiovasculares, Fisiologia do Exercício e Treinamento Resistido.
- Desde 2002, publicou 89 artigos científicos, 2 livros e 4 capítulos de livros.

Sobre o Livro
Formato: 21 x 28 cm
Mancha: 17,2 x 23,7 cm
Papel: Offset 90 g
Nº páginas: 200
Tiragem: 2.000 exemplares
4ª edição: 2014

Este livro segue o novo
Acordo Ortográfico
da Língua Portuguesa

Equipe de Realização
Assistência editorial
Liris Tribuzzi

Assessoria editorial
Maria Apparecida F. M. Bussolotti

Edição de texto
Gerson Silva (Supervisão de revisão)
Nathalia Ferrarezi (Preparação do original e copidesque)
Marcos Doederlein Polito (Revisão científica)
Dyda Bessana e Fernanda Fonseca (Revisão)

Editoração eletrônica
Vanessa Dal (Projeto gráfico e diagramação)
Rodrigo da Silva Pereira (Capa)
Márcio Maia (Ilustrações)

Fotografia
Arquivo pessoal do autor (Fotos de miolo)

Impressão
Edelbra Gráfica